Kommunikationstechnologisch gestützte Führung

Chancen und Risiken am Beispiel von Zielvereinbarungssystemen

Mit einem Geleitwort von Prof. Dr. Walter A. Oechsler

von

Maren Grau

Tectum Verlag
Marburg 2005

Die Veröffentlichung beruht auf einer Dissertation der Universität Mannheim

Grau, Maren:
Kommunikationstechnologisch gestützte Führung.
Chancen und Risiken am Beispiel von Zielvereinbarungssystemen.
/ von Maren Grau
- Marburg : Tectum Verlag, 2005
Zugl.: Mannheim, Univ. Diss. 2005
ISBN 978-3-8288-8865-4

Tectum Verlag
Marburg 2005

Geleitwort

Die immer stärkere Verbreitung von Informations- und Kommunikationstechnologien in Unternehmen hat dazu geführt, dass auch Kommunikations- und Führungsprozesse immer intensiver informationstechnologisch unterstützt werden. Es liegen allerdings kaum Erkenntnisse darüber vor, wie sich der Einsatz von Informations- und Kommunikationstechnologien im Führungsprozess auf die Führungsbeziehungen auswirkt. Ziel der vorliegenden Arbeit ist es deshalb, ein informations- und kommunikationstechnologisch gestütztes Zielvereinbarungssystem zu entwickeln. Vor dem Hintergrund der Principal Agent Problematik soll die Frage beantwortet werden, inwieweit der Einsatz von I&K-Technologien zur Steigerung der Effizienz von Führungsprozessen dienen kann.

Die Ergebnisse der Arbeit zeigen, dass Informations- und Kommunikationstechnologien führungspolitische Interaktionen effizient unterstützen können, sofern sie von einer entsprechenden Kommunikations- und Unternehmenskultur begleitet werden. Weiterhin zeigt sich, dass durch informationstechnologische Unterstützung die Kosten des Ausgleichs von Informationsasymmetrien in einer Führungsbeziehung reduziert werden können und sich delokalisierte Mitarbeiter besser in Entscheidungen einbeziehen lassen. Unmittelbar zum Zielvereinbarungsprozess lässt sich feststellen, dass informations- und kommunikationsgestützte Dokumentation vereinbarter Ziele und auch Zielerreichungsergebnisse Principal Agent Probleme reduziert. Für die Ausgestaltung der Informations- und Kommunikationstechnologien lassen sich differenzierte Aussagen machen. Bei positiven Vertragsanpassungen reduziert der Einsatz gering reichhaltiger Medien die Informations- und Kommunikationskosten, während im Falle einer negativen Vertragsanpassung der Einsatz mittlerer Reichhaltigkeit einer präzisen, transparenten und objektiven Ursachenanalyse dient. Ebenso reduziert der Einsatz gering reichhaltiger Medien die Informations- und Kommunikationskosten des Soll-Ist-Vergleichs der Zielerreichung. Die Vermittlung von negativem Feedback erfordert aber den Einsatz reichhaltiger Medien, um eine gemeinsame Verständigungsgrundlage zu schaffen und zeigt somit Grenzen des I&K-Einsatzes auf. Schließlich reduziert der Einsatz von Informations- und Kommunikationstechnologien die Beurteilungsfehler und Tendenzen in der zielorientierten Leistungsbeurteilung und unterstützt die Gütekriterien.

Mit diesen knapp zusammengefassten Befunden, die auch durch die Experteninterviews erhärtet wurden, lassen sich erste Aussagen für die Wirkungen des Einsatzes von Informations- und Kommunikationstechnologien bei Zielvereinbarungen gewinnen. Damit wurde allerdings nur ein erster Schritt gemacht, dem weitere Präzisierungen folgen müssten. Insgesamt gelingt es in der Arbeit, ein ganz aktuelles und kaum erforschtes Problemfeld auf einer führungs- und kommunikationstechnologischen Grundlage aufzuarbeiten.

Mannheim, im April 2005   Prof. Dr. Walter A. Oechsler

Inhaltsverzeichnis

Abbildungsverzeichnis

Tabellenverzeichnis

Abkürzungsverzeichnis

ACM	Association for Computing Machinery
AG	Aktiengesellschaft
AT	außertariflich
Aufl.	Auflage
Bd.	Band
BOS	Verhaltensbeobachtungsskalen
BSC	Balanced Scorecard
bspw.	beispielsweise
bzw.	beziehungsweise
ca.	cirka
DBW	Die Betriebswirtschaft
d.h.	das heißt
dt.	deutsche
eBusiness	Electronic Business
e-HR	Electronic Human Resources (Management)
eHRM	Electronic Human Resource Management
E-Mail	Electronic Mail
erg.	ergänzte
erw.	erweiterte
et al.	et alii
etc.	et cetera
ESS	Employee-Self-Service
e.V.	eingetragener Verein
f.	folgende
ff.	fortfolgende
HRM	Human Resource Management
Hrsg.	Herausgeber
html	hypertext markup language
http	hypertext transfer protocol
HWP	Handwörterbuch des Personalwesens
HWO	Handwörterbuch der Organisation
IT	Informationstechnologie
IuK-Technologien	Informations- und Kommunikationstechnologien
Jhrg.	Jahrgang
KT	Kommunikationstechnologien

MbO	Management-by-Objectives
MSS	Manager-Self-Service
neugest.	neugestaltete
No.	Number
Nr.	Nummer
o.S.	ohne Seite
o.V.	ohne Verfasser
PC	Personal Computer
S.	Seite
SEM	Strategic Enterprise Management
Sp.	Spalte
u.	und
u.a.	unter anderem
u.U.	unter Umständen
überarb.	überarbeitete
verb.	verbesserte
VES	Verhaltenserwartungsskalen
vgl.	vergleiche
Vol.	Volume
WiSt	Wirtschaftswissenschaftliches Studium, Zeitschrift für Ausbildung und Hochschulkontakt
WISU	Das Wirtschaftsstudium
www	World Wide Web
z.B.	zum Beispiel
ZfB	Zeitschrift für Betriebswirtschaft
ZfbF	Schmalenbach's Zeitschrift für betriebswirtschaftliche Forschung
zfo	Zeitschrift Führung + Organisation
ZfP	Zeitschrift für Personalforschung

1 Problemstellung

1.1 Bedeutung des Einsatzes von IuK-Technologien für die Führung

Die weit führenden Entwicklungen auf dem informations- und kommunikationstechnologischen Markt bieten im Sinne eines „Enabler"[1] Unternehmen die Möglichkeit, räumlich dezentralisierte Leistungserstellungsprozesse zu realisieren. Im Zuge dessen entstehen neue Organisationsformen, die geprägt durch dezentrale, teilautonome, global verstreute Unternehmenseinheiten[2] die Führung der am Leistungserstellungsprozess beteiligten Mitarbeiter häufig über räumliche und zeitliche Grenzen hinweg erforderlich werden lassen. ‚Virtual Leadership' repräsentiert in diesem Zusammenhang einen typischen Begriff für die aktuellen Entwicklungen, die die neuen Informations- und Kommunikationstechnologien[3] in das Zentrum der Aufmerksamkeit rücken lassen.[4] Führung ist zum einen in Form der strategischen, organisatorischen, kulturellen und kommunikationsstrukturellen Veränderungen in Unternehmen betroffen. Zum anderen vollziehen sich führungspolitische Kommunikationsprozesse zunehmend IuK-gestützt. Zu vermuten ist, dass sich der Einsatz von IuK-Technologien nicht

---

[1] Vgl. Picot, A./Hass, B. H. (2002), S. 143; ferner Kellermann, K./Reynolds, R. (1990), S. 5ff.; und Wieland, J. (2000), S. 24ff. Organisationsformen wurden bislang korrespondierend zu den Kommunikationsanforderungen etabliert, bspw. kam es zur Gründung von grenzüberschreitenden Organisationseinheiten, um eine Verbindung zwischen den internen Organisationsaktivitäten und den Anforderungen der externen Umgebung zur Reduktion der Unsicherheit herzustellen.

[2] Vgl. Faust, M./Jauch, P./Brünnecke, K. Deutschmann, Ch. (1994), S. 23f. In der Literatur wird eine Differenzierung zwischen verschiedenen Typen der Dezentralisierung vorgenommen. Relevant hierbei ist die Unterscheidung der strategischen und operativen Dimension. Strategische Dezentralisierung umfasst dabei alle Formen, bei denen Aufgaben, Kompetenzen und Verantwortlichkeiten auf neu definierte Einheiten übertragen werden. Die operative Dezentralisierung bedeutet demgegenüber die operative Kontrolle, Kompetenzen und Verantwortlichkeiten aus höheren Hierarchieebenen an nachgelagerte Hierarchieebenen bzw. in die operativen Einheiten zu verlagern.

[3] Im allgemeinen Zusammenhang beziehen sich die Ausführungen sowohl auf die Informationsals auch auf die Kommunikationstechnologien. Mit Blick auf die Diskussion der spezifischen Fragestellung bezüglich des Einsatzes moderner Technologien in der Führung wird allerdings lediglich auf die Kommunikationstechnologie rekurriert. Demgemäß wird in Verbindung mit Führung die Kommunikationstechnologie als zentraler Betrachtungsgegenstand dieser Arbeit gewählt. Konkret bedeutet dies, dass die Information als selbstständiger Aspekt dabei so weit wie möglich ausgeblendet wird bzw. mittelbar im Sinne von Kommunikation als Vermittlung von Informationen Geltung erlangt. Der Begriff der IuK-Technologie wird daher im Zusammenhang mit generellen Ausführungen verwendet, die sich nicht ausschließlich auf die hier bearbeitete Thematik beziehen.

[4] Vgl. Glotz, P. (2002), S. 64.

15

neutral im Hinblick auf die Führungsbeziehung zwischen Führungskraft und Mitarbeiter verhält. Gerade in Anbetracht der zunehmenden Bedeutung des Mitarbeiters als strategischem Erfolgsfaktor, sind daher die Auswirkungen des IuK-Einsatzes auf die Führung genauer zu untersuchen.

Bisher können trotz der Bedeutung von Kommunikation für die Führung und der durch die Technologisierung des Unternehmensgeschehens ansatzweise zu antizipierenden Veränderungen, lediglich eine geringe Anzahl an Studien und Erkenntnissen zum Einsatz von IuK-Technologien in Führungsprozessen identifiziert werden. Die im Zusammenhang mit kommunikationstechnologischem Einsatz in der Literatur am häufigsten zitierten Studien betreffen zum einen die Exploration von Grote[5], innerhalb welcher die Auswirkungen elektronischer Kommunikation auf Führungsprozesse untersucht wurden. Dabei wird deutlich, dass die technologisch gestützte Kommunikation in der Regel mehr sachliche und weniger emotionale Elemente übermittelt, so dass dies die Gefahr der Vernachlässigung von spezifischen Führungsaufgaben bedeuten kann. Zum anderen ermöglicht die Fallstudie im Top-Management von Pribilla, Reichwald und Goecke[6] bezüglich des Einsatzes von IuK-Technologien im Führungsalltag ansatzweise eine Vorstellung davon, auf welche Art und Weise moderne Technologien intuitiv eingesetzt werden. Das Resultat der Studie veranschaulicht, dass sich, je nach Persönlichkeit des Anwenders, verschiedene Stile der IuK-Nutzung herausbilden, die allerdings keineswegs effizient sein müssen.[7] Schließlich ist am Beispiel der Untersuchung von Friedrich[8] hinsichtlich kulturbewusster Führung in dezentralen Organisationsstrukturen die partielle Substitution der face-to-face-Kommunikation durch moderne Kommunikationstechnologien in der Führung zu konstatieren. Dabei ist entsprechend der Kommunikationsaufgabe eine Neigung zur situativen Auswahl der Übertragungsmedien festzustellen.

---

[5] Vgl. Grote, G. (1994). Die Studie wurde im Rahmen der Einführung eines Kommunikationssystems im Verwaltungsbereich durchgeführt. Dabei wurden 13 Führungskräfte und Mitarbeiter-Paare in qualitativen Interviews befragt.

[6] Vgl. Pribilla, P./Reichwald, R./Goecke, R. (1996). Hierbei wurden zwischen 1993 und 1995 das Verhalten von 14 verschiedenen Führungskräften in drei global agierenden Unternehmen anhand von Interviews, Beobachtung und Befragung der Sekretärin untersucht.

[7] Unter den Begriffen Effizienz von Kommunikation oder erfolgreiche Kommunikation wird im Rahmen der vorliegenden Arbeit die Effizienz im Hinblick auf die Zielerreichung der interaktionellen Führung verstanden. Der Begriff der Führungseffizienz hingegen bezieht sich auf die Erfüllung der Funktionen der Personalführung. Die Kriterien der Führungseffizienz werden in eine Zielkonzeption ökonomischer und sozialer Effizienz eingeordnet. Zur Effizienz in der Führung vgl. beispielsweise Marr, R./Stitzel, M. (1979), S. 126.

[8] Vgl. Friedrich, C. (1998). Hier wurden sowohl quantitative (n = 1000) als auch qualitative Interviews (n = 260) bei Hewlett Packard durchgeführt.

Generell bestätigen die Ergebnisse solcher Studien die bereits geäußerte Vermutung, dass zum einen der Einsatz von Kommunikationstechnologien einen tief greifenden Wandel der Führung mit sich bringt. Zum anderen scheint es, dass im Hinblick auf eine effiziente Nutzung der Technologien kaum fundierte Erkenntnisse vorhanden sind.[9] Der Einsatz von Kommunikationstechnologien in virtuellen Führungsbeziehungen mag durch Zufall punktuell erfolgreich verlaufen, in anderen Fällen allerdings können im Zuge einer solchen Vorgehensweise gravierende Kommunikationsprobleme erwachsen, die Führungsprozesse stören und in letzter Konsequenz den Erfolg eines Unternehmens gefährden.[10] Angesichts der sich in der Praxis klar abzeichnenden Tendenzen eines zunehmenden Einsatzes von IuK-Technologien in der Führung[11] wird es erforderlich, fundierte Aussagen hinsichtlich kommunikationstechnologisch gestützter Führungssysteme zu erarbeiten, die als Hilfestellung dienen können. Wie zu zeigen ist, bildet die Leistungsbeurteilung den zentralen Bezugspunkt der Führung, die sich in Anbetracht der veränderten Führungsbedingungen zunehmend leistungs- und ergebnisorientiert gestaltet. Damit liegt ihre Operationalisierung anhand eines Zielvereinbarungsverfahrens nahe, welches zudem in Verbindung mit den aktuellen Unternehmensentwicklungen diskutiert wird.

Das Ziel dieser Arbeit ist, ein IuK-gestütztes Zielvereinbarungssystem zu entwickeln. Vor dem Hintergrund der Principal-Agent-Problematik soll hierbei die Frage beantwortet werden, inwieweit der Einsatz von IuK-Technologien zur Steigerung der Effizienz von Führungsprozessen dienen kann. Daraus sind Aussagen bezüglich des Einsatzes von spezifischen Medien in den einzelnen Phasen eines Zielvereinbarungsprozesses abzuleiten. Die folgenden Forschungsfragen leiten dabei die Bearbeitung:

1. Kann die die Erfüllung der Führungsfunktionen IuK-gestützt erfolgen?
2. Inwieweit kann der Einsatz von IuK-Technologien in Zielvereinbarungen als Leistungsbeurteilungsverfahren die Principal-Agent-Problematik reduzieren?
3. Unter welchen situativen Bedingungen kann eine solche IuK-technologische Unterstützung im Zielvereinbarungsprozess erfolgen?
4. Welche Chancen und Risiken sind mit dem Einsatz von Kommunikationstechnologien bei der Durchführung von Zielvereinbarungen verbunden?

---

9   Vgl. Jahnke, B. (1997), S. 472.
10 Vgl. Scherm, E./Süß, S. (2000), S. 84.
11 Vgl. Zander, E. (2003), S. 13.

17

Die Untersuchung wird vor dem Hintergrund dezentralisierter IuK-gestützter Leistungserstellungsprozesse in modernen Organisationsformen durchgeführt.[12] Zur Untersuchung der Fragestellung ist zunächst eine theoriegeleitete Analyse vorzunehmen, die sich in die im folgenden Absatz dargelegten Untersuchungsschritte gliedert. Im Anschluss an die theoretische Diskussion ist eine Ergänzung durch eine praxisorientierte Perspektive vorzunehmen, um die aufgestellten Hypothesen bezüglich der IT-Unterstützung von Zielvereinbarungen praxisrelevant auszugestalten. Allerdings ist zum gegenwärtigen Zeitpunkt mangels Erfahrungen hinsichtlich IT-gestützter Führungssysteme in der Praxis eine empirisch abgesicherte Analyse und somit die Generalisierung der Ergebnisse nur eingeschränkt möglich.

1.2 Konzeption und Verlauf der Untersuchung

Zur Bearbeitung der dargelegten Problematik und der daraus abgeleiteten Fragestellungen wird eine Vorgehensweise gewählt, die drei Untersuchungsschritte vorsieht:

Das *zweite Kapitel* dient zunächst dazu, den Einfluss der IuK-technologischen Entwicklungen auf die strukturelle und interaktionelle Führung zu schildern. Die Interaktionstheorie bildet dabei das der Arbeit zugrunde gelegte Verständnis von Führung als wechselseitiger kommunikativer Austausch- und Einflussprozess. Im Weiteren wird die ergebnisorientierte Führung als adäquates Konzept im IT-Umfeld erörtert und unter dem Aspekt der Kommunikation in ein aufgabenorientiertes Kommunikationsmodell eingeordnet. Das Modell dient später dazu, Aussagen zum Einsatz von IuK-Technologien in Abhängigkeit spezifischer Interaktionsprozesse abzuleiten.

Im *dritten Kapitel* erfährt das ergebnisorientierte Führungskonzept eine personalpolitische Verankerung in Form eines unter Principal-Agent-Gesichtspunkten betrachteten Zielvereinbarungsverfahrens als Leistungsbeurteilung. Die im Zuge des Zielvereinbarungsverfahrens anfallenden Kommunikationsaufgaben werden anhand der Goal-Setting-Theorie analysiert und mit Blick auf die führungspolitische Interaktion adäquaten IuK-Technologien gegenübergestellt. Das Kapitel schließt mit theoretisch abgeleiteten Hypothesen bezüglich des Einsatzes von IuK-Technologien in Zielvereinbarungssystemen sowie der Ausschöpfung der Effizienzpotenziale des Medieneinsatzes.

---

[12] Vgl. zur Diskussion der Problematik der Entwicklung von „*Best Practices*" Kieser, A. (1998), S. 203. Ein optimales technologisch gestütztes Zielvereinbarungssystem unabhängig von einem spezifischen Kontext zu entwickeln, ist als bedenklich anzusehen. Einer besonderen Betonung bedarf dies, da ein Verfahren, welches sich in einem Unternehmen bewährt hat, nicht ohne weiteres auf ein anderes Unternehmen übertragen werden kann.

Kapitel vier widmet sich der Ergänzung der theoriegeleiteten Annahmen bezüglich des Einsatzes von IuK-Technologien in Zielvereinbarungssystemen mit Aussagen aus der Praxis. Da bis zum gegenwärtigen Zeitpunkt wenige Unternehmen IT-gestützte Zielvereinbarungssysteme implementiert haben, werden lediglich die aktuellen Tendenzen dahingehend aufgegriffen und als Ergänzung der theoretischen Ausarbeitung interpretiert. Dies erfolgt zum einen anhand einer Dokumentenanalyse, zum anderen mittels qualitativer Experteninterviews mit Vertretern der Unternehmen SAP AG und BASF AG.

Die folgende Abbildung skizziert den Untersuchungsgang.

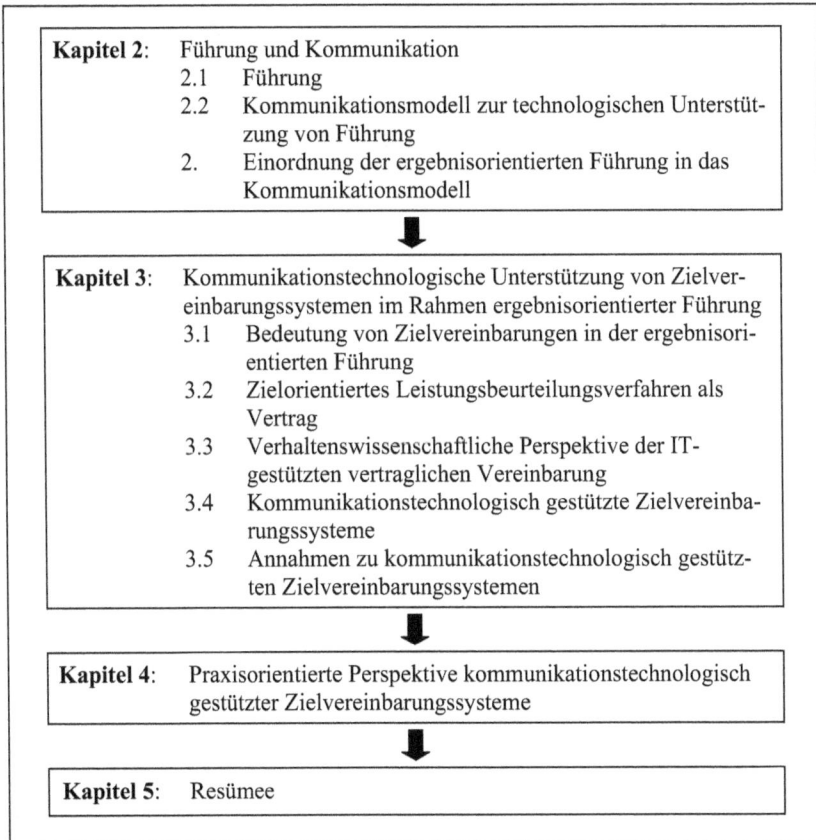

Kapitel 2:   Führung und Kommunikation
2.1   Führung
2.2   Kommunikationsmodell zur technologischen Unterstützung von Führung
2.   Einordnung der ergebnisorientierten Führung in das Kommunikationsmodell

⬇

Kapitel 3:   Kommunikationstechnologische Unterstützung von Zielvereinbarungssystemen im Rahmen ergebnisorientierter Führung
3.1   Bedeutung von Zielvereinbarungen in der ergebnisorientierten Führung
3.2   Zielorientiertes Leistungsbeurteilungsverfahren als Vertrag
3.3   Verhaltenswissenschaftliche Perspektive der IT-gestützten vertraglichen Vereinbarung
3.4   Kommunikationstechnologisch gestützte Zielvereinbarungssysteme
3.5   Annahmen zu kommunikationstechnologisch gestützten Zielvereinbarungssystemen

⬇

Kapitel 4:   Praxisorientierte Perspektive kommunikationstechnologisch gestützter Zielvereinbarungssysteme

⬇

Kapitel 5:   Resümee

Abbildung 1:   Gang der Untersuchung

19

2 Führung und Kommunikation

Dieses Kapitel verfolgt das Ziel, den Einfluss der IuK-technologischen Entwicklungen auf Führung zu verdeutlichen. Im Zuge der Erörterung des der Arbeit zugrunde liegenden Verständnisses von Führung als interaktionellem Austausch- und Einflussprozess werden der Zusammenhang zur Kommunikation und ihre Unterstützung durch IuK-Technologien dargelegt. Aus dem Einsatz von IuK-Technologien werden Effizienzkriterien abgeleitet, die insbesondere im Rahmen der ergebnisorientierten Führung zur Geltung kommen können. Die ergebnisorientierte Führung wird dabei als adäquates Konzept zur technologisch gestützten Erfüllung der grundlegenden Führungsfunktionen herausgearbeitet. An die damit geleistete Beschreibung des Rahmens der Problemstellung schließt sich die Einordnung der ergebnisorientierten Austausch- und Einflussprozesse in ein aufgabenorientiertes Kommunikationsmodell an, welches der Diskussion des Technologieeinsatzes in der Führung im weiteren Verlauf als Grundlage dient.

2.1 Führung

Führung dient dazu, die effiziente und effektive Beeinflussung des Mitarbeiterverhaltens sicherzustellen, um die übergeordneten Unternehmensziele zu verwirklichen und somit den langfristigen Unternehmenserfolg zu gewährleisten.[13] Im Rahmen der Führung werden somit Fragen der zielgerichteten Steuerung des Verhaltens der Mitarbeiter aufgegriffen.[14] Führung definiert sich entsprechend als

> die durch strukturelle und interaktionelle Elemente erfolgende zielgerichtete Beeinflussung des Mitarbeiterverhaltens zur bedarfsgerechten Bereitstellung und Sicherung der für den Leistungserstellungsprozess notwendigen Arbeitsleistung in Ausrichtung auf die Ziele des Unternehmens.[15]

Dabei sind die vier folgenden grundsätzlichen Funktionen relevant, zu deren Erfüllung entsprechend der Definition sowohl die strukturelle als auch die interaktionelle Führung zur Verfügung stehen:[16]

---

[13] Vgl. Marr, R./Stitzel, M. (1979), S. 105.

[14] Vgl. Staehle, W. (1992), S. 77.

[15] In Anlehnung an Scholz, Ch. (2000), S. 90, sowie Schreyögg, G. (2000), S. 17, und Steinmann, H./Schreyögg, G. (2000), S. 10ff.

[16] Zu empirisch ermittelten Funktionen der Personalführung vgl. Marr, R./Stitzel, M. (1979), S. 115f.; und Wunderer, R./Grunwald, W. (1980a), S. 141; sowie Bisani, F. (1995), S. 555ff.; ferner Gabele, E./Liebel, H.-J./Oechsler, W. A. (1992), S. 46ff.; sowie Staehle, W. (1992), S. 77.

- Die Integration des Mitarbeiters in das Unternehmen auf der sozialen und fachlichen Ebene.
- Die Motivation des Mitarbeiters durch das Setzen von Anreizen mittels e-motionaler Unterstützung und Vermittlung sozialer Präsenz sowie durch die Ermöglichung der Bedürfnisbefriedigung.
- Die Koordination arbeitsteiliger Leistungserstellung in fachlicher, methodischer und sozialer Hinsicht.
- Die Kontrolle des Mitarbeiters, mit dem Zweck, unternehmerische Ziele zu erreichen.

Die Führungsfunktionen zielen auf die Realisierung von Arbeitseffizienz ab, d.h. auf das Erreichen von Leistungszielen mit einem bestimmten Mitteleinsatz.[17] Arbeitseffizienz setzt die durch geeignete strukturelle sowie interaktionelle Maßnahmen zielgerichtete Steuerung des Verhaltens der Mitarbeiter im Leistungserstellungsprozess voraus.[18] Die durch die technologische Entwicklung vorangetriebenen räumlich dezentralisierten Leistungserstellungsprozesse prägen Strategie, Struktur und Kultur eines Unternehmens, mit wesentlichen Konsequenzen für die strukturelle und als Folge davon für die interaktionelle Führung.

2.1.1 Strukturelle Führung

Die strukturelle Führung dient mittels zielgerichteter Ausrichtung und Abstimmung aller führungs- und personalpolitischen Instrumente der mittelbaren Verhaltensbeeinflussung der Mitarbeiter. Hierbei handelt es sich um die Gestaltung der Führungskonzeption, um die Formulierung sowie die Implementierung von organisatorischen Strategien, die alle mit zielgerichteten inhaltlichen, prozessualen und strukturellen Regelungen speziell in der Führungs- und Arbeitsorganisation sowie im Personalmanagement Stimuli zum Leistungsverhalten bieten. Die strukturelle Führung liegt damit weniger in der Verantwortung der einzelnen Führungskraft als vielmehr in der Verantwortung des Top-Managements respektive der übergeordneten Instanzen.[19] Die strukturelle Führung vollzieht sich somit bspw. anhand der Strategie, der Organisationsstruktur oder der Ablauforganisation eines Unternehmens, die sich gerade im Zusammenhang mit den

---

[17] Dabei stellt die Effektivität das Ausmaß dar, in welchem die geplanten Ziele erreicht werden. Die Effizienz lässt hingegen erkennen, wie rational und zielgerichtet dabei vorgegangen wurde, um mit dem geringst möglichen Mitteleinsatz ein maximales Ergebnis zu erzielen.
[18] Vgl. Wunderer, R. (1992), Sp. 923; ferner Oechsler, W. A. (2000b), S. 379.
[19] Vgl. Wunderer, R. (1992), Sp. 924.

technologischen Entwicklungen grundlegend verändern.[20] Die neuen IuK-Technologien lassen neue Organisationsformen[21] zu, indem sie Möglichkeiten bieten, Zeit- und Distanzbarrieren zu überwinden, die bisher Schlüsseldeterminanten der Gestaltung von Unternehmen darstellten (vgl. Abbildung 2). Die dabei entstehenden Formen werden mit Begriffen wie atomisierte[22] und virtuelle Unternehmen[23] oder als Organisationen mit dezentralen[24], modularen[25] und fraktalen[26] Strukturen bezeichnet.[27] Das konstituierende Merkmal, das sämtliche Organisationsformen aufweisen, ist ihre IuK-technologische Unterstützung, um die Kommunikation zwischen den weltweit verteilten Akteuren im dezentralisierten Leistungserstellungsprozess unter Effizienzaspekten realisierbar zu gestalten.[28]

---

[20] Vgl. Picot, A./Hass, B. H. (2002), S. 147.

[21] Die modernen Unternehmensformen werden seitens der praxisorientierten Unternehmensberatung und zunehmend auch im Rahmen wissenschaftlich orientierter Abhandlungen aufgenommen. Vgl. zur kritischen Betrachtung der neuen Managementformen Kieser, A. (1996), S. 22f.Vgl. Komplexität und Dynamik der Umweltfaktoren fördert die Popularität von Managementmethoden und modernen Unternehmenskonzepten. Globalisierung, Technologisierung sowie Intensivierung des Wettbewerbs führen zu verstärkter Unsicherheit der Unternehmen, wodurch ihre Anfälligkeit für solche Organisations-„Moden" wächst, vgl. Ernst, B./Kieser, A. (1999), S. 3. Grundsätzlich zur Diskussion der Rolle von Unternehmensberatungen Kieser, A. (1998).

[22] Vgl. Ryf, B. (1993).

[23] Vgl. Mowshowitz, A. (1997), später Davidow, W. H./Malone, M. S. (1992), zur Einführung virtueller Unternehmen im deutschsprachigen Raum vgl. Griese, J. (1992). Die Wurzeln des Konzepts des virtuellen Unternehmens in der Betriebswirtschaftslehre liegen einerseits in der Idee der Virtual Corporation von Davidow und Malone, welche die virtuelle Organisation mit der virtuellen Realität in Verbindung bringt und unter dem Aspekt der Entmaterialisierung von Produkten, Prozessen, Arbeitsplätzen und Organisationen in den Mittelpunkt der Betrachtung stellt. Andererseits basiert das Konzept auf der virtuellen Unternehmung von Mowshowitz, der damit ein eigenständiges Organisationsprinzip präsentiert, das die dynamische Rekonfiguration von Organisationseinheiten und Organisationen analysiert, vgl. Mowshowitz, A. (1986), S. 389.

[24] Vgl. Reichwald, R. (1999), S. 260.

[25] Vgl. Picot, A. (1999), S. 156.

[26] Vgl. grundsätzlich Wagner, K. L. (2001).

[27] Vgl. Jörges, K./Süß, S. (2000), S. 1. Die Konzepte präsentieren sich als organisatorische Innovationsstrategien zur Beherrschung komplexer, hochgradig variierender Aufgabenstellungen in unsicheren und turbulenten Umwelten, kennzeichnen sich allerdings durch widersprüchliche Formulierungen, unscharfe Abgrenzungen und fehlende bzw. lediglich schemenhafte Operationalisierungen. Vgl. Kieser, A. (1996), S. 26. Die Lösungen werden häufig nur grob skizziert. Weit verbreitet ist stattdessen das Verharren der Managementkonzepte bei den Zielsetzungen.

[28] In Anlehnung an Drumm, H-J. (1996), S. 11; ferner Sieber, P. (1997), S. 208; sowie Scholz, Ch. (2002), S. 2ff.; und Müller-Stewens, G. (1993), Sp. 4063ff.

❏ Objekt-, Kunden- und Prozessorientierung der Stellen- und Abteilungsbildung

❏ Dynamik und Komplexität der Aufgaben sowie zunehmende Variabilität

❏ Kooperation auf horizontaler und vertikaler Ebene

❏ Zusammenarbeit über IuK-Technologien

❏ Selbstkontrolle und Autonomie der organisatorischen Einheiten und ihrer Mitarbeiter

❏ Schnittstellenminimierung zwischen Einheiten und Mitarbeitern

❏ Komplementäre IuK-gestützte zentrale Steuerung der dezentralen Einheiten auf strategischer Ebene

Abbildung 2:   Gemeinsame Merkmale moderner Organisationsformen[29]

Im Zuge der räumlich weit gehenden Dezentralisierung der Unternehmensaktivitäten[30] entsteht damit für die Unternehmensmitglieder die Notwendigkeit, über zeitliche und räumliche Distanzen hinweg im Rahmen von Telearbeit,[31] Virtual Offices[32] und virtuellen Teams[33] selbstständig und eigenverantwortlich zusammenzuarbeiten, mit entsprechenden Konsequenzen für das Human Resource Management. Die Funktionen des Human Resource Management wie Personalauswahl, -beurteilung, -entwicklung und -vergütung bilden in Verbindung mit den im Rahmen dieser Funktion eingesetzten Instrumente[34] gleichfalls Elemente

---

[29]   In Anlehnung an Drumm, H-J. (1996), S. 11; ferner Sieber, P. (1997), S. 208; sowie Scholz, Ch. (2002), S. 2ff.; und Müller-Stewens, G. (1993), Sp. 4063ff.

[30]   Vgl. Baldwin, F. Th./McVoy, D. St./Steinfield, Ch. (1996), S. 184f.

[31]   Vgl. Oechsler, W. A. (2001a), S. 39ff; sowie Reichwald, R./Hermann, M. (2001), S. 12.

[32]   Vgl. Scholz, Ch. (1994), S. 25 ff. Die Virtual Offices bieten den Unternehmen die Möglichkeit, physische Büroflächen zu substituieren.

[33]   Vgl. Picot, A./Reichwald, R./Wigand, R. T. (2003), S. 231f. Unter virtuellen Teams wird die Kooperation von Spezialisten verstanden, die für eine spezifische Aufgabe oder ein bestimmtes Projekt innerhalb eines Unternehmens gegebenenfalls auf globaler Ebene und mit Hilfe informationstechnologischer Unterstützung kooperieren. Nachdem das Ziel erreicht ist, löst sich das Team auf bzw. die Mitarbeiter formieren unter anderen Bedingungen und neuen Aufgaben ein neues virtuelles Team. Die virtuellen temporär existenten Teams sind aufgrund der abteilungs- und organisationseinheiten-übergreifenden Inanspruchnahme unterschiedlicher Ressourcen und Fähigkeiten in der Lage, eine die permanente Organisationseinheit übertreffende Gesamtleistung zu erbringen.

[34]   Vgl. Oechsler, W. A. (2000b), S. 253. Als Instrumente der Personalauswahl können z. B. das Assessment-Center oder das Auswahlgespräch genannt werden. Ein Instrument der Personalentwicklung stellt das Coaching dar oder konkrete Trainingsmaßnahmen.

der strukturellen Führung. So erlangt bspw. die Personalbeurteilung, die Informationen über unternehmensbezogenes Handeln und dessen Zielerreichungsgrad liefert, als Leistungsindikator für Unternehmen und Mitarbeiter an Bedeutung und dient der Kontrollfunktion der Führung.[35] Weitere Instrumente der strukturellen Führung, welche vorwiegend auf die Integrationsfunktion abzielen, stellen Unternehmenskultur[36] und Kommunikationsstruktur dar.[37] Bereits im Hinblick auf die im Vergleich zu den traditionellen Unternehmensverbunden existierenden Kommunikationsstrukturen, weist die Kommunikation in IT-gestützten dezentralisierten Leistungserstellungsprozessen eine Netzwerkstruktur auf (vgl. Abbildung 3).[38]

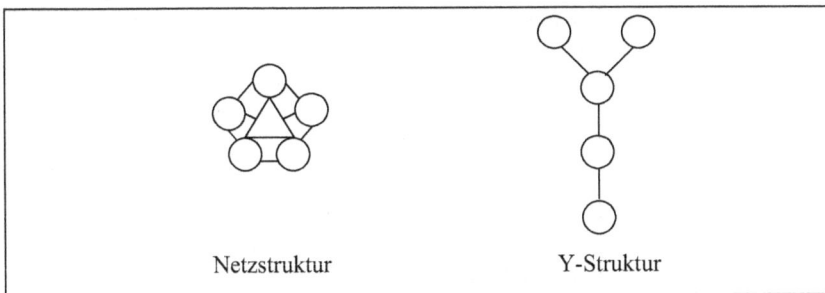

Netzstruktur   Y-Struktur

Abbildung 3:   Kommunikationsstrukturen[39]

Wird der bekannten Systematik von Kommunikationsstrukturen nach Shaw gefolgt (vgl. Abbildung 3), ist bei einer eher starken Zentralisierung der Organisationshierarchie eine Kommunikationsstruktur entsprechend der Y-Struktur vorzufinden; Querinformationen zwischen Individuen gleicher hierarchischer Ebenen werden dabei seltener beobachtet. Im Hinblick auf Zusammenarbeit im IT-gestützten Leistungserstellungsprozess in den neuen Organisationsformen, sind Kommunikationsstrukturen entsprechend dem Netz zu vermuten. Jedes Organi-

---

[35]   Vgl. Liebel, H./Oechsler, W. A. (1992), S. 31ff.; ferner Wächter, H. (1979), S. 154 und Bisani, F. (1995), S. 367.

[36]   Vgl. Staehle, W. H. (1999), S. 50; ferner Ebers, M. (1985), S. 57; sowie Peters, T. J./Waterman, R. H. (1993), S. 149ff. Während hierbei die funktionale Sichtweise vertreten wird, dass eine Organisation eine Kultur hat. Das interpretative Verständnis von Kultur hingegen nimmt an, dass eine Organisation eine Kultur ist, vgl. hierzu Schreyögg, G. (2000b), S. 438. Vgl. auch die Kulturdiskussion bei Dülfer, E. (1991), S. 2ff.

[37]   Vgl. Kalkman, M. E./Monge, P./Fulk, J./Heino, R. (2002), S. 130.

[38]   Vgl. Merten, K. (1999), S. 56f.

[39]   In Anlehnung an Sattelberger, Th. (1996), S. 974; ferner Pieper, J. (1999), S. 60 sowie Picot, A./Reichwald, R./Wigand, R. T. (2003), S. 204, Abbildung 4-24.

sationsmitglied kooperiert je nach Aufgabenerfüllung über horizontale und vertikale Hierarchiegrenzen hinweg, um die benötigten Informationen so effizient wie möglich zu beschaffen, zu verarbeiten und weiterzuleiten.[40] Zwischen den Netzwerkknoten werden über ein etabliertes formales Kommunikationsnetz IuK-gestützt Informationen ausgetauscht,[41] um Kooperationen im Leistungserstellungsprozess realisieren und somit gemeinsam die übergeordneten Unternehmensziele erreichen zu können.[42] Dies geht zwangsweise mit der Verlagerung von operativer Kontrolle, Kompetenzen und Verantwortlichkeiten an nachgelagerte Hierarchieebenen einher, was zu einer enthierarchisierten Kommunikation führt.[43] Mitarbeiter, die direkt mit dem Kunden in Kontakt stehen, verfügen am ehesten über Informationen bezüglich der Kundenwünsche und können diese IuK-gestützt in das Kommunikationsnetz des dezentralisierten Unternehmens einspeisen.[44] Als Voraussetzung für flexibles und schnelles Handeln sind Entscheidungsbefugnisse an die notwendigerweise hoch spezialisierten Mitarbeiter zu delegieren, so dass diese befähigt sind, auf der Basis der dezentral verfügbaren Informationen zielorientiert und selbstorganisatorisch Entscheidungen zu treffen.[45]

Die neuen Unternehmensformen gehen daher regelmäßig zum einen mit einem erheblichen Anstieg der Kontroll- bzw. Führungsspannen aufgrund des größeren Handlungsspielraums[46] der operativen Basis, zum anderen mit dem Schaffen von räumlichen Distanzen zwischen den Mitarbeitern eines Unternehmens einher. Das Beibehalten von traditionellen Kommunikationsgewohnheiten würde zu einem erheblichen Aufwand an Reisekosten, Zeit und Abwesenheit der Entscheidungsträger führen.[47] Für die Koordination der einzelnen eigenverantwortlichen und selbstorganisatorischen Aktivitäten der Mitarbeiter bedeutet dies, dass sich die Kommunikation der Führungskraft mit ihren häufig delokalisierten Mitarbeitern unter weit gehendem Verzicht auf face-to-face-Kontakte IuK-gestützt anhand von Medien, wie Internet, E-Mail, Videokonferenzen, etc. vollzieht.[48] Dadurch entstehen veränderte Führungsbedingungen, die wiederum neue Anforderungen an Information und Kommunikation nach sich ziehen und rezip-

---

[40] Vgl. Fulk, J./DeSanctis, G. (1995), S. 338.
[41] Vgl. Witt, J. (1999), S. 37; vgl. hierzu auch Luhmann, N. (1995), S. 106ff.
[42] Vgl. Winand, U./Nathusius, K. (1998), S. 21.
[43] Vgl. Faust, M./Jauch, P./Brünnecke, K. Deutschmann, Ch. (1994), S. 23f.
[44] Vgl. Picot, A./Hass, B. H. (2002), S. 157f.
[45] Vgl. Siedenbiedel, G. (1999), S. 284.
[46] Vgl. zur Bedeutung des Handlungsspielraums Ulich, E. (2001), S. 175f.
[47] Vgl. Straub, D./Karahanna, E. (1998), S. 161.
[48] Vgl. Ryf, B. (1993), S. 85f.

26

rok die unmittelbare interaktionelle Führungsbeziehung beeinflussen.[49] Zur A-
nalyse, welche Bedeutung die IuK-gestützte Kommunikation für die Interaktion
zwischen Führungskraft und Mitarbeiter hat, sind in der nachstehenden Tabelle
solche Merkmale zusammengefasst, die die Rahmenbedingungen IT-gestützter
Führung kennzeichnen und auf die in der anschließenden Ausarbeitung rekurriert wird.[50]

□ große Leitungsspannen, Personalverantwortung für viele zum Teil delokalisierte
Mitarbeiter;

□ Spezialisierung der Mitarbeiter und somit häufig aufgabenspezifische Unterlegenheit der Führungskraft;

□ Selbstorganisation und Eigenverantwortung der Mitarbeiter mit weit reichenden
Handlungsspielräumen;

□ geographische und temporale Distanz zwischen Führungskraft und Mitarbeiter;

□ minimaler face-to-face-Kontakt bzw. Kommunikation in der Führungsbeziehung
vorwiegend mittels des Einsatzes von Kommunikationstechnologien.

Abbildung 4:   Merkmale von Führung in modernen Organisationsformen[51]

Die vorangegangenen Ausführungen legen dar, warum die IT-Unterstützung von
Führung gerade in dezentralen Leistungserstellungsprozessen der neuen Organi-
sationsformen unverzichtbar wird. Um die Konsequenzen einer IT-
Unterstützung für die interaktionelle Führung zu untersuchen, wird diese im
Sinne der interaktionstheoretischen Ansätze als ein auf Kommunikation basie-
render Austausch- und Einflussprozess definiert, der sowohl den strukturellen
Führungskontext als auch den Kommunikationsprozess in die Führung einbe-
zieht.

---

49   Vgl. Fulk, J./DeSanctis, G. (1995), S. 337. Ein ebenso innovatives Gestaltungsfeld bieten die
Technologien im Hinblick auf die Erfüllung der neuen Bedürfnisse aus verändertem Verbrau-
cherverhalten und den sich daraus ergebenden Herausforderungen an die Arbeitswelt für neue
Formen der arbeitsteiligen Leistungserstellung. Ferner vgl. hierzu Becker, M. (2002), S. 485ff.

50   Vgl. Drumm, H-J. (1996), S. 11.

51   In Anlehnung an Drumm, H-J. (1996), S. 11; ferner Sieber, P. (1997), S. 208; sowie Scholz,
Ch. (2002), S. 2ff.

2.1.2 Interaktionelle Führung als kommunikativer Austausch- und Einflussprozess

Der Definition zufolge handelt es sich bei Führung um zielgerichtete Beeinflussungsprozesse, die in einem durch die strukturelle Führung vorgegebenen Rahmen im Zuge der direkten Kommunikation zwischen Führungskraft und Mitarbeiter vollzogen werden.[52] Die strukturelle Führung beeinflusst die interaktionelle Führung, kann sie legitimieren und teilweise substituieren und vice versa.[53] Die folgende Abbildung dient der Systematisierung des Führungsbegriffs in strukturelle und interaktionelle Führung.

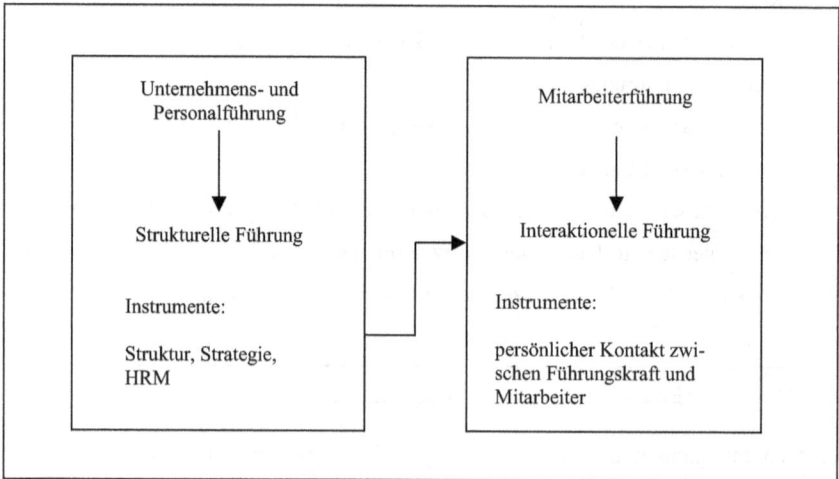

Abbildung 5:   Der Zusammenhang zwischen struktureller und interaktioneller Führung[54]

Anhand strategisch ausgerichteter problemlöseorientierter Instrumente und Methoden (vgl. Pfeil in Abbildung 5) in Form von bspw. Stellenbeschreibungen, Verfahrensvorschriften und Organigrammen wird die Kommunikation in der Führungsbeziehung gesteuert und koordiniert. Die interaktionelle Führung bildet in der Diskussion um die IT-Unterstützung der Kommunikation damit den Mittelpunkt dieser Arbeit.

---

[52]   Vgl. Grote, G. (1994), S. 72, ferner Bartölke, K./Grieger, J. (2004), S. 10. Die interaktionelle Führung vollzieht sich in einem durch die strukturelle Führung vorgegebenen Rahmen und und reproduziert die formalen Bedingungen, die die Handlungsprämissen und die organisatorischen sowie unternehmenskulturellen Gestaltungsbedingungen vorgeben.

[53]   Vgl. Wunderer, R. (1992), Sp. 924.

[54]   Vgl. Wunderer, R./Grunwald, W. (1980b), S. 110.

2.1.2.1 Interaktionstheorie der Führung

Als theoretische Grundlage zur Untersuchung der führungspolitischen Einflussprozesse können interaktionstheoretische Ansätze herangezogen werden.[55] Im Zusammenhang mit der Führungstheorie gehen die interaktionstheoretischen Ansätze von den Merkmalen des Führenden, des Geführten und der Situation aus und dienen dem Ziel der Beeinflussung. Im Mittelpunkt der Interaktionstheorien steht die Annahme, dass Führungseffizienz die Funktion komplexer Interaktionsvorgänge ist, die durch die Kommunikation zwischen Individuen, der Einbettung in einen situativen Kontext sowie den Gegebenheiten der Handlung wirksam werden und zur wechselseitigen Beeinflussung dieser Individuen führen. Hierdurch wird die bislang statische Perspektive von Führungsbeziehungen zu Gunsten einer dynamischen, integrativen Prozessperspektive aufgelöst. Es wird ein wechselseitiger, dynamischer Charakter der Beeinflussungsprozesse zugrunde gelegt.[56] Im Vergleich zu anderen Führungstheorien weist die Interaktionstheorie darauf hin, dass Mitarbeiter mittels Kommunikation selbst einen Einfluss auf die Führungskraft nehmen können, um diese in ihrem Sinne in eine bestimmte Richtung zu lenken. Dies kann z.B. anhand von rationalen, sachlichen Argumenten oder mittels freundlichem unterstützenden Verhalten erfolgen.[57] Im Zuge des wechselseitigen Austausch- und Einflussprozesses erhält der Mitarbeiter die Möglichkeit, Spezialwissen und Expertentum umfassend einzubringen[58] und die Führungskraft in eine von ihm gewünschte und als sinnvoll erachtete fachliche Richtung zu lenken.[59] Damit wird dem Mitarbeiter die Rolle eines mündigen Mit-Unternehmers zuerkannt, dessen Fähigkeiten, Fertigkeiten und Potenziale das Unternehmen von anderen Unternehmen differenziert.

Der Führungsprozess selbst stellt sich als eine netzwerkförmige Abfolge von Beeinflussungsaktivitäten dar, welche die Erfüllung der Führungsfunktionen zum Ziel haben.[60] Relevant in diesem komplexen Netz von Austauschbeziehungen zeigen sich folgende Variablen:[61]

- die Persönlichkeit des Führers in Verbindung mit den individuellen Fähigkeiten und Erfahrungen;

---

55 Vgl. Worpitz, H. (1991), S. 111f.

56 Vgl. Wunderer, R. (2003), S. 309.

57 Vgl. Wunderer, R. (1992), S. 503; sowie Wiswede, G. (1990), 24f.

58 Zur Bedeutung des Menschen für den Unternehmenserfolg vgl. Prosth, M. (1989), S. 135; sowie Reichwald, R./Hesch, G. (1993), 431f.

59 Vgl. Liedtke, P. M./Trumpfheller, D. (2003), S. 5; ferner Baethge, M. (2001), S. 27 und Becker, M. (2002), S. 485ff.

60 Vgl. Macharzina, K. (1977), S. 2.

61 Vgl. Wunderer, R. (2003), S. 44ff.

- die Persönlichkeit des Geführten einschließlich der individuellen Erfahrungen, Einstellungen, Erwartungen in Bezug auf den Führenden sowie auf die Situation;

- das differenzierte und integrierte System von Rollenbeziehungen und gemeinsamen Normen;

- die spezifische Situation, in welcher sich die Führer-Geführte-Situation befindet. Hierunter sind die zu bewältigenden Aufgaben, die Ziele sowie die externen Rahmenbedingungen zu subsummieren.

Während die ersten beiden Einflussvariablen auf die individuellen Persönlichkeitsmerkmale der am Interaktionsprozess Beteiligten abstellen, beziehen sich die letzteren auf die externen und unternehmensinternen situativen Rahmenbedingungen. Zu den externen Einflussfaktoren eines Unternehmens kann der gesellschaftliche, technologische, politische und rechtliche Wandel der Umwelt gezählt werden. Strategie, Struktur, Kultur und Führungskonzeption stellen unternehmensinterne Einflussfaktoren der Interaktionsbeziehung zwischen Führungskraft und Mitarbeiter dar. Demzufolge bestimmt einerseits der situative Kontext der Führungsbeziehung, bestehend aus unternehmensexternen und -internen Rahmenbedingungen, die Interaktion und somit auch den Erfolg der IT-Unterstützung von Führung. Die optimale Ausgestaltung der unternehmensinternen Bedingungen erfolgt dabei in wechselseitiger Beziehung zu den externen Umweltfaktoren, die das Unternehmen beeinflussen. Häufig wird hierbei von der Herstellung eines externen und internen fit gesprochen.[62] Andererseits ist die persönliche Beziehung zwischen Führungskraft und Mitarbeiter — geprägt von individuellen Erfahrungen und Erwartungen — direkt für das Gelingen von IT-gestützten Austausch- und Einflussprozessen in der Führung verantwortlich. Die Einflussvariablen der IT-gestützten führungspolitischen Interaktion sind so aufeinander abzustimmen, dass sie einen internen fit bilden. Die strukturellen und interaktionellen Maßnahmen werden auf eine übergeordnete Führungsstrategie ausgerichtet, um ihre Wirksamkeit zur Erreichung der übergeordneten Unternehmensziele zu gewährleisten.[63] Die zwischen den einzelnen Variablen existierenden Zusammenhänge weisen eine derart hohe Komplexität auf,[64] dass bisher wenig praxisrelevante Modelle entwickelt werden konnten.[65] Allerdings liegen

---

[62] Vgl. Oechsler, W. A. (2000a), S. 45. Zur Bildung eines fit der Faktoren Strategie, Struktur und Unternehmenskultur vgl. Evans, P. (1987), S. 112f. Zur Diskussion eines externen fit vgl. Staehle, W. H. (1999), S. 62, sowie Ackermann, K.-F. (1987), S. 67f.

[63] Vgl. Devanna, M. A./Fombrun, C. J./Tichy, N. M. (1984), S. 35. Ferner vgl. Oechsler, W. A. (1992), S. 65ff.; und Oechsler, W. A. (2000a), S. 44. Vgl. ebenso Staehle, W. H. (1999), S. 62, sowie Ackermann, K.-F. (1987), S. 67f.

[64] Vgl. hierzu auch Scholz, Ch. (2000), S. 91f.; sowie Staehle, W. H. (1999), S. 795ff.

[65] Vgl. Gibb, C. A. (1969), S. 206.

eine Reihe von empirischen Ergebnissen vor, die gerade mittels der genannten Variablen Führung und Führungserfolg zu erklären versuchen und den Ausgangspunkt für die in dieser Arbeit vorgenommenen Betrachtungen bilden.[66]

Im Rahmen der interaktionsorientierten Ansätze wird zwischen Führer-Gruppenbeziehung zum einen und Führer-Geführter-Beziehung zum anderen differenziert. Findet eine Konzentration auf den Austausch- und Einflussprozess zwischen Führungskraft und Mitarbeiter statt, wird von einer Führungsdyade gesprochen.[67] Besonders relevant im Zusammenhang mit der dyadischen Interaktion zwischen Führungskraft und Mitarbeiter ist die Rollendifferenzierung in einen aufgabenorientierten und in einen sozio-emotionalen Führer. Zu betonen ist dabei, dass diese beiden Führungsrollen komplementär sind.[68] Die dyadische Beziehung zwischen Führungskraft und Mitarbeiter wird als kommunikativer Verhandlungsprozess verstanden, der je nach Intensität, Umfang, Inhalt und Stil variiert. Art und Intensität des Austauschs bestimmen dabei die Kohäsion bzw. die sozio-emotionale Beziehung der Interaktionspartner. Bei eher kalkulativer Orientierung und kostenlastiger Bilanz des Austauschs definiert sich diese Einflussbeziehung überwiegend als ökonomische Transaktion mit konkreter ergebnisbezogener Belohnung. Zeichnet sich die Beziehung zwischen Führungskraft und Mitarbeiter durch Commitment und Loyalität aus, handelt es sich hingegen mehr um einen sozialen Austausch auf der Basis von Vertrauen.[69] Ein solch e-

---

[66] Vgl. hierzu die Arbeiten von Homans, G. C. (1960) und Hollander, E. P. (1972), die vorwiegend auf das Zusammenspiel von Führer und einer Gruppe abstellen. Ferner vgl. Bales, R. F. (1950). Bei Homans wird zur Erklärung von Führung eine Verbindung zwischen normenkonformem Verhalten in einer Gruppe und Führerschaft hergestellt. Als Führer bildet sich das Individuum heraus, welches die Normen genauer einhält als jeder andere in einer Gruppe (S. 157). Allerdings gibt es eine Vielzahl an Untersuchungen, die gerade die höhere Verhaltensvariabilität des Führers belegen, vgl. hierzu bspw. das Konzept des Idiosynkrasiekredits von Hollander (1972). Unter dem zu Beginn der Gruppenzugehörigkeit durch konformes Verhalten erworbenen Idiosynkrasiekredits wird hier der Grad verstanden, bis zu welchem eine Person von den Gruppenerwartungen später abweichen darf. Die Untersuchungen von Bales zeigen eine Rollendifferenzierung in einen aufgabenorientierten und in einen sozio-emotionalen Führer. Bei dieser Dualität werden beide Führungsrollen als komplementär angesehen (vgl. S. 255ff.).

[67] Vgl. Wunderer, R. (1992), S. 502; sowie Kieser, A./Oechsler, W. A. (2004), S. 320. Die Interaktionstheorie umfasst über die dyadische Zweierbetrachtung hinaus gruppenbezogene Austauschmodelle, wie die Idiosynkrasiekredit-Theorie, die wechselseitige und dynamsiche Einflussprozesse zwischen Führer und Geführten thematisiert und auf einen Vertrauensvorschuss bzw. den Statuserwerb des Führers zur Legitimation abweichenden Verhaltens abstellt.

[68] Vgl. hierzu grundsätzlich Bales, R. F./Slater, P. E. (1969). Hierbei beziehen sich die Autoren weniger auf die Person des Führers, als vielmehr auf die Dualität der Funktionen. Diese können sowohl in einer Person vereint als auch auf unterschiedliche Personen verteilt sein.

[69] Vgl. Wunderer, R. (1992), S. 508. Studien zeigen, dass eine gute Beziehungsqualität die Zufriedenheit des Mitarbeiters und dessen Integration in das Organisationsgeschehen erhöht, Probleme mit der Führungskraft reduziert und die Einsatzbereitschaft steigert. Die Führungs-

motional geprägter Beziehungskontext wird durch die Interaktion selbst geschaffen.[70] Beide Ausprägungen eines Austausch- und Einflussprozesses, sowohl die soziale als auch die ökonomische, determinieren die Stabilität einer Beziehung. Führung tendiert allerdings zunehmend dazu, Züge einer Auftraggeber-Auftragnehmerbeziehung bzw. einer auf vorwiegend vertraglichen Prinzipien basierenden ökonomischen Austauschbeziehung anzunehmen.[71] Die Gründe hierfür liegen im Wandel der Rolle des Mitarbeiters zum hoch spezialisierten Experten im Sinne eines Auftragnehmers, in der zunehmenden Leistungsorientierung und dem geringen persönlichen Kontakt zwischen Führungskraft und Mitarbeiter. Das traditionelle Führungsverständnis einer Führungskraft, die einzelne Aufgaben plant, steuert und kontrolliert, wird zugunsten der Rolle als Auftraggeber, der Aufgabenbereiche an die Mitarbeiter als Auftragnehmer delegiert und unterstützend berät, teilweise aufgegeben.[72]

Entsprechend den interaktions- und kommunikationstheoretischen Erkenntnissen[73] führt allerdings erst die Ergänzung der ökonomischen Perspektive durch sozio-emotionale Elemente, wie bspw. Organisationskultur und Vertrauen, zu einer effizienten Führungsbeziehung.[74] Besteht zwischen beiden Kommunikationspartnern ein persönlicher Beziehungskontext, vor dessen Hintergrund sich die IT-gestützte Interaktion vollziehen kann, sinken die Kosten der Information und Kommunikation im Führungsprozess.[75] Für eine Führungskraft bedeutet dies, dass sie über die rein sachliche Delegation von Aufgabenbereichen hinaus die Verantwortung trägt, den Mitarbeiter sozial zu integrieren und einen persönlichen Kontext aufzubauen. Bales und Slater[76] sprechen hier von einem Dualismus von Führung in Anlehnung an die Rollendifferenzierung in einen aufgaben- und mitarbeiterorientierten Führer. Da diese Rollen als komplementär gelten, besitzt eine Führungskraft sowohl aufgabenorientierte (lokomotive) als auch

kraft selbst unterstützt und fördert den Mitarbeiter stärker, überträgt ihm eine größere Verantwortung und schafft somit günstige Voraussetzungen, dass sich der Mitarbeiter zum Mitunternehmer entwickelt, vgl. Rosse, J. G./Kraut, A. L. (1983).

70 Vgl. Müller, G. F. (1985), S. 21.

71 Vgl. Picot, A./Reichwald, R./Wigand, R. T. (2003), S. 38ff.

72 Vgl. Picot, A./Reichwald, R./Wigand, R. T. (2003), S. 432ff.

73 Vgl. Faust, M./Jauch, P./Brünnecke, K. Deutschmann, Ch. (1994), S. 87; ferner vgl. Oechsler, W. A. (2001a), S. 40.

74 Im organisatorischen Kontext spielen Vertrauen und unternehmenskulturelle Bindung zwischen den Unternehmensmitgliedern eine wesentliche Rolle, um die internen Transaktionskosten im Leistungserstellungsprozess zu reduzieren. Diesen Vorteil bietet der „interne Markt" im Vergleich zu einer freien Marktwirtschaft. Vgl. zur Effizienz des Leistungserstellungsprozesses in Hierarchien oder am Markt. Vgl. hierzu auch Ouchi, W. G. (1980), S. 134ff.

75 Vgl. Watzlawick, P./Beavin, J. B./Jackson, D. D. (2000), S. 50ff.

76 Vgl. hierzu grundsätzlich Bales, R. F./Slater, P. E. (1969).

mitarbeiterorientierte (kohäsive) Aufgaben, die gleichgewichtig nebeneinander stehen.[77] Demzufolge verlangt die Erfüllung der Führungsfunktionen eine sowohl beziehungs- als auch inhaltsorientierte Interaktion.[78] Während sich die Motivations- und Interaktionsfunktion stärker durch beziehungsorientierte Elemente vollziehen, stellen Koordination und Kontrolle auf inhaltsorientierte Aspekte der Kommunikation in der Führungsbeziehung ab.

2.1.2.2 Interaktion und Kommunikation

Das Instrument im Beeinflussungsprozess stellt die unmittelbare Kommunikation zwischen Führungskraft und Mitarbeiter dar.[79] Kommunikation in der Führung dient daher der Übermittlung von Informationen zum Zweck der Steuerung von Verhalten.[80] Im Vergleich zu anderen Kommunikationssituationen verfolgt der Kommunikator damit stets eine unmittelbare Absicht,[81] so dass sich Kommunikation in dieser Arbeit folgendermaßen definiert:

„Menschliche Kommunikation ist erst dann möglich, wenn (mindestens zwei Menschen) ihre kommunikativen Handlungen wechselseitig aufeinander ausrichten. Anders formuliert: Kommunikation kann erst dann statt-

---

[77] Vgl. Reichwald, R./Möslein, K. (1999), S. 716.

[78] Vgl. Grote, G. (1994), S. 74.

[79] Vgl. Seiffert, H. (1997), S. 108; vgl. zum Begriff der Kommunikation ferner Dorsch, F./Häcker, H./Stapf, K. H. (1994). Kommunikation wird im Kontext verschiedener Forschungsschwerpunkte unterschiedlich definiert. Das Resultat der Analyse von 160 Definitionen des Kommunikationsbegriffs ergab, dass kein einheitliches Verständnis des Begriffs der Kommunikation in der Wissenschaft existiert. Mertens geht sogar soweit, dass er die bestehenden Definitionen, vor dem Hintergrund einer an einem wissenschaftlichen Instrumentarium ausgerichteten Prüfung, als unzulänglich beurteilt. Als Grund hierfür nennt er, dass die Kommunikationswissenschaft eine junge Wissenschaft ist, die zugleich auf anderen basiert.

[80] Vgl. Liebel, H. J. (1992), S. 140. Intuitive soziale Beeinflussung vollzieht sich in jeder zwischenmenschlichen Beziehung. Besteht jedoch die Absicht, mit prognostisch gesicherten Effekten Einfluss zu nehmen, sind motivations- und kommunikationspsychologische Erkenntnisse heranzuziehen. Vgl. Reichwald, R./Möslein, K. (1999), S. 715. In der führungspolitischen Interaktion ist auf ein betriebswirtschaftliches, d.h. pragmatisches Kommunikationsverständnis abzustellen. Vgl. Burkart, R. (1998), S. 76f. Die Semiotik, die wissenschaftliche Erforschung der Gegenstände und der Funktionsweisen von Kommunikationsvorgängen, differenziert die Kommunikation nach der syntaktischen, der semantischen und der pragmatischen E-bene.

[81] Vgl. Burkart, R. (1998), S. 32. Das Axiom von Watzlawick „*Man kann nicht nicht kommunizieren*" besagt, dass jede Art von sozialer Interaktion einem anderen Individuum gegenüber mit Kommunikation gleichzusetzen ist, vgl. Watzlawick, P./Beavin, J. B./Jackson, D. D. (2000), S. 50ff.; ferner vgl. Bartölke, K./Grieger, J. (2004), S. 11.

33

finden, wenn sich (mindestens zwei) Lebewesen im Hinblick aufeinander kommunikativ verhalten. [...]"[82]

Im Rahmen der Interaktionstheorie der Führung handelt es sich um eine Kommunikationsbeziehung,[83] die sich zwischen zwei Kommunikationspartnern in einem ungleichen, durch eine hierarchische Unternehmensrealität gekennzeichneten Beziehungsgefüge abspielt.[84] Somit unterscheidet sich die Kommunikationssituation dabei ganz erheblich von der zwischen gleichgestellten Mitarbeitern.[85] Eine Situation, in welcher die Führungskraft unbestritten den dominierenden Faktor der Interaktion darstellt,[86] zielt zunächst auf die Verhaltensbeeinflussung durch Autorität ab. Angesichts der gesellschaftlichen Werteentwicklung und der veränderten Rolle des Mitarbeiters nimmt die Verhaltensbeeinflussung durch Überzeugung und Vertrauen zu.[87] Das Schaffen von Vertrauen setzt wiederum die Wechselseitigkeit der Kommunikation zwischen Führungskraft und Mitarbeiter voraus. Ein solcher wechselseitiger Austausch- und Einflussprozess kann anhand des Grundmodells der Kommunikation abgebildet werden (vgl. Abbildung 6). Obwohl die Abbildung ein sehr elementares Modell der Kommunikation darstellt, repräsentiert es die wesentlichen Variablen, die das komplexe Netz der Austausch- und Einflussbeziehung konstituieren und zur Realisierung der Führungsfunktionen beitragen.

---

[82]   Burkart, R. (1998), S. 32.
[83]   Vgl. Busch, K. Ch. (1997), S. 8.
[84]   Vgl. Staehle, W. H. (1991), S. 13f.
[85]   Vgl. Bormann, E. G./Howell, W. S./Nichols, R. G./Shapiro, G. L. (1969), S. 39.
[86]   Vgl. LeMar, B. (2001), S. 201f.
[87]   Vgl. Watzlawick, P./Beavin, J. B./Jackson, D. D. (2000), S. 50ff.

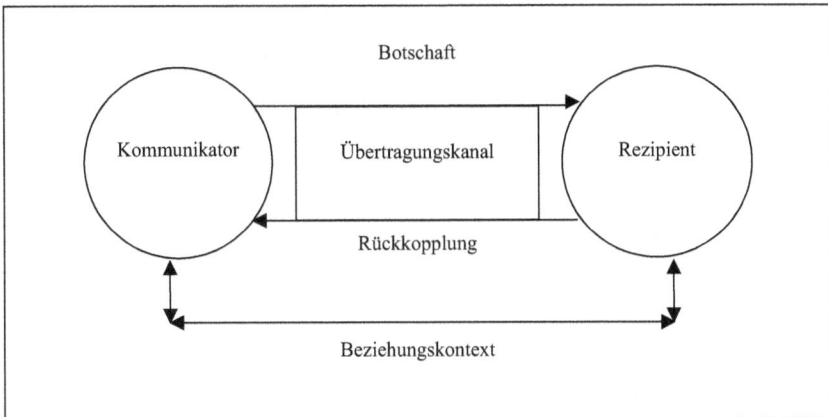

Abbildung 6:   Stimulus-Response-Modell der Kommunikation[88]

Das Kommunikationsmodell setzte sich aus den Elementen des Kommunikators, der zu übermittelnden Botschaft und des Rezipienten zusammen. Der Kommunikationsprozess wird entweder durch diese Elemente direkt charakterisiert, indem auf deren Rollen im Kommunikationsprozess Bezug genommen wird,[89] oder sie lassen sich durch den Transfer von Informationen vom Kommunikator zum Rezipienten beschreiben.[90] Im Zuge ihrer Interaktion übernehmen Führungskraft und Mitarbeiter abwechselnd die Rolle des Kommunikators und des Rezipienten. Kommunikator und Rezipient repräsentieren die Bedeutung der Persönlichkeit des Führers und des Geführten in der Interaktionsbeziehung. Die Schattierung in Abbildung 6 weist darauf hin, dass der Kommunikationsprozess, d.h. die Übertragung der Botschaft und die Rückkopplung sowie die Gestaltung des Beziehungskontextes, einzelne Elemente der Interaktion zwischen Führungskraft und Mitarbeiter darstellen. Die zu übermittelnde Information stellt die Botschaft bzw. den Grund der Interaktion zwischen Führungskraft und Mitarbeiter dar, der mittels eines Kommunikationskanals, wie z.B. Sprache, Schrift, IuK-Technologien etc. transferiert wird.[91] Kommunikation prägt sowohl den Kommunikator als auch den Rezipienten und gestaltet somit reziprok einen Beziehungskontext bzw. den sozio-emotionalen Rahmen. Bisher wurde vorwiegend die persönliche Kommunikation als Kommunikationskanal in der Führung genutzt. Kommunizieren Führungskraft und Mitarbeiter zunehmend IuK-

---

88   In Anlehnung an Merten, K. (1999), S. 55.

89   Vgl. Merten, K. (1999), S. 55.

90   Vgl. Krone, K. J./Jablin, F. M./Putnam, L. L. (1987), S. 21.

91   Vgl. Bröckermann, R. (2000), S. 51.

gestützt, ist anzunehmen, dass sich der Beziehungskontext, die Möglichkeit der Rückkopplung sowie die zu übermittelnde Botschaft verändern. Beispielsweise fallen im IuK-gestützten Kommunikationsprozess nonverbale Elemente weit gehend weg. Die Rückkopplung ist nur bedingt möglich.[92] Ferner könnte das Schaffen und Aufrechterhalten eines Beziehungskontextes erschwert werden, wenn, wie es in der IuK-gestützten Kommunikation der Fall ist, z.b. nonverbale oder informelle Elemente wegfallen, die den Beziehungsaspekt in Kommunikationsprozessen betonen.

Wie der von Bales und Slater[93] intendierte Dualismus von Führung bereits andeutet, weist auch die Kommunikation eine Differenzierung von zwei unterschiedlichen, sich komplementär zueinander verhaltenden Dimensionen auf: Jede Kommunikation besitzt einen Inhalts- und einen Beziehungsaspekt.[94] Während der Inhaltsaspekt die Übermittlung von Fakten betrifft, bezieht sich der Beziehungsaspekt auf das zwischenmenschliche Verhältnis zwischen den Kommunikationspartnern und liefert damit den Ausgangspunkt für die Interpretation der inhaltlichen Information. In einem persönlichen Kommunikationsprozess erfolgt sowohl die Übertragung emotionaler als auch inhaltlicher Elemente simultan.[95] In dieser Differenzierung zeichnen sich Parallelen zu der in der Literatur vorgenommenen Verdichtung der interaktionellen Führung zur aufgaben- bzw. mitarbeiterorientierten Führungsrolle ab. Die aufgabenorientierte Führung bzw. die Lokomotion in der Führung dient dem Erreichen von Unternehmenszielen und richtet die Mitarbeiter sachbezogen auf diese Ziele aus. Bezüglich dieser Führungsaufgabe steht die unmittelbare Botschaft im Vordergrund. Demgegenüber dient die mitarbeiterbezogene Führung bzw. die Kohäsion dem zwischenmenschlichen Verhältnis und wird durch emotionale, häufig nonverbale und informelle Aspekte in der Kommunikation geprägt. Kommunikation in Austausch- und Einflussprozessen dient daher nicht nur der sachlichen Erfüllung der Aufgaben, sondern wirkt auf die soziale Beziehung zwischen Führungskraft und Mitarbeiter ein. Über Kommunikation kann Vertrauen geschaffen, Sympathien und Antipathien gebildet, Beziehungen aufgebaut, gepflegt oder zerstört werden.[96] Kommunikation im Unternehmen ist daher nicht nur „zweck- und

---

92 Vgl. Merten, K. (1999), S. 55f. Die Rückkopplungsmöglichkeit, die im ursprünglichen Grundmodell zunächst nicht berücksichtigt wurde, ist konstituierend für einen Kommunikationsprozess und daher an dieser Stelle zu ergänzen. Die Rückkopplungsmöglichkeit betont dabei die Wechselseitigkeit des Einflussprozesses, so dass sich ein geschlossenes Interaktionssystem ergibt, das sich durch Kommunikation etabliert, aufrecht erhält und weiter entwickelt.

93 Vgl. hierzu grundsätzlich Bales, R. F./Slater, P. E. (1969).

94 Vgl. Watzlawick, P./Beavin, J. B./Jackson, D. D. (2000), S. 53.

95 Vgl. Fiedler, F. E. (1967), S. 643ff.

96 Vgl. Reichwald, R./Möslein, K. (1998), S. 7.

leistungsbezogen" zu sehen. Sie erfüllt ebenfalls wichtige soziale, emotionale und somit motivationale Aufgaben, die in führungspolitischen Austausch- und Einflussprozessen unverzichtbar sind.[97]

Es ist zu vermuten, dass sich mit dem Einsatz von IuK-Technologien in der Führungsbeziehung der führungspolitische Kommunikationsprozess als solcher, der Beziehungskontext sowie die Kommunikationsinhalte verändern. Kommunikation kann sich schnell und zu geringen Kosten über große Distanzen hinweg vollziehen. Je nach Medium stehen unterschiedliche Möglichkeiten der Rückkopplung zur Verfügung, die langfristig Auswirkungen auf die Qualität des Beziehungskontextes haben. Ferner werden neue Kommunikationssachverhalte erwartet, die eventuell weniger informelle Bestandteile enthalten könnten. Nachstehend wird dargelegt, welche Konsequenzen die IT-Unterstützung von Interaktion für die Erfüllung der Führungsfunktionen hat.

2.1.2.3 Interaktion im Rahmen der Führungsfunktionen

Mit Blick auf die Thematik der IT-Unterstützung von Kommunikation, rücken im Folgenden die Prozesse in den Vordergrund, die die direkte Austausch- und Einflussbeziehung zwischen Führungskraft und Mitarbeiter betreffen. Die strukturelle Führung wird insofern erwähnt, als sie den Rahmen für die direkten Austauschprozesse bereitstellt.

Die Mitarbeiterintegration hat die optimale fachliche und soziale Einbindung des Humanfaktors in den Leistungserstellungsprozess eines Unternehmens zum Ziel. Im Zuge der Integrationsfunktion wird zum einen der Beziehungszusammenhang zwischen Mitarbeiter und Führungskraft selbst, d.h. die soziale Integration, zum anderen verstärkt der Prozess der Einbettung des Mitarbeiters in das Aufgabengebiet und in den gesamtorganisatorischen Hintergrund, konkret die fachliche Integration, betrachtet.[98] Die fachliche Integration umfasst generell Strategien der Einarbeitung, der Gestaltung der Arbeitssituation sowie sach- und aufgabenbezogene Betreuung. Allerdings gilt diese Art der fachlichen Integration zunehmend als überholt,[99] da die Spezialisierung des Mitarbeiters häufig weit über der aufgabenspezifischen Kompetenz der Führungskräfte liegt, wodurch sich der Fokus der Betreuung verschiebt. Der Führungskraft kommt nun vielmehr die Rolle eines Beraters und Coachs des Mitarbeiters zu.[100] In Anbetracht

---

[97] Vgl. Neuberger, O. (1976), S. 8.

[98] Vgl. Reichwald, R./Möslein, K. (1997), S. 26.

[99] Vgl. Weisheit, J. (2001), S. 56.

[100] Vgl. Jochum, E./Jochum, I. (2001), S. 493; ferner Gaugler, E. (2001), S. 477. Angesichts der zunehmenden Qualifikationen und Selbstverantwortung der Mitarbeiter scheinen indirekte, unterstützende und partizipative Führungskonzepte sinnvoll zu sein. In diesem Zusammen-

der restriktiven Möglichkeiten zum persönlichen Kontakt rückt in Interaktionsprozessen zunehmend die Vermittlung von einerseits ziel- und aufgabenrelevanten, andererseits unternehmenspolitischen und informellen sowie vertraulichen Informationen in den Vordergrund. Relevant sind hierbei sowohl instru-
mentelle Informationen, die direkt die Aufgabenerfüllung bezüglich Quantität
oder Qualität umfassen,[101] als auch kontextuelle Informationen, die über die
unmittelbare Aufgabenerfüllung hinausreichen und eher allgemeine Informati-
onsbedürfnisse des Mitarbeiters, die bspw. langfristige Unternehmensziele oder
allgemeine Strategien betreffen, befriedigen. Letzteres zielt auf die Integration
des Mitarbeiters in das aktuelle Unternehmensgeschehen ab. Angesichts der
Delokalisierung und der damit verbundenen Kommunikation mittels IuK-
Technologien soll gewährleistet werden, dass der Mitarbeiter über die formale
seinen eigenen Aufgabenbereich betreffende Information hinaus, im Zuge der
informellen Kommunikation den Überblick über die Gesamtzusammenhänge im
Hinblick auf seine individuelle Aufgabenerfüllung behält und fähig ist, die damit verbundenen Zielsetzungen erfassen und verstehen zu können. Mit Blick auf
die Bedeutung der Selbstorganisation und Selbstmanagement sollte der Mitarbeiter in seiner vertikalen und horizontalen Kommunikation unterstützt werden,[102] damit es gelingt, ein informelles hierarchieübergreifendes Beziehungsnetzwerk aufzubauen. Dieses erweist sich in der IuK-gestützten Zusammenarbeit als essentiell. Informelle Kommunikation entsteht im Zuge der Erfüllung
der Arbeitsaufgaben als Nebenprodukt spontan in Alltagssituationen, bspw. in
der Kaffee-Ecke oder im Raucherzimmer bei einem ‚Small-Talk'.[103] Diese nicht
direkt aufgabenbezogene Kommunikation fördert in erster Linie den Beziehungskontext und dient somit indirekt der effizienten Zusammenarbeit. Darüber
hinaus kommt es zu einem informellen Informationsfluss, der die soziale Inte-

---

hang wird Coaching als neue Form der Führung genannt, die diesen Anforderungen gerecht zu
werden scheint. Unter Coaching kann eine psychische und physische Begleitung durch einen
persönlichen Berater respektive Coach verstanden werden, der die Voraussetzung dafür schaffen soll, dass der Mitarbeiter seine an ihn gestellten Arbeitsanforderungen künftig zielwirksa-
mer und unabhängiger bewältigen kann. Insofern bedeutet Coaching einen Prozess der Hilfe
zur Selbsthilfe, der im Rahmen eines längerfristigen Beratungsprozesses gewährt wird, vgl.
auch Krystek, U./Redel, W./Reppegarther, S. (1997), S. 167.

[101]   Vgl. Steinmann, H./Schreyögg, G. (2000), S. 580f.

[102]   Vgl. Neuberger, O. (2002), S. 642ff.

[103]   Vgl. Luhmann, N. (1995), S. 95. Die formale und die informelle Kommunikation stehen sich
in fast jeder Beziehung komplementär gegenüber und ergänzen sich dadurch hervorragend.
Generell dient die informelle Komponente der Kommunikation dazu, subjektive vertrauliche
Zusatzinformationen in die formale Kommunikation einzuspeisen, die einerseits die Interpretation der formal übermittelten Informationen erleichtert, andererseits durch persönliche Interessen und Emotionen geprägt eine vertrauliche Beziehung zwischen den Kommunikationspartnern entstehen lässt. Ferner verhindert informelle Kommunikation das Entstehen rigider
Strukturen, die die Anpassungsfähigkeit des Systems lähmen können.

gration unterstützt. In der IuK-gestützten Zusammenarbeit ergeben sich solche Situationen generell nicht auf natürliche Weise, so dass, um den Beziehungskontext zu pflegen und um eine die optimale über den spezifischen Handlungsspielraum hinausgehende informationelle Versorgung des Mitarbeiters sicherzustellen, informelle Information ein zentrales Instrument der Integration darstellt.[104] Informationen gelten als eine Schlüsselvariable in der IT-gestützten Zusammenarbeit generell: Mit steigendem Umfang an relevanten Informationen, die bei einem Netzwerkknoten vorhanden sind, erhöht sich die Bedeutung, die dieser in dem gesamten Netzwerk erhält. Kann die Führungsbeziehung zu einer optimalen Informationsversorgung des einzelnen Netzwerkknotens bzw. des individuellen Mitarbeiters beitragen, erhöht sich dadurch die Bedeutung des führungspolitischen Austauschprozesses. Aus struktureller Führungsperspektive kann versucht werden, dem Mitarbeiter entsprechende Entscheidungs- und Handlungskompetenzen einzuräumen, um die Informationen nutzenmaximierend anzubringen.

Im Zuge der Dezentralisierung und der zunehmenden Technologisierung von Führung rückt die Vermittlung von Visionen und unternehmenskulturellen Werten stärker in den Vordergrund, um trotz dezentraler Leistungserbringung und IuK-gestützter Zusammenarbeit eine gemeinsame Identität aufzubauen und weiter zu entwickeln. Innerhalb eines der sozialen Integration dienenden gemeinsamen normativen Bezugsrahmens wird die Kommunikation erleichtert.[105] Des Weiteren gewinnen persönliche Anerkennung, Wertschätzung sowie emotionale Unterstützung durch die Führungskraft an Bedeutung.[106] Allerdings entfalten sie ihre volle Wirkung hauptsächlich in der persönlichen Kommunikationssituation. Angesichts der häufig virtuellen Führungsbeziehung stellt sich daher die Herausforderung, einen durch gemeinsame Werte geprägten normativen Beziehungskontext hauptsächlich anhand von Kommunikationstechnologien zu etablieren und langfristig zu erhalten.[107] Können die Kommunikationstechnologien dahingehend keine substitutive Wirkung entfalten, erwächst daraus langfristig die Gefahr der potenziellen Abnahme der sozialen Integration und somit der Motivation des Mitarbeiters.[108] Die Konsequenzen für den sozio-

---

104   Vgl. Hilb, M. (1997), S. 84, sowie Reichwald, R./Hesch, G. (1993), S. 431. Die Verpflichtung der Führungskraft, den Mitarbeiter zu informieren, ergibt sich aus der Annahme, dass die Führungskraft, aufgrund der Beziehungen und der zahlreichen Informationsquellen, die sie pflegt, meist mit besseren Informationen von höheren Hierarchieebenen versorgt ist als es der Mitarbeiter sein kann.

105   Vgl. Rosenstiel, L. v. (2003), S. 27; ferner Schein, E. H. (1991), S. 25.

106   Vgl. Jumpertz, S. (2003), S. 39.

107   Vgl. Vroom, V. H. (1964), S. 138f.

108   Vgl. Rosenstiel, L. v. (1988), S. 227ff. Von intrinsischer Motivation wird dann gesprochen, wenn die Motivation ihre Befriedigung in der Arbeitstätigkeit selbst findet.

emotionalen Beziehungskontext des Austauschverhältnisses liegen auf der Hand: Commitment und Loyalität des Mitarbeiters sinken, da das Gefühl einer emotionalen Verpflichtung fehlt. Dies könnte potenziell opportunistisches Verhalten bei dem Mitarbeiter auslösen, was die Intensivierung der Kontrolle der Einhaltung der Leistungsvereinbarung begründet. Sieht der Mitarbeiter seine eigenen Interessen unzureichend vertreten, ist zu vermuten, dass er Strategien, die lediglich seine individuellen Zielen betreffen, entwickelt, und dies auch, wenn sie den Abteilungs- und Unternehmenszielen entgegenstehen.[109] Die Erfüllung der Führungsfunktionen, die gerade angesichts der gesellschaftlichen Werteentwicklung[110] zunehmend auf Eigenverantwortung des Mitarbeiters abstellen, erschwert sich hierdurch. Strukturelle und interaktionelle Maßnahmen zur Motivation und sozialen Integration drohen ins Leere zu laufen. Der Führungsschwerpunkt würde sich auf die Koordinations- und Kontrollfunktion verlagern und eine vorwiegend ökonomisch geprägte Interaktion zwischen Führungskraft und Mitarbeiter begründen. Kann die IuK-gestützte Kommunikation diese informellen den Beziehungskontext stärkenden Informationen nicht vermitteln, würde dies zum Verlust der die Effizienz der führungspolitischen Kommunikation steigernde sozio-emotionale Aspekte führen.

In IT-gestützten Führungsbeziehungen erhält der Mitarbeiter Entscheidungskompetenzen, hat erweiterte Einflussmöglichkeiten auf seine eigene Arbeit und trägt eine größere Verantwortung für die Arbeitsergebnisse (vgl. Kapitel 2.1.1).[111] Obwohl der Einsatz von Kommunikationstechnologien gerade im Hinblick auf ihre durch unmittelbare Kommunikation erzeugten Motivationspotenziale fragwürdig erscheinen, dienen sie dazu, indirekt über die Enthierarchisierung in neuen Organisationsformen, die Selbst- statt Fremdkontrolle sowie Selbstbestimmung an Stelle von Fremdbestimmung zu unterstützen. Eine direkte Auswirkung auf die Motivation des Mitarbeiters begründet sich in der Förderung der Unabhängigkeit des individuellen Informations- und Kommunikationsverhaltens. Generell unterstützt der Einsatz von IuK-Technologien die Selbstständigkeit und damit die intrinsische Motivation des Mitarbeiters.[112]. Ferner

---

[109] Vgl. Tietzel, M. (1981), S. 219. Menschenbild gemäß dem REMM, dies bedeutet "resourceful, evaluative, maximizing man". Der Begriff entstammt der Neuen Institutionenökonomie und wird im Zusammenhang mit dem Property-Right-Ansatz genannt. Nach dieser Sichtweise versucht jeder Akteur, seinen individuellen Nutzen zu maximieren. In die individuelle Nutzenfunktionen fließen sowohl materielle Ziele wie Einkommen, Gewinn und Konsum ein.

[110] Vgl. Picot, A./Hass, B. H. (2002), S. 157f.; ferner vgl. Klages, H. (1991), S. 59ff.

[111] Vgl. Vroom, V. H. (1964), S. 101ff. Seit den 1980er Jahren ist ein Abwenden von extrinsischen Werten wie einer rein monetären Belohnung, zugunsten von intrinsischen Individual- und Gemeinschaftswerten wie soziale Anerkennung, Statussymbole oder steigende Verantwortung zu beobachten.

[112] Vgl. Zander, E./Grabner, G./Knebel, H./Pillat, R. (1972), S. 29.

bergen eine offene Kommunikationssituation in der Führungsbeziehung, eine tendenzielle Orientierung der Austauschprozesse an den Bedürfnissen des Mitarbeiters sowie eine stärkere Berücksichtigung der individuellen Persönlichkeit zahlreiche Motivationspotenziale.[113] Gefordert ist Teamarbeit, Beziehungsmanagement, Fach- und Methodenwissen sowie unternehmerisches Denken und Handeln, so dass eine solche Rollenvielfalt zu neuen Anforderungen führt, die dem Mitarbeiter persönliche Entwicklungschancen bieten. Der Rollenwandel spiegelt sich auch in der Interaktionstheorie der Führung wider, die hinsichtlich der Austausch- und Einflussprozesse die Wechselseitigkeit intendieren und somit dem Mitarbeiter die Rolle eines aktiv die Kommunikation mitgestaltenden Interaktionspartners zusprechen. Damit einher geht der Trend zur Höherqualifizierung des Mitarbeiters, dessen Entwicklungs- und Lernprozesse mittels IuK-Technologien gefördert werden können. Indem der Mitarbeiter individuell auf seine Bedürfnisse zugeschnittene elektronische Werkzeuge und fortgeschrittene Lernmethoden im Zuge seiner Aufgabenerfüllung heranziehen kann, erlangt dieser mehr Unabhängigkeit von der Führungskraft bspw. im Hinblick auf Personalentwicklungsmaßnahmen.[114]

Ein Charakteristikum von Unternehmen ist die arbeitsteilige Bewältigung von Aufgaben, deren Koordination der arbeitsteiligen Schritte auf ein Gesamtziel hin eine notwendige Voraussetzung für einen optimalen Leistungserstellungsprozess darstellt. Die Koordination der Aktivitäten betrifft die vertikale und horizontale Kooperation der in den neuen Organisationsformen häufig virtuell zusammenarbeitenden Mitarbeiter, so dass sich die Kette der Leistungserstellung ohne gravierende Brüche vollziehen kann. Die Voraussetzung für eine erfolgreiche Koordination stellt die Existenz funktionsfähiger Kontrollmechanismen dar, weshalb eine parallele Betrachtung der beiden Führungsfunktionen nahe liegt. In herkömmlichen, auf hierarchischem Aufbau beruhenden Organisationsformen erfolgen Koordination und Kontrolle der Aktivitäten zentral kraft hierarchischer Kontrollmechanismen, die innerhalb eng definierter Handlungsspielräume eine kurzfristige Delegation von Aufgaben an Spezialisten vorsieht.[115] Die Delegation von Aufgaben und Verantwortung durch die Führungskraft an den Mitarbeiter vollzieht sich im Rahmen von standardisierten Vorgaben entlang der Organisations- und Kommunikationsstruktur. Die Organisationsstruktur steuert dabei die grundlegenden Kommunikationsprozesse, die Mittel der vertikalen und horizontalen Koordination darstellen. Daher nehmen neben dem Wandel der Rolle des Mitarbeiters als Erklärung dafür, dass hierarchische Anweisungen und Kontrolle der Führungskraft zunehmend durch Informationen, Beratung und Bezie-

---

113   Vgl. Marr, R. (1992), Sp. 1159.

114   Vgl. Ising, A. (2001), S. 36.

115   Vgl. Creed, W. E. D./Raymond, E. M. (1996), S. 24.

hungsmanagement ersetzt werden, unternehmensstrukturelle Bedingungen Einfluss: Die netzwerkartigen Kommunikationsstrukturen bringen einerseits die hierarchischen Koordinationsmechanismen zum Erliegen. Andererseits versagt die Kontrolle mittels direkter Verhaltensbeobachtung des Mitarbeiters in von geographischer Dezentralisierung gekennzeichneten Führungsbeziehungen weitgehend.[116] Daher erfolgt Koordination zunehmend zum einen anhand IuK-gestützter Informationsvermittlung,[117] zum anderen anhand von marktlichen Koordinationsmechanismen im Sinne von Leistungsvereinbarungen zwischen Führungskraft und Mitarbeiter, um die Austauschbeziehung zielgerichtet zu gestalten.[118] Als weitere Option bietet sich die Minderung von Interessendivergenzen[119] zwischen Führungskraft und Mitarbeiter als impliziter Koordinations- und Kontrollmechanismen an.[120] Diese Mechanismen werden aufgrund ihrer indirekten Wirkung generell in den neuen Unternehmensformen diskutiert. Zum einen ist die Beeinflussbarkeit der Aktivitäten und des Leistungsergebnisses durch den Mitarbeiter in den neuen Organisationsformen enorm hoch. Zum anderen könnte der delokalisierte Mitarbeiter potenziell opportunistisches Verhalten aufweisen, sofern die im Leistungsvertrag vereinbarten Ziele seinen individuellen Bedürfnissen konträr gegenüberstehen. Um diesen Fällen vorzubeugen, können in Verbindung mit einer Ergebniskontrolle Sanktionen im negativen sowie positiven Sinne etabliert werden. Zwar könnte der Einsatz von Kommunikationstechnologien im Sinne einer direkten Verhaltenskontrolle über bspw. Einschaltzeiten des PCs, Mausklick pro Zeiteinheit etc., herangezogen werden. Die Technologienutzung als Mittel der expliziten Verhaltensüberwachung würde jedoch nicht mit den aktuellen gesellschaftlichen Werten und dem Verständnis von einer auf Vertrauen basierenden Führungsbeziehung harmonisieren. Die Interaktionsprozesse im Zuge der Koordination und Kontrolle beziehen sich daher weitgehend auf die gegenseitige Vermittlung von ziel- und ergebnisrelevanten Informationen sowie die Aushandlung von Kompromissen im Rahmen von Leistungsvereinbarungen.

---

[116] Sowohl hierarchische als auch verhaltensbeobachtungsspezifische Mechanismen gehören den betrieblichen Koordinationsmechanismen an. Instrumente der betrieblichen Koordination kommen im durch Regelungen und Grundsätze vorgegebenen organisationsstrukturellen Rahmen zum Einsatz. Je nachdem welche Position der Mitarbeiter in einem Unternehmen besetzt, ist dieser offensichtlich Ansprechpartner für gewisse Aufgaben. Als Folge der eindeutigen organisationsstrukturellen Einordnung resultiert die organisatorische Transparenz, die wiederum die horizontale Koordination erleichtert.

[117] Vgl. Culnan, M. J./Markus, L. (1987). S. 422. Zur Funktion der Information für die Koordination in der Personalführung vgl. Marr, R./Stitzel, M. (1979), S. 231.

[118] Vgl. Lehner, M./Mayer, H. O./Wilms, F. E. P. (2000), S. 37ff.

[119] Vgl. Ouchi, W. G. (1980), S. 134ff.

[120] Vgl. Steinmann, H./Schreyögg, G. (2000), S. 368.

Beeinflussbarkeit der	Beobachtbarkeit der Handlungen des Mitarbeiters		
		tendenziell hoch	tendenziell gering
Ergebnisse durch den Mitarbeiter	tendenziell hoch	1. direkte Führung	2. indirekte Führung
	tendenziell gering	3. zentrale Kontrolle - prozessorientiert	4. zentrale Kontrolle - ergebnisbasiert

Abbildung 7: Kontrolle im Rahmen der Führung[121]

Versagen in Führungsbeziehungen hierarchische Anweisungen und Leistungs-beobachtung als Kontrollinstrumente,[122] steht als Bestandteil der Führung in dezentralisierten Leistungserstellungsprozessen die auf vertraglichen Prinzipien basierende Koordination zur Verfügung.[123] Vertrauen und Commitment, gebildet im Zuge der wechselseitigen Kommunikation, wirkt dabei als Stabilisator der auf Vereinbarungen beruhenden IT-gestützten Austauschbeziehung.[124] Wird allerdings auf den impliziten Mechanismus ‚Vertrauen' gebaut, liegt die Annahme zugrunde, dass Vertrauen zwischen Führungskraft und Mitarbeiter auch im Zuge der Kommunikation mittels Kommunikationstechnologien entsteht, was jedoch häufig bezweifelt wird.

Den Ausführungen lässt sich entnehmen, dass sämtliche bisher eingesetzte Füh-rungsinstrumente insbesondere zur Erfüllung der Funktionen Integration, Koordination und Kontrolle aus Gründen, die in den Charakteristika der neuen Unternehmensformen liegen, eingeschränkte Wirksamkeit entfalten.[125] Beispielsweise wird die Hierarchie in den neuen Organisationsformen, angesichts der Anforderungen an eine erhöhte Flexibilität und der Gewährleistung der Anpassungsfähigkeit an veränderte Umweltbedingungen, partiell abgebaut, so dass sich die Steuerungs- und Kontrollmöglichkeiten des Mitarbeiters verändern.[126]

---

[121] In Anlehnung an Picot, A./Reichwald, R./Wigand, R. T. (2003), S. 540.

[122] Vgl. Kieser, H./Hegele, C./Klimmer, M. (1998), S. 71.

[123] Vgl. Neubauer, W. (1999), S. 104.

[124] Vgl. Millarg, K. (1998), S. 118; sowie Bachmann, R./Lane, Ch. (1997), S. 93, sowie Hinds, P./Kiesler, S. (1995), S. 374.

[125] Vgl. Weibler, J. (1997), S. 203f.; ferner Faust, M./Jauch, P./Brünnecke, K. Deutschmann, Ch. (1994), S. 99.

[126] Vgl. Scherm, E./Süß, S. (2000), S. 85f.

Richtlinien und Regeln, sofern sie weiterhin zur Verfügung stehen, greifen aufgrund der Delokalisierung der Mitarbeiter nur beschränkt. Ferner werden bspw. Führungsgrundsätze erst dann wirksam, wenn diese eine Ausgestaltung durch ‚gelebte Führung' erfahren. Angesichts der geringen Möglichkeit der direkten Verhaltensbeobachtung und -steuerung aufgrund mangelnder persönlicher Kontakte sowie des großen Einflusses des Mitarbeiters auf das Leistungsergebnis wird die indirekte Form der Führung anhand von Leistungsvereinbarungen und einer an dem Gedanken der Leistungs- und Ergebnisorientierung orientierten Ergebnisevaluation in IuK-gestützten Interaktionssituationen vielfach diskutiert.[127] Die Verpflichtung des Mitarbeiters auf Leistungsergebnisse bringt insbesondere in der IT-gestützten Führung Vorteile mit sich. So gelingt eine Verhaltenssteuerung des Mitarbeiters indirekt mittels der zu erzielenden Ergebnisse, ohne den persönlichen Kontakt zur Führungskraft vorauszusetzen. Ferner erhält die Austauschbeziehung eine für beide Seiten eindeutige Richtung, wodurch sich der Kommunikationsprozess zielgerichtet und effizient gestaltet. Werden die individuell vereinbarten Ergebnisse aus den Unternehmens- und Teamzielen abgeleitet, gelingt hierdurch zum einen die Integration des Mitarbeiters in den Leistungserstellungsprozess, zum anderen erleichtert sich die Koordination der interdependenten Aktivitäten der einzelnen Mitarbeiter. Die Kontrolle kann anhand einer ergebnisorientierten Leistungsbeurteilung erfolgen.[128] Die daraus resultierende ergebnisorientierte Form der Führung hält ferner intrinsische Motivationspotenziale bereit, auf die in Kapitel 3 detailliert eingegangen wird.

2.1.3 Ergebnisorientierte Führung als Form von Austausch- und Einflussprozessen

Ein lebhaft diskutiertes Führungskonzept als Grundlage von IT-gestützten Austausch- und Einflussbeziehungen, bezieht sich auf die ergebnisorientierte Führung, deren Mittelpunkt die Evaluation der Leistungsergebnisse der Vereinbarung zwischen Führungskraft und Mitarbeiter bildet. Als Ausgangspunkt der Austausch- und Einflussbeziehung dient ein Verhandlungsprozess zwischen Führungskraft und Mitarbeiter, der in einer Leistungsvereinbarung in Verbindung mit einem Sollzustand mündet. Am Ende des Vereinbarungszyklus bildet

---

[127]   Vgl. Wunderer, R. (1992), Sp. 924. Gerade im Hinblick auf die fortschreitende Ökonomisierung der Unternehmen und damit in Verbindung stehenden Leistungs- und Ergebnisorientierung der Führungsarbeit, scheint die indirekte Führung in Form eines ergebnisorientierten Konzepts und als ihre Realisierungsvoraussetzung eine ergebnis- und zielorientierte Leistungsbeurteilung besonders relevant zu sein. Vgl. Oechsler, W. A. (2001a), S. 40, sowie Mettler-Meibom, B. (1984), S. 142.

[128]   Vgl. Tichy, N.M./Fombrun, C.J./Devanna, M.A. (1982), S. 47; ferner Vgl. Liebel, H. J./Oechsler, W. A. (1994), S. 7.

dieser Sollzustand als Vergleichsmaßstab die Basis für die Beurteilung und prägt somit den Austauschprozess der neuen Periode. Das ergebnisorientierte Führungskonzept stellt damit zunächst eindeutig auf die ökonomische Dimension der Austauschbeziehung ab. Kommt im Zuge der Interaktion ergänzend eine soziale Komponente wie Vertrauen und Commitment hinzu, handelt es sich um eine Leistungsvereinbarung im Sinne eines psychologischen Kontrakts.[129]

Dieses auf Ergebnisse ausgerichtete Führungskonzept kann den Kontextbedingungen IT-gestützter Führungsbeziehungen insbesondere aus folgenden Gründen Rechnung tragen (vgl. hierzu auch Kapitel 2.1.1): Angesichts der weiten Leitungsspannen in den neuen Organisationsformen und der Herausforderung der IT-gestützten Kommunikation, können individuelle Leistungsvereinbarungen die Koordination und Kontrolle bei geringer persönlicher Präsenz der Führungskraft unterstützen. Die ergebnisorientierte Führung reduziert diese Notwendigkeit insofern, als die direkte Verhaltensüberwachung und Überprüfung der Aufgabenerfüllung des Mitarbeiters durch die Kontrolle des vereinbarten Gesamtergebnisses substituiert wird. Die Verantwortung des Mitarbeiters im Rahmen des im Verhandlungsprozess abgesteckten Handlungsspielraums sowie die damit verbundenen Entscheidungs- und Handlungskompetenzen aktivieren einerseits Motivationspotenziale, andererseits reduziert sich die Notwendigkeit der unmittelbaren Interaktion zwischen Führungskraft und Mitarbeiter.[130] Mit Abschluss einer Leistungsvereinbarung wird gleichzeitig zum einen den gewandelten gesellschaftlichen Werten hinsichtlich Selbstentfaltung und der Rolle des Mitarbeiters als „Unternehmer im Unternehmen"[131] Rechnung getragen. Zum anderen ist aufgrund der Spezialisierung der Mitarbeiter und der somit häufig aufgabenspezifischen Unterlegenheit der Führungskraft kaum eine andere Art der Überwachung der Aktivitäten und Entscheidungen des Mitarbeiters möglich. Die Kompromissfindung im Zuge der Leistungsvereinbarung öffnet Freiräume, um individuelle Bedürfnisse einzubinden und opportunistischen Verhaltensweisen des Mitarbeiters vorzubeugen, der seine Entscheidungs- und Handlungsfrei-

---

[129]   Vgl. Weibler, J. (1997), S. 192. Der Begriff des psychologischen Kontraktes entspringt der Principal-Agent-Theorie, bei der es zunächst um den Abschluss von Leistungsvereinbarungen geht. Wird das Principal-Agent-Verhältnis auf die Führungsbeziehung transferiert, ist von relationalen Verträgen auszugehen, die bspw. Reputation und Vertrauen als implizite Anreiz- und Kontrollmechanismen einbeziehen. In der ursprünglichen Agenturtheorie ist Vertrauen nicht explizit als Grundlage der Modellierung einer Führungsbeziehung erwähnt. Ganz im Gegenteil wird ein hierzu funktionales Äquivalent, das Misstrauen, als Konstante innerhalb der interaktionellen Beziehung eingeführt, was dann wiederum die Rechtfertigung für die Einführung von Kontrollsystemen darstellt. Doch ist der Stellenwert des Vertrauens in solch einer Führungsbeziehung bereits als transaktionskosten-mindernder Mechanismus in der Transaktionskostentheorie erwähnt.

[130]   Vgl. Neuberger, O. (2002), S. 642ff.

[131]   Vgl. Picot, A./Scheuble, S. (2000), S. 21ff.

heiten für individuelle Ziele missbrauchen könnte. Motivation wird ferner indirekt mittels der Delegation von Verantwortung und Entscheidungskompetenzen im Rahmen der in der Leistungsvereinbarung festgesetzten Handlungsspielräume geschaffen. Die Integrationsfunktion realisiert sich im Zuge des Informationsflusses zwischen Führungskraft und Mitarbeiter, der darauf ausgerichtet ist, den Mitarbeiter mit den Informationen zu versorgen, die dieser zur Erfüllung des Leistungsvertrages benötigt. Die Leistungsvereinbarungen mit den einzelnen Mitarbeitern dienen der Koordination der Aufgaben im räumlich dezentralisierten Leistungserstellungsprozess unter Verzicht der kontinuierlich wiederkehrenden Delegation von einzelnen Teilaufgaben. Hierzu muss im Rahmen der strukturellen Führung sicher gestellt werden, dass eine Kaskadierung der übergeordneten Ziele auf die Ebene der Mitarbeiter entsprechend ihres Verantwortungsbereichs durchgeführt werden kann. Die Kontrolle der Aktivitäten der einzelnen Mitarbeiter erfolgt dann im Anschluss an eine Vertragserfüllung anhand der Evaluation der Leistungsergebnisse mittels der Leistungsbeurteilung.[132]

Die Führungsaktivitäten erfahren durch das zugrunde liegende Konzept der Ergebnisorientierung eine Systematisierung, die einen effizienten Beeinflussungsprozess des Mitarbeiters sicherstellen soll. Gerade dadurch, dass sich Kommunikation zwischen Führungskraft und Mitarbeiter mittels IuK-Technologien vollzieht und spontane Situationen wegfallen, die in herkömmlich organisierten Unternehmen der Erfüllung der Führungsfunktionen dienen, kann die Kanalisierung der Kommunikation in aufgaben- und mitarbeiterorientierte Aspekte anhand von festgelegten Führungsaufgaben die Führungsbeziehung stabilisieren. Wichtiger denn je erscheint es daher, einen Rahmen zur Verfügung zu stellen, welcher der Strukturierung der IuK-gestützten Kommunikation dient. Die ergebnisorientierte Führung gewährleistet die zielgerichtete Orientierung der Kommunikation an Schritten der Leistungsvereinbarung, -erfüllung und -evaluation im ergebnisorientierten Austausch- und Einflussprozess, gleichbedeutend einem Leitfaden der Kommunikation.

Anhand eines ergebnisorientierten Führungskonzepts mit vertragsähnlichem Charakter gelingt die Betonung der Leistungsdimension innerhalb der Austausch- und Einflussprozesse zwischen Führungskraft und Mitarbeiter.[133] Im Vordergrund der Interaktion steht die ökonomisch geprägte Auftraggeber-Auftragnehmerbeziehung mit klar definierten Rechten und Pflichten. Nimmt der Mitarbeiter seine Bedürfnisse als berücksichtigt wahr und gelingt es der Füh-

---

[132] Vgl. Liebel, H./Oechsler, W. A. (1992), S. 31ff.; ferner Bisani, F. (1995), S. 365ff.; sowie Becker, F. G. (2003), S. 306ff. Die Leistungsbeurteilung gewinnt als Leistungsindikator für Unternehmen und Mitarbeiter gleichermaßen an Bedeutung, da beide Informationen über unternehmensbezogenes Handeln und dessen Zielerreichungsgrad benötigen.

[133] Vgl. Oechsler, W. A. (2001a), S. 40, sowie Mettler-Meibom, B. (1984), S. 142.

rungskraft, den Mitarbeiter zu integrieren und zu motivieren, entsteht langfristig Commitment und Loyalität, welche die ökonomische Interaktion durch soziale vertrauensbasierte Komponenten ergänzen.[134] Findet ergebnisorientierte Führung IuK-technologisch gestützt statt, stellt sich die Frage, inwiefern die IuK-Technologien einen Effizienzgewinn für den Austausch- und Einflussprozess zwischen Führungskraft und Mitarbeiter bedeuten. Hierzu ist sowohl der die Arbeitsaufgaben betreffende Austausch als auch die informelle Kommunikation zu untersuchen, da beide Aspekte über die Effizienz der Interaktion entscheiden.[135] Daher sind über rein lokomotive Aspekte hinaus auch die Potenziale der Technologien zur Vermittlung kohäsiver Elemente im führungspolitischen Austausch- und Einflussprozess zu untersuchen. Dies soll nachstehend mit Hilfe von Erkenntnissen der Kommunikationsforschung analysiert werden.

2.2 Kommunikationsmodell zur technologischen Unterstützung von Führung

Die technischen Innovationen haben nicht nur neue Kommunikationstechnologien hervorgebracht, vielmehr ist Kommunikation selbst Bestandteil einer technologischen Revolution geworden, die gänzlich neue Chancen bietet.[136] Zunächst werden die grundlegenden Unterschiede zwischen persönlicher Kommunikation und technologisch gestützter Kommunikation sowie die Effizienzpotenziale des IT-Einsatzes aufgezeigt, um ein Verständnis für die Bedeutung einer Substitution der persönlichen Kommunikation durch IuK-Medien zu erlangen. Im Zuge der Diskussion der Substitution der persönlichen Kommunikation durch IuK-Technologien wird ein Kommunikationsmodell dargestellt, welches eine Verbindung zwischen den Kommunikationsaufgaben in der interaktionellen Führung und dem Medieneinsatz schafft. Um die IT-Unterstützung von Kommunikation in den im vorangehenden Kapitel beschriebenen Austausch- und Einflussprozessen einer detaillierten Betrachtung zu unterwerfen, schließt sich die Einordnung der ergebnisorientierten Führung in das Kommunikationsmodell an.

---

[134]   Vgl. Faust, M./Jauch, P./Brünnecke, K. Deutschmann, Ch. (1994), S. 87.

[135]   Vgl. Bales, R. F./Slater, P. E. (1969), 211f.

[136]   Vgl. Picot, A. (1998), S. 30.

2.2.1 Persönliche Kommunikation versus technologisch gestützte Kommunikation

Zur Darstellung, warum die IuK-technologische Unterstützung der führungspolitischen Kommunikation bezüglich ihrer Wirkung und Handlungsfolgen einen relevanten Diskussionsgegenstand darstellt, werden zunächst die Grundzüge der persönlichen Kommunikation skizziert, um darau folgend den Unterschied zur mediatisierten Kommunikation herausarbeiten zu können.

Die persönliche Kommunikation verläuft direkt, d.h. unmittelbar bzw. face-to-face im persönlichen Gespräch. Sie ist authentisch, originär, generell unvermeidbar und vollzieht sich über sämtliche Kanäle der menschlichen Sinneswahrnehmung.[137] Den Kommunikationspartnern ist die Möglichkeit des unmittelbaren Feedback gegeben. Dadurch tauschen die am Gespräch beteiligten Kommunikationspartner ihre Rollen. Mal ist ein Kommunikationspartner Sender, der andere Empfänger und vice versa. Jeder Kommunikationspartner, sowohl Führungskraft als auch Mitarbeiter, bringt in eine Kommunikationssituation individuelle Erfahrungen, Vorwissen und aktuelle Befindlichkeiten mit ein, aufgrund derer zugleich durch die Kommunikation eine neue Situation entsteht und ein Beziehungskontext geschaffen und weiterentwickelt wird. Der Gegenstand des Austauschs von Informationen in einer face-to-face-Kommunikation ist daher eine soziale und kontextuelle Größe.[138]

Ein wesentliches Charakteristikum der persönlichen Kommunikation stellt die Übertragung von nonverbalen Elementen dar. Während es sich bei der verbalen Kommunikation um die bewusste Übertragung einer Information handelt, spiegelt sich die nonverbale Kommunikation etwa durch Gestik und Körpersprache wider.[139] Der nonverbalen Kommunikation, als ein neben der verbalen Sprache anerkanntes Zeichensystem, wird ein eigener Stellenwert beigemessen, der insbesondere im Zusammenhang mit dem Beziehungskontext der Interaktion von Bedeutung erlangt. In diesem Sinne übernimmt die nonverbale Kommunikation Funktionen im führungspolitischen Austausch- und Einflussprozess, die durch die verbale Kommunikation nicht ausreichend erfüllt werden können. Ein Beispiel bietet das Ausdrücken von Stimmungslagen durch Mimik, die verstärkend oder mindernd auf den Inhalt der verbal vermittelten Information zwischen Führungskraft und Mitarbeiter wirken können. Die Wirkung von verbalen Mitteilungen wird demzufolge nachhaltig von der nonverbalen Kommunikation beeinflusst, so dass sich Kommunikation erst in vollem Umfang in der face-to-face-

---

137   Vgl. Höflich, J. R. (1996), S. 67.

138   Vgl. Eurich, C. (1988), S. 75.

139   Vgl. Picot, A./Reichwald, R./Wigand, R. T. (2003), S. 94.

139   Vgl. Reichwald, R. (1993), S. 451.

Situation entfaltet. Ähnlich verhält es sich hinsichtlich der formalen und der informellen Kommunikation. Während die formale Kommunikation direkt der Aufgabenerfüllung dient, entsteht informelle Kommunikation im Zuge dessen als Nebenprodukt spontan in Alltagssituationen und bezeichnet die sozio-emotionale bzw. kohäsive Komponente der Interaktion.[140] Die Unterscheidung zwischen nonverbalen und verbalen Elementen der Kommunikation sowie zwischen der formellen und der informellen Kommunikation, steht in engem Zusammenhang zu dem soeben beschriebenen Inhalts- und Beziehungsaspekt der Kommunikation und damit mit der Erfüllung der Führungsfunktionen.[141] Während verbale und formelle Kommunikation die Übermittlung von Fakten – also den Inhaltsaspekt – betreffen, bezieht sich nonverbale und informelle Kommunikation vorwiegend auf den Beziehungsaspekt und somit auf das zwischenmenschliche Verhältnis zwischen den Kommunikationspartnern und liefert damit den Ausgangspunkt für die Interpretation der inhaltlichen Information.[142] In einem persönlichen Kommunikationsprozess erfolgt automatisch sowohl die Übertragung emotionaler als auch inhaltlicher Elemente simultan, die beide essentielle Funktionen in der Führung übernehmen.[143]

Im Vergleich zur persönlichen Kommunikation ist als kommunikationstechnologisch gestützte Kommunikation bzw. als mediatisierte Kommunikation ein Kommunikationsprozess zu bezeichnen, bei dem zur Vermittlung der Botschaft zwischen Kommunikator und Rezipienten ein Medium herangezogen wird (vgl. hierzu auch Abbildung 6).[144] Vollzieht sich die Kommunikation zwischen Führungskraft und Mitarbeiter IuK-gestützt, bedeutet dies, dass der persönlichen Interaktion ein Medium zwischengeschaltet ist, wodurch die Übertragung bspw. nonverbaler Elemente je nach Medium mehr oder weniger ausgeblendet wird, mit entsprechenden Konsequenzen für den Führungsprozess. Mit jedem Medium, was den Kommunikationspartnern zwischengeschaltet ist, verändert sich der Kommunikationsprozess, indem Kommunikationselemente verloren, aber gleichzeitig auch neue Möglichkeiten hinzugewonnen werden. Denn gerade im Unterschied der neuen Kommunikationsmedien im Vergleich zu den bisherigen Kommunikationsformen liegen ihre Vorteile und Potenziale hinsichtlich einer Steigerung der Effizienz der Informationsvermittlung.[145] Inwiefern dies für die

---

140   Vgl. Bales, R. F./Slater, P. E. (1969), S. 221ff.

141   Vgl. Watzlawick, P./Beavin, J. B./Jackson, D. D. (2000), S. 53; ferner Grote, G. (1994), S. 74.

142   Vgl. Watzlawick, P./Beavin, J. B./Jackson, D. D. (2000), S. 50ff. Die Axiome der Kommunikation von Watzlawick liefern wichtige Hinweise für die Gestaltung der Kommunikationsbeziehungen und -systeme sowie den Einsatz von Kommunikationsmedien in der Führung.

143   Vgl. Reichwald, R./Möslein, K. (1999), S. 716.

144   Vgl. Minning, Ch. (1991), S. 261.

145   Vgl. Culnan, M. J./Markus, L. (1987), S. 431.

Führungsbeziehung als Ganzes gilt, hängt von den Möglichkeiten der mediatisierten Kommunikation zur Erfüllung der Führungsfunktionen ab.

2.2.2 Effizienzkriterien des Einsatzes von IuK-Technologien

Die Optimierung durch den Einsatz der Kommunikationstechnologien in der Führung betrifft vorwiegend die Komponenten des Ortes, der Zeit, der Interaktivität sowie der Multimedialität.[146] Die Interaktivität[147] der Medien stellt die Möglichkeit der Rückkopplung dar, wobei im Zusammenhang mit den neuen Technologien die Zeitspanne, innerhalb welcher eine Rückkopplung möglich ist, über die Reichhaltigkeit entscheidet.[148] Aufgrund der medialen Gestaltungsvielfalt kann eine große Menge an Informationen über unterschiedliche Kanäle gleichzeitig übermittelt werden. Schrift, Video, Audio und Bild gewährleisten eine vielfältige und umfangreiche Informationsvermittlung, auf deren Grundlage die zumindest fachliche Verständigung zwischen Führungskraft und Mitarbeiter zielgerichtet erfolgen kann.[149] Ferner ermöglicht der Medieneinsatz eine asynchrone Kommunikation, so dass sich Kommunikationspartner unabhängig von ihrer zeitlichen und räumlichen Erreichbarkeit verständigen können. Die zeitliche Entkopplung der Kommunikation führt zwar einerseits dazu, dass die unmittelbare Feedbackmöglichkeit aufgehoben wird, andererseits entfällt aber die Notwendigkeit der unmittelbaren zeitlichen Abfolge des kommunikativen Verhaltens.[150] Hierdurch besteht nicht nur die Möglichkeit zur Kommunikation zwischen Führungskraft und Mitarbeiter in unterschiedlichen Zeitzonen, vielmehr wird durch die zeitliche Entkopplung der Kommunikation trotz des immensen Zeitdrucks im Alltag von Führungskräften ihre Erreichbarkeit für den Mitarbeiter sichergestellt.[151] Dadurch entsteht Transparenz hinsichtlich der Aufgabenerfüllung des Mitarbeiters sowie die Möglichkeit zum Treffen zeitnaher Entscheidungen. Damit einher geht die Bedeutungslosigkeit des einheitlichen Ortes.[152] Gleichgültig, wo sich Führungskraft und Mitarbeiter geographisch betrachtet befinden, sind Informationen abruf- und verarbeitbar. Kommunikation mittels der neuen Medien vollzieht sich daher losgelöst von räumlichen und zeitlichen

---

146   Vgl. Weingarten, R. (1988), S. 60; ferner vgl. Ingenhoff, D./Eppler, M. (2001), S. 160.

147   Vgl. Rössler, P. (1998), S. 32f., sowie auch ausführlich Goertz, L. (1995), S. 479ff.; und Zipfel, Th. (1998), S. 29.

148   Vgl. Rice, R. E. (1984), S. 35.

149   Vgl. Burgoon, J. K./Hale, J. L. (1984), S. 200ff.

150   Vgl. Kubicek, H. (1984), S. 195f.

151   Vgl. hierzu die Studie zum Alltag von Führungskräften von Pribilla, P./Reichwald, R./Goecke, R. (1996).

152   Vgl. Wersig, G. (1989), S. 49f.

Restriktionen, durch die gerade die Führungsbeziehung in den neuen Organisationsformen gekennzeichnet ist.[153]

Aus diesen Charakteristika, die den Kommunikationstechnologien je nach Medium in gewissen Abstufungen inhärent sind, lassen sich folgende untereinander durchaus interdependente Effizienzkriterien[154] für den Einsatz von Kommunikationstechnologien im führungspolitischen Kontext ableiten:[155]

- Schnelligkeit der Informationsvermittlung: Trotz räumlicher Distanz zwischen Führungskraft und Mitarbeiter ist die Realisierung eines unmittelbaren Informationsaustauschs sowie das zeitnahe Treffen von Entscheidungen möglich.[156]
- Präzision der Informationsvermittlung: Der Kommunikationsprozess erfolgt zielgerichtet und geplant, d.h. nicht spontan und unvorbereitet, wie dies häufig in persönlichen Kommunikationssituationen der Fall ist. Dadurch sind die Kommunikationspartner zur Formulierung von unmissverständlichen und konkreten Aussagen gezwungen.[157]
- Transparenz des Kommunikationsprozesses: Die Dokumentier- und Archivierbarkeit des mediatisierten Kommunikationsprozesses unterstützt die Transparenz und Verbindlichkeit der Aussagen.[158]
- Quantität der Informationsvermittlung: Aufgrund der medialen Gestaltungsvielfalt kann eine große Menge an Informationen über unterschiedliche Kanäle gleichzeitig übermittelt werden. Dies unterstützt den Informationsfluss sowie die fundierte Argumentation in der fachlichen Kommunikation zwischen Führungskraft und Mitarbeiter.[159]
- Objektivität der Kommunikation: Aufgrund der restriktiven Übermittlung von Zusatzinformationen, wie bspw. nonverbale Elemente, gestaltet sich der Kommunikationsprozess weniger emotional, d.h. objektiver. Gerade im Hinblick auf Antipathien bzw. Sympathien, lassen sich hierbei Chancen durch den Einsatz von Technologien gerade in der Leistungsbeurteilung vermuten.

[153] Vgl. Rogers, E. M. (1986), S. 4ff.
[154] Vgl. Garbe, M. (1998), S. 103f. Hier sind mathematische Erörterungen zu finden, die die Effizienz der Koordination anhand von IuK-Technologien untersuchen.
[155] Vgl. Bronner, R. (1997), S. 82f.
[156] Vgl. Rogers, E. M. (1986), S. 4ff.
[157] Vgl. Clark, H. H./Brennan, S. E. (1991), S. 141f.
[158] Vgl. Clark, H. H./Brennan, S. E. (1991), S. 141f.
[159] Vgl. Burgoon, J. K./Hale, J. L. (1984), S. 200ff.

Die Schnelligkeit und Bequemlichkeit der Informationsvermittlung sichert die Effizienz des Austausch- und Einflussprozesses. Trotz räumlicher Distanz können Informationen unmittelbar ausgetauscht werden, wodurch sich die ergebnisorientierte Führung wesentlich effizienter gestaltet. Die Genauigkeit und Dokumentierbarkeit der Kommunikation erleichtert die Koordination der Aktivitäten der Mitarbeiter und ihre Kontrolle im Zuge der Erfüllung der Vereinbarung. Der IuK-technologische Einsatz fördert präzise formulierte Leistungsvereinbarungen und unterstützt somit die verbindliche Zusage zu vereinbarten Ergebnissen und Konditionen. Im Falle des Auftretens von Problemen bedeutet die damit einhergehende Transparenz des gesamten Kommunikationsprozesses eine Absicherung für die Vertragsbeteiligten. Die Möglichkeit, unter geringen Kosten eine beliebige Quantität an Informationen zu vermitteln, steigert die Effizienz der Austauschprozesse. Letztlich unterstützt IuK-vermittelte Kommunikation die Objektivität in der Interaktion, was sicherstellt, dass die Leistung des Mitarbeiters, gemessen anhand der Zielerreichung, und nicht bspw. Persönlichkeitsattribute zählen. Die objektiv interindividuell vergleichbare Leistungs- und Ergebnisorientierung steht im Vordergrund der Führungsbeziehung. Der erfolgreiche Einsatz von Kommunikationstechnologien in Führungsprozessen führt somit zu einer erheblichen Zeit- und Kostenersparnis und erhöht die Effizienz einer IT-gestützten Führungsbeziehung.[160]

Die aufgeführten Kriterien zielen auf die Steigerung der Effizienz der Austauschprozesse insbesondere in ihrer ökonomischen Ausprägung ab. Um Aussagen hinsichtlich der sozial geprägten Dimension einer Interaktion abzuleiten, können die in der Literatur angeführten Konzepte der medialen Reichhaltigkeit[161], der Potenziale zur Vermittlung von sozialer Präsenz[162] und der Möglichkeit zur Rückkopplung[163] herangezogen werden. Die mediale Reichhaltigkeit eines Mediums bestimmt sich durch die Kapazität zur authentischen Übertragung von Informationen. Die face-to-face-Kommunikation ist dementsprechend eine reiche Kommunikationsform, da sie eine Vielzahl paralleler Kanäle, wie Sprache, Mimik und Gestik bietet und unmittelbares Feedback ermöglicht. Die persönliche Kommunikation stellt ein reiches Spektrum an Ausdrucksmöglichkeiten zur Verfügung und erlaubt die Vermittlung von Emotionen und Stimmungslagen (vgl. Abbildung 8).[164] Welches Medium angemessen ist, hängt von

---

[160]   Vgl. Wersig, G. (1989), S. 49f.

[161]   Vgl. Daft, R. L./Lengel, R. H. (1986), S. 554ff.

[162]   Vgl. Evans, Ph. B./Wurster, Th. S. (1997), S. 73.

[163]   Vgl. Clark, H. H./Brennan, S. E. (1991), S. 141.

[164]   Vgl. Evans, Ph. B./Wurster, Th. S. (1997), S. 73. Mit zunehmender Reichhaltigkeit sinkt generell die Reichweite der Medien. *„Communication transactions that can overcome different frames of reference or clarify ambiguous issues to change understanding in a timely man-*

der jeweils anstehenden Kommunikationsaufgabe ab, so dass Führungskraft und Mitarbeiter situationsbedingt eine Wahl treffen müssen.[165] Da die Mediennutzung mit Kosten verbunden ist, sollte je nach Kommunikationsanforderung ein armes oder ein reiches Medium gewählt werden, unter der Berücksichtigung, dass keine unnötige Komplizierung oder eine unangemessene Simplifizierung erfolgt.[166] Der angemessene Einsatz eines Mediums – entsprechend den Anforderungen der Kommunikation – führt zu effizienten Austausch- und Einflussprozessen in dem Sinne, dass Vorteile der IT-Unterstützung bezüglich Schnelligkeit, Quantität, Transparenz und Objektivität der Informationsübertragung realisiert und parallel beziehungsorientierte Elemente gewährleistet werden können.

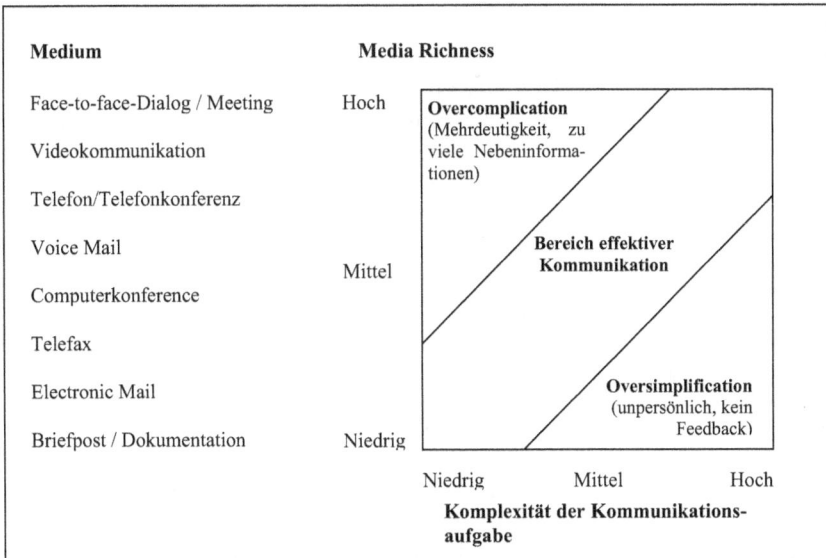

Abbildung 8:   Media-Richness-Theorie[167]

ner are considered rich." Daft, R. L./Lengel, R. H. (1986), S. 559.

165   Vgl. Rice, R. E. (1992), S. 490.
166   Vgl. Pribilla, P./Reichwald, R./Goecke, R. (1996), S. 20f.
167   In Anlehnung an Pribilla, P./Reichwald, R./Goecke, R. (1996), S. 21.

53

Die soziale Präsenz[168] definiert sich nach dem Ausmaß, in dem die Kommunikation über ein spezifisches Medium als sozial, warm, sensibel und persönlich wahrgenommen wird.[169] Medien mit einem geringen Grad an sozialer Präsenz werden tendenziell als unsozial und gefühllos eingestuft, so dass die Kommunikation mittels eines Mediums mit geringen Potenzialen zur Vermittlung sozialer Präsenz Gefahr läuft, eine Führungsbeziehung anonym und daher wenig motivierend wirken zu lassen.[170] Dies würde die auf die Steuerung des Mitarbeiterverhaltens ausgerichteten Austausch- und Einflussprozesse beeinträchtigen und die Führungseffizienz vermindern. Die Bestimmung der sozialen Präsenz ergibt sich aus der Kapazität des Mediums zur Übertragung bspw. nonverbaler und informeller Elemente. Ferner gilt Kommunikation, besonders in ihrer persuasiven Funktion, erst dann als erfolgreich, wenn der Kommunikator die erwartete Reaktion bei dem Empfänger feststellen kann.[171] Das heißt, dass die Beobachtung der Reaktion ein notwendiges Mittel darstellt, um den Kommunikationserfolg zu erfahren.[172] Ein Feedback ist umso aussagekräftiger und wirksamer, je mehr explizite, im Sinne von Sprache, und vor allem implizite, bspw. nonverbale Elemente, Möglichkeiten ein Medium den Kommunikationspartnern bietet, einander wechselseitig ihr Verständnis der aktuellen Situation zurückzumelden.[173] Je nachdem, wie vertraut Führungskraft und Mitarbeiter mit dem Einsatz von spezifischen Kommunikationstechnologien sind, desto reichhaltiger und persönlicher werden diese eingeschätzt und umso erfolgreicher wird beziehungsorientiert kommuniziert.[174]

Um einen Einsatz von Technologien als erfolgreich im Hinblick auf die Erfüllung der Führungsfunktionen im Rahmen der ergebnisorientierten Austausch- und Einflussprozesse bewerten zu können, sind daher nicht lediglich Kriterien wie Schnelligkeit, Transparenz, Objektivität etc. in Betracht zu ziehen. Zu berücksichtigen ist ebenfalls der Transfer kohäsiver Elemente. Den IuK-Technologien werden allerdings aufgrund ihrer geringen Reichhaltigkeit die Potenziale zur Übertragung von emotionalen bzw. beziehungsorientierten Komponenten der Kommunikation von Kritikern der IuK-technologischen Entwicklung weit gehend abgesprochen.[175] Häufig wird mediatisierte Kommunikation a

[168] Vgl. Rice, R. E./Williams, F. (1984), S. 57.

[169] Vgl. Rice, R. E./Williams, F. (1984), S. 60; ferner Rice, R. E./Everett, M. R. (1984), S. 83f.

[170] Vgl. Lombard, M./Ditton, Th. (1997), S. 3ff.

[171] Vgl. Witzer, B. (1992), S. 56.

[172] Vgl. Daft, R. L./Lengel, R. H. (1986), S. 560.

[173] Vgl. Clark, H. H./Brennan, S. E. (1991), S. 148.

[174] Vgl. Daft, R. L./Lengel, R. H. (1986), S. 560.

[175] Vgl. Weingarten, R. (1988), S. 73.

priori als defizitär und tendenziell als mangelhaftes Surrogat für die face-to-face Situation bezeichnet, die aufgrund der „Ent-Kontextualisierung" und „Ent-Sinnlichung" die Verarmung der Kommunikationsprozesse bedingen und dadurch als generell ungeeignet mit Blick auf ihre Anwendung in Austausch- und Einflussprozessen beurteilt.[176] Es stellt sich die Frage, wie die Übertragungspotenziale der Technologien genutzt werden können, um lokomotive und kohäsive Elemente im führungspolitischen Austausch- und Einflussprozess gleichermaßen zu garantieren. Aussagen hierzu können aus dem aufgabenorientierten Kommunikationsmodell abgeleitet werden.

2.2.3 Aufgabenorientiertes Kommunikationsmodell

In zahlreichen Studien[177] wurde festgestellt, dass der Erfolg des Einsatzes neuer Technologien entsprechend den Charakteristika der Kommunikationsaufgabe für die sie eingesetzt werden, variiert.[178] Ausgehend von einer spezifischen Kommunikationsaufgabe, sind in der kommunikationswissenschaftlichen Literatur vier verschiedene Grundanforderungen an die Informationsvermittlung zu identifizieren, die, sofern ihnen Rechnung getragen wird, die Beziehungsorientierung sowie die Realisierung der Effizienzkriterien der IuK-Technologien gewährleisten.

Die Anforderungen beziehen sich auf Genauigkeit, Schnelligkeit bzw. Bequemlichkeit und Komplexität, die auf die inhaltliche bzw. lokomotive Dimension der Kommunikation in der Führung abstellen. Die Anforderung an die Vertraulichkeit des Kommunikationsprozesses repräsentiert die aufgabenorientierte bzw. kohäsive Komponente in der Führung (vgl. Abbildung 9). Die administrative Exaktheit, die Dokumentationsfähigkeit und die Weiterbearbeitungsmöglichkeit der ausgetauschten Informationen konkretisieren sich in der Anforderung an die Genauigkeit der Kommunikation. Hierin zeigt sich, dass aufgrund der Effizienzkriterien des Einsatzes von Kommunikationstechnologien, wie der Präzision, Transparenz und Objektivität, Austausch- und Einflussprozesse wesentlich effizienter zu gestalten sind. So ist bspw. in terminlichen Abstimmungsprozessen und Delegation von Verantwortungsbereichen der Führungskraft an den Mitarbeiter die Genauigkeit der Kommunikation von wesentlicher Bedeutung. Die Betonung liegt hier auf dem Inhalt der Kommunikation. Schnelligkeit und Bequemlichkeit ist dann gefordert, wenn es um zeitkritische Entscheidungen geht,

---

[176] Vgl. Mettler-Meibom, B. (1994), S. 18f. und Volpert, W. (1988), S. 94. Die persönliche Kommunikationssituation wird als die idealtypische Form der Kommunikation definiert, die per se einen ganzheitlichen, menschlichen, restriktionsfreien sozialen Austausch garantiert.

[177] Vgl. Rice, R. E. (1992), S. 477.

[178] Vgl. Döring, N. (1999), S. 246.

die bspw. außerhalb des Kompetenzbereiches des Mitarbeiters liegen.[179] Die Vertraulichkeit eines Kommunikationsprozesses steht im Mittelpunkt, sobald es sich um die interpersonelle Vertrauensbildung als sozialen Aspekt der Kommunikation oder um den Transfer vertraulicher Inhalte handelt. Kennzeichnet sich eine Kommunikationsaufgabe durch hohe Komplexität und Veränderlichkeit bezüglich der Klärung schwieriger und komplexer Aufgabeninhalte oder personenbezogener Belange des Mitarbeiters, resultiert daraus die Erfordernis zu unmittelbarem Feedback sowie verbaler und nonverbaler Kommunikationselemente.[180] Häufig sind hiermit auch Anforderungen an die Vermittlung kohäsiver Elemente verbunden.

Anforderungen an die Kommunikation einer Aufgabe im organisatorischen Kontext			
Genauigkeit	Schnelligkeit/ Bequemlichkeit	Vertraulichkeit	Komplexität
– Übertragung des exakten Wortlauts – Dokumentierbarkeit der Informationen – Einfache Weiterverarbeitung – Überprüfbarkeit der Informationen	– Kurze Übermittlungszeit – Kurze Erstellungszeit – Schnelle Rückantwort – Einfachheit des Kommunikationsvorgangs – Übertragung kurzer Nachrichten	– Übertragung vertraulicher Inhalte – Schutz vor Verfälschung – Identifizierbarkeit des Absenders – Interpersonelle Vertrauensbildung	– Bedürfnis nach eindeutigem Verstehen des Inhalts – Übermittlung schwieriger Sachzusammenhänge – Austragen von Kontroversen – Lösung komplexer Probleme
Grad der Aufgabenstrukturierung			Bedarf nach sozialer Präsenz

Abbildung 9:   Aufgabenorientiertes Kommunikationsmodell[181]

Gemäß dem erforderlichen Grad der Aufgabenstrukturiertheit bzw. nach Bedarf der sozialen Präsenz, sollte bei der Übermittlung von Informationen ein entspre-

---

179   Vgl. Pribilla, P./Reichwald, R./Goecke, R. (1996), S. 22ff. Diese Dimensionen entspringen dem aufgabenorientierten Kommunikationsmodell, welches eine Weiterentwicklung der Media-Richness-Theorie darstellt. Vgl. dazu Daft, R. L./Lengel, R. H. (1986), S. 555ff.

180   Vgl. Picot, A./Franck, E. (1988), S. 548.

181   Vgl. Reichwald, R. (1993), S. 457.

chendes Kommunikationsmedium genutzt werden.[182] Ist die Komplexität bzw. Vertraulichkeit in einem spezifischen Führungsprozess sehr hoch, so kann angenommen werden, dass Führungskraft und Mitarbeiter die face-to-face-Kommunikation wählen und die Realisierung der Effizienzkriterien des Technologieeinsatzes in den Hintergrund gerät (vgl. Abbildung 9).[183] Die Kriterien, die ganz offensichtlich die Steigerung der Effizienz von Kommunikation in der IuK-gestützten Führungsbeziehung mit sich bringen, betreffen die Aufgabenorientierung der Führung und beziehen sich daher weniger auf die Erfüllung der kohäsiven bzw. beziehungsorientierten Komponente der Kommunikation.[184] Da jedoch angesichts der Rahmenbedingungen von IT-gestützter Führung (vgl. Kapitel 2.1) Motivation und Integration wesentliche Erfolgsfaktoren darstellen, kann das aufgabenorientierte Kommunikationsmodell herangezogen werden, um Aussagen abzuleiten, unter welchen Bedingungen die Substitution der persönlichen Kommunikation durch Kommunikationstechnologien realisierbar erscheint. Hierfür sind entsprechend den kommunikationstheoretischen Erkenntnissen die Kommunikationsaufgaben im Austausch- und Einflussprozess in der Führung auf ihre Anforderungen hin zu analysieren und je nach organisatorischem Kontext spezifischen Kommunikationsmedien gegenüberzustellen. Da sich mediatisierte Kommunikation je nach Medium unter Verzicht auf bestimmte Ausdrucksmöglichkeiten und Zusatzinformationen,[185] wie bspw. nonverbale Elemente, vollzieht,[186] ist gerade im Hinblick auf die Vermittlung von kohäsiven Aspekten der erfolgreiche Einsatz von Kommunikationstechnologien von der Wahl des Kommunikationsmediums sowie dessen Charakteristika abhängig.[187]

Die soeben beschriebenen Grundanforderungen sind je nach Zielsetzung des Austausch- und Einflussprozesses zwischen Führungskraft und Mitarbeiter von unterschiedlicher Bedeutung und bedingen somit die Wahl des Kommunikationsmediums.[188] So wird bspw. im Zuge der Verwirklichung der Koordinations- und Kontrollfunktion im Rahmen der Leistungsbeurteilung die Anforderung an die Genauigkeit der Kommunikation betont. Handelt es sich tendenziell um Austauschprozesse mit dem Ziel der Motivation und Integration, wie es insbesondere in der Phase der Leistungsvereinbarung der Fall ist, stehen Komplexität

[182] Vgl. Walther, J. B. (1995), S. 187.
[183] Vgl. Zmud, R. W. (1990), S. 107f.
[184] Vgl. Mettler-Meibom, B. (1994), S. 18f. und Volpert, W. (1988), S. 94, sowie Eurich, C. (1988), S. 75 und Quasthoff, U. M. (1997), S. 23.
[185] Vgl. Spears, R./Lea, M. (1994), S. 440; sowie Spears, R./Lea, M./Lee, S. (1990), S. 127f.
[186] Vgl. Eurich, C. (1988), S. 75.
[187] In Anlehnung an Höflich, J. (1996), S. 168.
[188] Vgl. Picot, A./Reichwald, R./Wigand, R. T. (2003), S. 109f.

und Vertraulichkeit im Vordergrund der Interaktion. Wird die Interaktion mittels kommunikationsaufgabenadäquaten IuK-Technologien unterstützt, resultiert daraus eine erfolgreiche Kommunikation. Erfolgreich bedeutet im Führungskontext, dass zum einen den Führungsaufgaben sowohl im lokomotiven und kohäsiven Sinne Rechnung getragen wird. Zum anderen sind dadurch die direkt mit der IT-Unterstützung verbundenen Effizienzpotenziale hinsichtlich Schnelligkeit, Präzision, Quantität der Informationsvermittlung sowie der Objektivität und Transparenz des Kommunikationsprozesses realisierbar. Den Ausführungen zufolge scheint für den Erfolg der IT-gestützten Kommunikation der Zugriff auf verschiedene Formen von Kommunikationstechnologien wesentlich, so dass Führungskraft und Mitarbeiter entsprechend dem erforderlichen Grad an Lokomotion oder Kohäsion der Kommunikationsaufgabe eine Kombination der Medien im Sinne eines Kommunikations-Mix[189] anwenden können.

2.3 Einordnung der ergebnisorientierten Führung in das Kommunikationsmodell

In Kapitel 2.1.3 wurden ergebnisorientierte Austausch- und Einflussprozesse als adäquate Form der IT-gestützen Führung dargestellt. Dies bedeutet, dass sich die Führungsfunktionen anhand der Vereinbarung von Leistungsverträgen sowie der Kontrolle der Ergebnisse am Ende einer Vertragsperiode vollziehen. Zusätzlich ist ein vertrauensbasierter Beziehungskontext zu schaffen, der die Interaktion zwischen Führungskraft und Mitarbeiter erleichtert und potenziell opportunistisches Verhalten des Mitarbeiters hemmt. Die im Rahmen der ergebnisorientierten Führung anfallenden Kommunikationsaufgaben können in Anlehnung an das aufgabenorientierte Kommunikationsmodell analysiert und entsprechend ihren Anforderungen an die Kommunikation charakterisiert werden. Aufgrund einer solchen Charakterisierung können im Anschluss daran die IuK-Technologien bestimmt werden, die zum einen dem Bedarf an sozialer Präsenz, zum anderen dem erforderlichen Grad an Aufgabenstrukturierung Rechnung tragen. Kommunikationsaufgaben die einen erhöhten Grad an Strukturierung verlangen, beziehen sich größtenteils auf die lokomotive Dimension der Kommunikation, wohingegen die kohäsive Dimension einen starken Bedarf an sozialer Präsenz zeigt. Ferner wird untersucht, inwieweit und in welchen Punkten die ergebnisorientierte Führung dazu dient, die Effizienzpotenziale des IuK-technologischen Einsatzes auszuschöpfen.

---

[189] Vgl. Nieschlag, R./Dichtl, E./Hörschgen, H. (2002), S. 643. Die Terminologie des Kommunikations-Mix entspringt der Marketingliteratur. In diesem Bereich sind zahlreiche Studien bezüglich eines Kommunikations-Mix durchgeführt worden. Es konnte bestätigt werden, dass die Kombination der Medien eine wesentliche Rolle im Hinblick auf die Auswirkungen der Kommunikation auf den Rezipienten spielt.

Tabelle 1 veranschaulicht die Einordnung der Anforderungen der ergebnisorientierten Austausch- und Einflussprozesse an die Kommunikation unter Berücksichtigung der Erfüllung der Führungsfunktionen in das Kommunikationsmodell. Somit erfolgt direkt eine Zuordnung der Aufgaben zu den dafür erforderlichen Medienmerkmalen hinsichtlich sozialer Präsenz, Feedbackmöglichkeit sowie Reichhaltigkeit. Daran ausgerichtet, lassen sich Hinweise für den Einsatz von Medien in der ergebnisorientierten Führung ableiten, um erfolgreiche IT-gestützte Austausch- und Einflussprozesse zu gewährleisten. Die ergebnisorientierte Führung vollzieht sich anhand der Phasen der Vereinbarung des Leistungsvertrages und der Ergebnisbewertung am Ende der Vertragsperiode. Im Zuge der selbstständigen Leistungserbringung erhält der Mitarbeiter Unterstützung durch die Führungskraft. Im Kontext der neuen Organisationsformen konkretisiert sich das Gewährleisten von Unterstützung vorwiegend als Vermittlung von ziel- und aufgabenrelevanten sowie von abteilungs- und unternehmensrelevanten Informationen. Dadurch wird der Aufgabe der Integration Rechnung getragen, die im IT-Kontext hauptsächlich Informations- und Beziehungsmanagement umfasst (vgl. Kapitel 2.1.2.3). Im Zuge dieser Kommunikationsaufgaben steht die Genauigkeit und Schnelligkeit der Informationsübermittlung im Vordergrund. Anhand des Einsatzes von IuK-Technologien gelingt es, die Effizienz des Austausch- und Einflussprozesses durch den schnellen Transfer einer erheblichen Menge an Informationen zu steigern. Da die Interaktionstheorie die Annahme der Wechselseitigkeit im Austausch- und Einflussprozess zugrunde legt, erfolgt der Informationsfluss zwischen Führungskraft und Mitarbeiter sowohl top-down als auch bottom-up. Die Unterstützung des Mitarbeiters in seinem Beziehungsmanagement erfordert, da sie im Wesentlichen auf persönliche Kontakte und Sympathien abstellt, eine ausgeprägte Vertraulichkeit der Kommunikation.

Anforderungen der Aufgaben im Rahmen der ergebnisorientierten Führung an die Kommunikation				
Führungs-aufgabe	Genauigkeit	Schnelligkeit/ Bequemlichkeit	Vertraulichkeit	Komplexität
Integration	Übermittlung aufgaben- u. zielrelevanter Informationen			
		Übermittlung vertraulicher Inhalte		
			Unterstützung des Beziehungsmanagement	
Motivation			Übermittlung vertraulicher Inhalte	
			Interpersonelle Vertrauensbildung	
			Minimierung von Interessendivergenzen	
			Orientierung der Leistungsvereinba rung an Bedürfnissen des Mitarbeiters	
			Vermittlung von sozialer Anerkennung	
				Vermitteln von Visionen
Koordination	Übertragung der exakten Vorgaben u. Anweisungen			
	Dokumentierbarkeit der Kompetenzübertragung			
	Strategische u. umfassende Informationen an mehrere Empfänger			
				Verhandlung über Leistungserbringung
	Festlegen der Leistungs-vereinbarung			
Kontrolle	Überprüfbarkeit der Informationen			
	Leistungsevaluation aufgrund von Ergebnissen			
				Bedarf nach sozialer Präsenz
	Grad der Aufgabenstrukturierung			
Einsatz von Kommunikationstechnologien gemäß ihrer Charakteristika bezüglich Rückkopplung, Vermittlung sozialer Präsenz und Reichhaltigkeit				

Tabelle 1: Einordnung der ergebnisorientierten Führung in das aufgabenorientierte Kommunikationsmodell[190]

---

190   In Anlehnung an Reichwald, R. (1993), S. 457.

Eng verbunden mit der Integration des Mitarbeiters steht dessen Motivation. Motivation kann bereits durch strukturelle Bedingungen wie bspw. durch einen erweiterten Handlungsspielraum sowie durch Entscheidungs- und Handlungskompetenzen entstehen, die dem Mitarbeiter in dem im Leistungsvertrag festgelegten Rahmen gewährt werden.[191] Unterstützend wirkt die interpersonelle Vertrauensbildung zwischen Führungskraft und Mitarbeiter, um über ein rein ökonomisches Austauschverhältnis hinaus die Vorteile eines gemeinsamen Interpretationskontextes zu realisieren. Finden im Rahmen der Leistungsvereinbarung die Bedürfnisse des Mitarbeiters Berücksichtigung, lassen sich die Interessendivergenzen zwischen Arbeitgeber- und Arbeitnehmerseite reduzieren. Bei der Erfüllung der Aufgabe der Motivation im Rahmen der ergebnisorientierten Führung handelt es sich im wesentlichen um komplexe und vertrauliche Kommunikationsprozesse, so dass sich reichhaltige Medien mit einem hohen Grad an sozialer Präsenz zum Transfer eignen.[192]

Im Zusammenhang mit der Vereinbarung können die Informationen und Aussagen, die zu der Vereinbarung geführt haben sowie die Ziele selbst dokumentiert werden. Hierzu stehen Medien im Vordergrund, welche die Strukturierbarkeit der Kommunikation ermöglichen. Die Kommunikation während der Aushandlung der Vereinbarung kennzeichnet sich demgegenüber durch Komplexität und erfordert den Einsatz reichhaltiger Medien mit der Möglichkeit zur unmittelbaren Rückkopplung. Ein der eigentlichen Vereinbarung vorausgegangener transparenter, objektiver und präziser IuK-gestützter Informationsfluss steigert die Effizienz des Aushandlungsprozess zwischen Führungskraft und Mitarbeiter. Die Kontrolle vollzieht sich anhand der Evaluation der Leistungsergebnisse und erfordert Genauigkeit im Kommunikationsprozess. Der Einsatz der IuK-Technologien in dieser eher lokomotiv geprägten Phase trägt aufgrund ihrer Charakteristika zur Effizienz in der Führung bei. Sicher zu stellen ist allerdings, dass die Mitarbeiter gemäß ihrer Position und Verantwortung Einfluss auf die Zielerreichung besitzen. Hierzu sind im Rahmen der strukturellen Führung die Voraussetzungen zu schaffen. Während die Integration und Motivation grundlegend den Beziehungskontext eines Austausch- und Einflussprozesses zwischen Führungskraft und Mitarbeiter prägen, beziehen sich Koordination und Kontrolle unmittelbar auf konkrete Phasen innerhalb der ergebnisorientierten Führung.

Sofern die einzelnen Aufgaben in der ergebnisorientierten Führung entsprechend ihren Anforderungen an die Kommunikation durch den spezifischen IuK-technologischen Einsatz unterstützt werden, verhindert dies eine unangemessene

---

191   Vgl. hierzu Ulich, E. (2001), S. 175f.

192   Vgl. Walther, J. B. (1995), S. 197.

„*Oversimplification*"[193], die u.U. zu Missverständnissen und einem Verlust des Beziehungskontextes führen kann. Ferner wird vermieden, dass mit dem Einsatz von reichhaltigen Medien, die häufig mit höheren Kosten verbunden sind, einfache Kommunikationsprozesse durch „*Overcomplication*"[194] zu kostspielig werden. Die Kernaussage des aufgabenorientierten Kommunikationsmodells liegt darin, dass sich, sofern der Einsatz von IuK-Technologien anforderungsadäquat erfolgt, hierdurch Effizienzkriterien im Kommunikationsprozess – d.h. in der führungspolitischen Interaktion – realisieren lassen, ohne kohäsive Aspekte auszublenden.

Mit der Einordnung der ergebnisorientierten Austausch- und Einflussprozesse in das aufgabenorientierte Kommunikationsmodell wurde eine theoretische Grundlage geschaffen, um im folgenden Verlauf den Einsatz spezifischer Medien in Zielvereinbarungssystemen als Konkretisierung der ergebnisorientierten Führung zu analysieren.

2.4 Resümee

Der IuK-technologische Fortschritt ermöglicht die Dezentralisierung der Leistungserstellungsprozesse. Im Zuge dieser Dezentralisierungsbewegung entstehen gewandelte Organisationsformen, welche die kommunikationstechnologische Unterstützung von Führung bedingen. Erfolgt Führung IuK-gestützt, kann dies zum einen eine Effizienzsteigerung der Führungsprozesse bedeuten. Zum anderen besteht die Gefahr, dass aufgrund der Merkmale der IuK-Technologien beziehungsorientierte Elemente in der Kommunikation vernachlässigt werden. Für die Erfüllung der Führungsfunktionen bedeutet der IuK-Einsatz folgendes: Im Rahmen der Integrations- und Motivationsfunktion realisiert sich Führung vorwiegend mittels Information. Zur Koordination dienen Leistungsvereinbarungen zwischen Führungskraft und Mitarbeiter, deren Kontrolle in einer Leistungs- und Ergebnisevaluation mündet.[195] Als adäquates Konzept der IuK-technologisch gestützten Interaktion wurde die ergebnisorientierte Führung herausgearbeitet. Um die aus dem Einsatz von IuK-Technologien zu antizipierenden Vor- und Nachteile eingehend zu beleuchten, wurden die ergebnisorientierten Austausch- und Einflussprozesse im Anschluss an die Darstellung des aufgabenorientierten Kommunikationsmodells spezifischen Medien gegenübergestellt. Dadurch lassen sich erste Aussagen bezüglich des Einsatzes von Medien im Zusammenhang mit spezifischen Kommunikationsprozessen ableiten.

---

[193] Reichwald, R. (1993), S. 457.

[194] Reichwald, R. (1993), S. 457.

[195] Vgl. Webers, T. (1999), S. 8.

Vor diesem Hintergrund ist der Einsatz von Kommunikationstechnologien in der ergebnisorientierten Führung zu diskutieren. Hierfür ist im folgenden Kapitel die ergebnisorientierte Führung anhand von Zielvereinbarungssystemen zu operationalisieren.

3 Kommunikationstechnologische Unterstützung von Zielvereinbarungssystemen im Rahmen ergebnisorientierter Führung

Die ergebnisorientierte Führung wurde mit Blick auf den Einsatz von IuK-Technologien in führungspolitischen Austausch- und Einflussprozessen als adäquates Konzept diskutiert. Um konkrete Aussagen bezüglich des IuK-Einsatzes in führungspolitischen Interaktionsprozessen zu treffen, können anhand des aufgabenorientierten Kommunikationsmodells die kommunikativen Anforderungen analysiert und entsprechend Medien gegenübergestellt werden. Mit der Beschreibung der historischen Entwicklung von Zielvereinbarungen als Operationalisierung der ergebnisorientierten Führung wird der Zusammenhang zu einem Kontraktmanagement auf der Unternehmensebene sowie zum Führungsinstrument ,Zielvereinbarung' auf der Mitarbeiterebene hergestellt. Bezug nehmend auf potenzielle opportunistische Verhaltensweisen des Mitarbeiters werden unter Anreicherung der ökonomischen Sichtweise der Einfluss- und Austauschbeziehung mit verhaltenswissenschaftlichen Aspekten die kritischen Erfolgsfaktoren der Zielvereinbarung identifiziert. Im Zuge dessen werden die Kommunikationsprozesse zwischen Führungskraft und Mitarbeiter in der Zielvereinbarung erörtert und die in Unternehmen häufig eingesetzten Medien beschrieben. Dem folgt die Beschreibung eines idealtypisch IT-gestützten Zielvereinbarungsverfahrens. Das Kapitel schließt mit der Ableitung von Annahmen über Vorteile und Nachteile sowie der Effizienzpotenziale des Einsatzes von IuK-Technologien in Zielvereinbarungssystemen.

3.1 Bedeutung der Zielvereinbarung in der ergebnisorientierten Führung

Das Konzept der ergebnisorientierten Führung kann zum einen als Unternehmensführungs-, Planungs- und Kontrollinstrument zur Steuerung und Koordination der Unternehmensaktivitäten auf den einzelnen Hierarchieebenen eines Unternehmens eingesetzt werden. Zum anderen ist die verhaltenswissenschaftliche Dimension der ergebnisorientierten Führung zu betonen, in welcher die Zielvereinbarung als Instrument der Motivation, Beurteilung und Entwicklung von Mitarbeitern im Vordergrund steht. Mittels der Integration der betriebswirtschaftlichen Sichtweise des Zielvereinbarungskonzepts mit der verhaltenswissenschaftlichen Dimension ist es möglich, die Leistungen des Mitarbeiters direkt mit der Zielsetzung des Unternehmens zu verbinden.[196] Die Differenzierung

---

196   Vgl. Oechsler, W. A. (1999a), S. 12f.; sowie Oechsler, W. A. (1996b). Ferner vgl. Bisani, F. (1995), S. 365ff.

zwischen der Funktionalität von Zielvereinbarungen bezüglich der organisatorischen Integration einerseits und der sozialen motivationalen Integration andererseits ist in Abbildung 10 dargestellt.

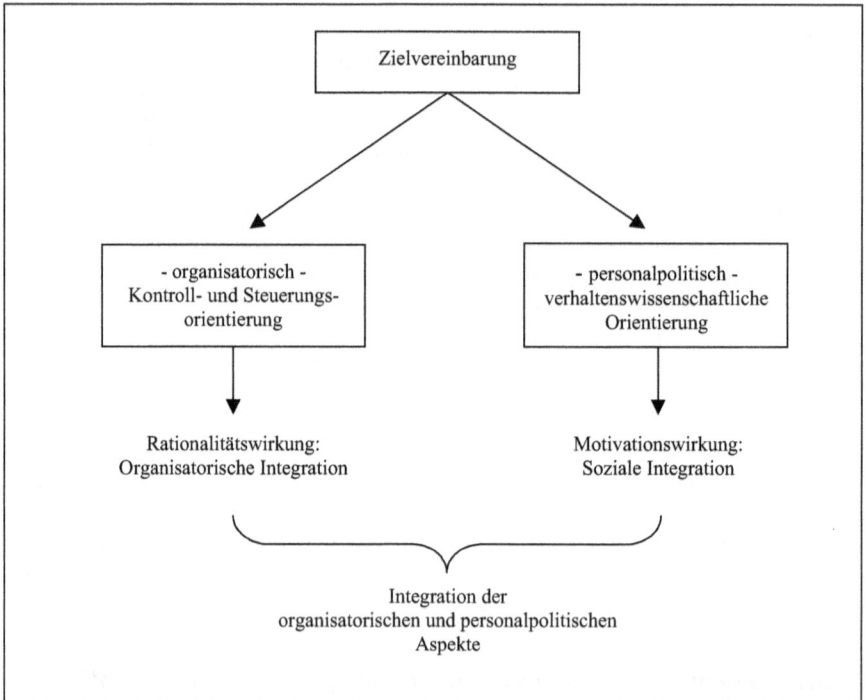

Abbildung 10: Organisatorische und verhaltenswissenschaftliche Integration von Zielvereinbarungen[197]

Das im Zusammenhang mit den aktuellen Unternehmensentwicklungen diskutierte Zielvereinbarungskonzept offenbart folglich zwei verschiedene, die ökonomische und die verhaltenswissenschaftliche Perspektive betreffende Stränge, deren Wurzeln in der historischen Entwicklung von Zielvereinbarungen liegen. Parallel zu den unternehmerischen Entwicklungen und der damit in Verbindung stehenden jeweiligen Führungskonzeption,[198] wird nachstehend auf die evolutionsorientierte Betrachtung von Zielvereinbarungen eingegangen. Der historische

---

[197] In Anlehnung an Drucker, P. F. (1955), S. 121f. sowie Odiorne, G. S. (1971), S. 67ff.

[198] Vgl. Oechsler, W. A. (2000b), S. 373; ferner Wiskemann, G. (2000), S. 76; sowie auch Wächter, H. (1979), S. 54ff.

Rückblick über führungsrelevante Aspekte in Verbindung mit Zielvereinbarungen soll eine bessere Nachvollziehbarkeit der Entwicklung der in der vorliegenden Arbeit gewählten Führungskonzeption ‚Zielvereinbarungen' gewährleisten. Als Klassifizierungsmerkmale dienen dabei insbesondere die unterschiedlichen Umweltzustände, gesellschaftliche Werte, Menschenbilder[199] sowie daraus resultierende differierende Problemlösungsversuche im Rahmen des Konzepts Zielvereinbarungen. Menschenbilder dienen als vereinfachende normative Aussagen über das Wesen des Menschen, der Reduzierung der Komplexität und der Systematisierung der Vielfalt vorhandener Wesensmerkmale und Verhaltensmuster des Menschen. Die spezifischen Menschenbilder prägen die Annahmen über die Art der Zusammenarbeit und der Führung und bilden somit aus der betriebswirtschaftlichen Perspektive einen wesentlichen Einflussfaktor für das Entstehen von Führungskonzepten.[200] Zeichnet sich eine Veränderung der gesellschaftlichen Bedingungen ab, lösen diese eine wesentliche Verschiebung des vorherrschenden Menschenbildes aus und bedingen eine Weiterentwicklung der Auffassung von Führung in Unternehmen.

3.1.1 Entwicklung von Zielvereinbarungen zu Leistungsverträgen

Ein Meilenstein bezüglich der Zielvereinbarungsthematik im Bereich der Wirtschaftswissenschaften wurde durch Peter Drucker mit dem Ansatz des Managment-by-Objectives (MbO) gesetzt. In ‚The Practice of Management' definiert Drucker das Konzept MbO folgendermaßen:

„What the business enterprise needs is a principle of management that will give full scope to individual strength and responsibility and at the same time give common direction of vision and effort, establish teamwork and harmonize the goals of the individual with the common weal. The only principle that can do this is Management by Objectives and self-control." [201]

Es handelt sich dabei um ein Führungsinstrument, dessen Legitimation aus der Annahme resultiert, dass die top-down-Vorgabe von Zielen für Führungskräfte eines Unternehmens eine zentrale Bedeutung für effizientes unternehmerisches Handeln besitzt. Die individuelle, von den Unternehmenszielen abgeleitete Zielstellung sollte bis in die niedrigste Ebene der Managementhierarchie die Ausrichtung der Aktivitäten auf übergeordnete Unternehmensziele gewährleisten

---

[199]   Vgl. Hill, W. /Fehlbaum, R./Ulrich, P. (1981), S. 406.

[200]   Ein zeitbedingtes Menschenbild kann als Brücke zwischen den jeweiligen gesellschaftlichen Rahmenbedingungen und den Theorien der Organisation interpretiert werden, vgl. hierzu Staehle, W. H. (1980), Sp. 1303; ferner Staehle, W. H. (1999), S. 191.

[201]   Drucker, P. F. (1955), S. 121.

und die ganzheitliche Wahrnehmung der Unternehmensaufgabe garantieren.[202] Anhand der Definition wird deutlich, dass es sich hierbei um ein Unternehmensführungsinstrument handelt, das eine Verknüpfung zur Führung intendiert.

Nach dem Zweiten Weltkrieg hatte der auf Drucker zurückgehende Ansatz des MbO weltweiten Erfolg. Einerseits entsprach er dem aktuellen Zeitgeist: Im Vordergrund stand primär der Wiederaufbau, den es mit zielstrebigen Plänen und der Ableitung von konkreten Aktivitäten voranzutreiben galt, so dass Ziele und das Setzen von Zielen als Symbol für Aufbau und Aufbruch interpretiert wurde. Andererseits war die theoretische Basis von einer konzeptionellen Schlichtheit, so dass jeder mühelos die Grundgedanken des Modells verstehen und in die Praxis transferieren konnte. Bei dem damals implementierten Zielmodell handelte es sich um einen typischen autoritär ausgerichteten top-down-Ansatz, in dem die Rolle des Mitarbeiters als die eines passiven Empfängers der Ziele degradiert wurde.[203] Die Leistungsziele, die dem Mitarbeiter vorgegeben wurden, waren rein quantitativer Natur und deren Erreichen an ein Entgelt geknüpft. Dies hatte den Interessenausgleich zwischen Mitarbeiter und dem Unternehmen zum Ziel. Mit einer Steigerung der Produktivität des Unternehmens und der simultanen Steigerung des Lebensstandards der Mitarbeiter sollten die Bedürfnisse beider Parteien gleichermaßen befriedigt werden. Es lag die Annahme zugrunde, dass allein durch monetäre Anreize den Interessen der Mitarbeiter Rechnung getragen und so jeglicher Interessenkonflikt auszuschließen war. Damit einher geht die Auffassung des Mitarbeiters entsprechend dem Menschenbild des „homo oeconomicus", der rational handelt und durch die Organisation im Hinblick auf die Zielerreichung manipuliert und kontrolliert werden muss.[204] Führung bildete demzufolge ein Sachproblem, dessen Schwerpunkt bei der Systematisierung und Vereinheitlichung lag, um den Mitarbeiter optimal in den Produktionsprozess einzufügen.[205] In den durch einen relativ stabilen und geordneten Umweltzustand gekennzeichneten 1950er und 1960er Jahren erfolgte die Koordination der Unternehmensaktivitäten mit Hilfe von einfachen Befehlssystemen, so dass das Konzept Management-by-Objectives, wie von den Urhebern angedacht, nicht zu realisieren war. Führung wurde unter dem Aspekt der

---

[202]   Vgl. Drucker, P. F. (1955), S. 121f.; ferner Wild, J. (1973), S. 290ff.

[203]   Vgl. Bungard, W. (2000), S. 16f.

[204]   Vgl. zur Entwicklung des Gegensatzpaares der Theorie X und Y grundsätzlich McGregor, D. (1960).

[205]   Gemäß diesem vorherrschenden Managementparadigma wurde der Produktionsfaktor Arbeit in objektbezogene, ausführende und in dispositive, anweisende Arbeit unterteilt, womit analytisch die Trennung von Denken und Tun vollzogen wurde. Das Managementparadigma basierte weit gehend auf dem Systementwurf von Gutenberg, vgl. grundsätzlich Gutenberg, E. (1951); ferner vgl. Wächter, H. (1979), S. 55ff.

Kontrolle behandelt.[206] Das Prägende des Taylorismus bzw. des Scientific Management[207] für die MbO-Konzeption war dabei jedoch die Entdeckung der Differenzierung zwischen Planung und Ausführung von Arbeitsabläufen. Gerade auf dieser Erkenntnis, dass Planung und Steuerung ein separates Element eines Arbeitsprozesses darstellen, baut MbO auf und betont die Bedeutsamkeit des dispositiven Elements für den Erfolg eines Unternehmens.[208]

Angesichts der Entwicklungen in der Unternehmensumwelt wurde der Ansatz des MbO im Rahmen der beginnenden betrieblichen Demokratisierung in den 1960er und vor allem in den 1970er Jahren neu definiert.[209] Neben dem anfänglichen Verständnis des MbO als Unternehmensführungssystem, wurde im Zuge dessen die Verhaltensorientierung des MbO aufgegriffen und als Instrument zur Verhaltenssteuerung durch Motivation identifiziert. Es kam zu einer Akzentverschiebung hin zur partizipativen Zielvereinbarung innerhalb eines Dialogs zwischen Führungskraft und Mitarbeitern. Im Rahmen der Zielsetzung sollten Aufgaben, Standards, Ziele und Kontrollmöglichkeiten konstruktiv diskutiert werden, wobei bei Auftreten von Differenzen dem Vorgesetzten allerdings die letztendliche Entscheidungsgewalt oblag.[210] Hierbei erhielt das Konzept MbO den Charakter eines personalpolitischen Führungsinstruments und blieb daher eine spezifische Angelegenheit des Personalbereichs. Da die Chance, die Leistungen der Mitarbeiter mit der Unternehmensleistung zu verbinden und somit das Konzept als ein dynamisches Mittel der Unternehmensführung zu definieren, nicht erkannt wurde, blieben die Versuche, MbO in den Unternehmen einzuführen, aufgrund mangelnder politischer Unterstützung der Unternehmensleitung und des oberen Management ohne Erfolg. Die Führungskräfte realisierten, dass ihre individuellen Ziele keine Verbindung zu den übergeordneten Unternehmenszielen aufwiesen, weshalb MbO an Legitimation verlor. Eine tatsächliche Unternehmensführung durch partizipative Zielvereinbarungen passte nicht in die hierarchische Unternehmenslandschaft bzw. in die mikropolitische Realität der Unternehmen. Aufgrund so kaum existierender Handlungsspielräume der Akteure resultierte die Zielvereinbarung Anfang der 1980er Jahre nicht nur in einen unverhältnismäßigen bürokratischen Dokumentationsaufwand, sondern wurde auch in der Arbeitswelt mit einem Vertrauensverlust belegt.[211]

---

[206]   Vgl. Oechsler, W. A. (2000b), S. 373.

[207]   Vgl. grundlegend Taylor, F. W. (1977).

[208]   Vgl. Drucker, P. F. (1955), S. 273ff. Daraus folgt jedoch nicht zwangsweise, dass der Einsatz des MbO die Trennung der planenden und ausführenden Stelle verlangt bzw. dass ein Unternehmen in eine Zwei-Klassengesellschaft zu dividieren ist.

[209]   Vgl. Oechsler W. A. (2000b), S. 17.

[210]   Vgl. Humble, J. (1972), S. 6.

[211]   Vgl. Bungard, W. (2000), S. 16f.

Erst mit der weiteren Veränderung in der Unternehmensumwelt wurde der Mitarbeiter zur wichtigsten und sensitivsten Ressource bzw. als strategischer Erfolgsfaktor im Unternehmen anerkannt.[212] Diese Veränderung hatte entsprechende Konsequenzen für das Menschenbild des commitment model.[213] Es dominierte die Perspektive des lernfähigen Mitarbeiters, der nach Autonomie, Selbst-Motivation sowie Selbstverwirklichung strebt und dessen Bedürfnisse je nach Kontext wandlungsfähig sind. Der Konflikt zwischen den individuellen Interessen und denen der Organisation wurde nicht mehr zwangsläufig vorausgesetzt, so dass der Führung vorwiegend Aufgaben der Beratung und Unterstützung zukamen.[214] Ferner zwang der steigende Konkurrenz- und Kostendruck die Unternehmen über die rein behavioristische Seite hinaus, die ökonomische Chance des MbO wieder zu entdecken. Es wurde dazu übergegangen, das Konzept als integriertes Planungs- und Kontrollsystem und somit als Instrument zur Verbesserung der Unternehmensleistung zu interpretieren und mit den individuellen Zielen der Mitarbeiter zu verknüpfen.[215] Es kam zu einer Renaissance des Zielvereinbarungskonzepts. Der wesentliche Unterschied zu dem Zielvereinbarungskonzept der 1980er Jahre bestand darin, dass sich die Ausgangsbedingungen der Unternehmen ab Mitte der 1980er Jahre verändert darstellten und sich somit die Notwendigkeit der Führung anhand von Zielen aus dem Gesamtkontext der Unternehmensumwelt ergab: Kunden- und Marktorientierung, Schnelligkeit und Flexibilität bildeten die Basis für die Überlebensstrategien in einem verschärften Wettbewerb. Im Zusammenhang mit der Erweiterung des Handlungsspielraums des einzelnen Individuums, wodurch völlig neue Führungs- und Kontrollfunktionen entstanden, bedeuteten Zielvereinbarungen zunehmend weit mehr als nur ein Führungsinstrument.[216] Charakteristisch für die im Zusammenhang mit den Entwicklungen der 1980er und 1990er Jahre diskutierte Zielvereinbarung war die integrative Sichtweise des MbO sowohl als Konzept der Unternehmensführung als auch als personalpolitisches Instrumentarium, wodurch die betriebswirtschaftliche und die verhaltenswissenschaftliche Wirkung zum

---

[212]   Vgl. Oechsler, W. A. (2000b), S. 23; ferner Rühli, E./Wehrli, H. P. (1987), S. 38. Diese Tendenz wurde vor allem durch die im angelsächsischen Sprachraum entwickelten Ansätze zum Human Resource Management aufgegriffen. Im Rahmen des Human Resource Management lassen sich mit einer verhaltenswissenschaftlichen und einer ökonomischen Säule zwei Ursprünge identifizieren. Hierin ist zum einen eine deutliche Abkehr vom Taylorismus zu verhaltenswissenschaftlichen Erkenntnissen hin (vgl. Wächter, H. (1979), S. 78), zum anderen die Entwicklung einer ökonomischen Perspektive durch die Entstehung der Humankapitaltheorie sowie der Humanvermögensrechnung zu erkennen (Oechsler, W. A. (2000b), S. 25; ferner Staehle, W. H. (1999), S. 762ff.).

[213]   Vgl. McGregor, D. (1960).

[214]   Vgl. Oechsler, W. A. (2000b), S. 28.

[215]   Vgl. Humble, J. (1972), S. 4.

[216]   Vgl. Oechsler, W. A. (2001b), S. 295f.

Tragen kamen (vgl. Abbildung 10). Zu vergegenwärtigen ist hierbei, dass es sich bei dem ‚neuen' MbO-Konzept der 1990er Jahre um ein ganzheitliches Unternehmensführungsinstrument handelt, anhand dessen die übergeordneten strategischen Ziele in die dezentralen Organisationseinheiten anhand einer Zielkaskadierung kommuniziert werden können.[217]

Im Zusammenhang mit den neuen Unternehmensformen und den daraus resultierenden Konsequenzen einer IuK-technologischen Unterstützung von Führung kann sich die ergebnisorientierte Führung zum einen in einem horizontalen und vertikalen Kontraktmanagement auf der zentralen Unternehmensebene vollziehen. Während vertikale Leistungsvereinbarungen zwischen der Unternehmenszentrale und den dezentralen Einheiten als zentrale Steuerungsgröße dienen, können Leistungsverträge zwischen den dezentralen organisatorischen Einheiten untereinander die horizontale Koordination im Leistungserstellungsprozess unterstützen. Zum anderen kann die Zielvereinbarung auf der dezentralen Unternehmensebene gleichbedeutend einem (unvollständigen) Leistungsvertrag zwischen Führungskraft und Mitarbeiter interpretiert werden, der über die klassische Form eines Vertrages hinaus auf implizite Kontrollmechanismen wie Reputation[218], Vertrauen sowie gemeinsame Werte und Einstellungen baut.[219] Im Mittelpunkt eines solchen Vertrages steht die Reduzierung der Interessendivergenzen zwischen den Kommunikationspartnern.[220] Die zentrale Annahme dabei ist, dass gerade in Anbetracht der gesellschaftlichen Individualisierungstendenzen[221] Interessendivergenzen zwischen der die Arbeitgeberseite repräsentierenden Führungskraft und dem Mitarbeiter existieren, die aufgrund der zunehmenden Spezialisierung und der damit einhergehenden Informationsasymmetrie potenziell zu opportunistischen Verhaltensweisen des Mitarbeiters führen können. Die Thematik opportunistischer Verhaltensweisen gewinnt gerade in Anbetracht der in den neuen Organisationsformen gegebenen extensiven Handlungsspielräumen und der oft lediglich IT-gestützen Kommunikation zwischen Führungskraft und Mitarbeiter an Bedeutung. Die Aushandlung der Vertragsbedingungen soll in eine Angleichung der implizierten Interessendivergenz mün-

217   Vgl. Schröder, E. F. (2000), S. 399f.

218   Reputation wird einem Individuum bzw. einer Teileinheit attribuiert. Im Mittelpunkt der Attributionsleistung stehen dem Individuum zugesprochene Eigenschaften, die eine bestimmte Verhaltensweise erwarten lassen. Das Gegenstück zu Reputation stellt Vertrauen dar. Während Reputation ein Charakteristikum eines Individuums bedeutet, ist Vertrauen demjenigen zuzuordnen, der sich in seinem Verhalten an Reputation orientiert, vgl. Büssing, A. (2000), S. 64f.

219   Vgl. Heisig, U./Littek, W. (1995), S. 20f.

220   Vgl. Creed, W. E. D./Raymond, E. M. (1996), S. 21f.

221   Vgl. Picot, A./Hass, B. H. (2002), S. 157f.; ferner vgl. Klages, H. (1991), S. 59ff.; ferner Becker, M. (2002), S. 485ff.

den. Diese Form der vertraglich geregelten Koordination und Kontrolle durch Ergebnisse im führungspolitischen Zusammenhang greift die Principal-Agent-Theorie auf (vgl. Kapitel 3.2).[222]

Die Grundlage für diese auf vertraglichen Prinzipien basierende Führungsphilosophie bildet das für das 21. Jahrhundert relevante Menschenbild REMM[223]. Damit wird über den intrinsisch motivierbaren Mitarbeiter hinaus generell die Möglichkeit eines opportunistischen Verhaltens des Mitarbeiters in Betracht gezogen, indem potenziell opportunistische, rational ökonomische Verhaltensweisen eines den individuellen Nutzen maximierenden Individuums einbezogen werden.[224] Die eigenverantwortliche Aufgabenausführung und die Selbstregulation des Mitarbeiters erfordert eine zielorientierte und partizipative Führung. Die fehlende indirekte Kontrollmöglichkeit anhand von Strukturen oder mangelnde direkte Kontrolle im Sinne von Beobachtung bedingen vertragliche Sicherheiten. Die Konsequenz eines solchen, auf vertraglicher Grundlage beruhenden Zielvereinbarungssystems, bedeutet ein integratives Unternehmens- und Führungssystem, um zum einen eine strategische Ausrichtung der dezentralen Aktivitäten zu gewährleisten, zum anderen um die strukturelle Voraussetzung zur eindeutigen Zuordnung von Ergebnissen zu Verantwortlichen zu schaffen. Dies lässt sich einerseits sowohl aus der betriebswirtschaftlichen als auch der verhaltenswissenschaftlichen Sichtweise ableiten.

Wie aus den voranstehenden Ausführungen hervorgeht, gestaltet sich die ergebnisorientierte Zuordnung anhand des Konzepts der Zielvereinbarung in der IuK-gestützten Führung als ein Vertragssystem. Dieses Vertragssystem bedarf der Organisation der Vertragsbeziehung bzw. eines Kontraktmanagement.[225] Wie ein solches Kontraktmanagement bezogen auf neue Formen der Organisation in dezentralen, modularen oder virtuellen Unternehmen beschaffen sein kann bzw. wie sich die Verknüpfung mit der dezentralen Ebene im Zusammenhang mit der führungspolitischen Interaktion gestalten lässt, wird im Folgenden erörtert.

---

[222] Im Gegensatz zur der Agency-Literatur, in der die divergierenden Interessen des Principals und Agenten nicht aufgehoben werden können und somit Interessendivergenzen eine rigidere Annahme darstellen. Hier sind quasi-automatische Verhaltensmuster und internalisierte Normen für kooperatives Verhalten verantwortlich, die eine rationale Abwägung zwischen Handlungsalternativen nicht zulassen, weil diese nicht Bestandteil der subjektiven Rationalität sind.

[223] Vgl. Tietzel, M. (1981), S. 219.

[224] Vgl. Jörges, K./Süß, S. (2000), S. 2ff.

[225] Vgl. Oechsler, W. A. (2003a), S. 972.

3.1.2 Organisatorische Perspektive von Zielvereinbarungen

Zunächst ist generell nicht von einer Interessenhomogenität zwischen den am Leistungserstellungsprozess beteiligten Verantwortungsbereichen in den dezentralen Einheiten auszugehen. Vielmehr ist empirisch beobachtbar, dass die Beteiligten individuelle Ziele verfolgen, die zumindest teilweise konfliktäre Beziehungen zu den übergeordneten Zielsetzungen aufweisen, so dass spezifische Instrumente der Steuerung und Kontrolle mit Unterstützung von Anreizmechanismen ansetzen müssen.[226] Das Problem verschärft sich in den neuen auf IT-gestützte Kommunikation basierenden Organisationsformen, da intra- und interorganisatorische Akteure am Leistungserstellungsprozess beteiligt sind, sich die Aktivitäten weltweit verstreut realisieren und somit kaum Kontrollmöglichkeiten für die Unternehmenszentrale bieten.[227] Kooperationen zwischen den dezentralen Organisationseinheiten, virtuelle auf temporäre Zusammenarbeit angelegte Projektteams bzw. delokalisierten Mitarbeiter, die die einzelnen Knoten in einem Unternehmensnetzwerk darstellen, müssen daher auf Kontrakten beruhen, um die Einhaltung von Pflichten und Rechten zu gewährleisten.[228] Jeder Netzwerkknoten in Form einer autonomen organisatorischen Einheit verfügt über eigene Kunden, Anbieter, Wettbewerber und damit selbstständige Verantwortung für die Profitabilität der Aktivitäten. Demzufolge existieren über die gemeinsamen strategischen Gesamtziele hinaus Subziele der einzelnen Netzwerkknoten, die im Zuge mikropolitischer Interessen erwachsen und durchaus die Erreichung übergeordneten Unternehmensziele gefährden können.[229]

Dieses Risiko kann über indirekte Kontrollmechanismen wie bspw. die Simulierung interner Märkte eingedämmt werden: Die Unternehmensleitung vereinbart mit den am Leistungserstellungsprozess Beteiligten Leistungsziele in Verbindung mit einem Finanzrahmen im Sinne von Budgets oder Kostenlimits, innerhalb dessen diese die zur Leistungserstellung erforderlichen Transaktionen realisieren können.[230] Durch die Fokussierung der Unternehmensführung auf Leistungsziele bzw. Ergebnisse gewinnen die dezentralen Netzwerkknoten die notwendigen Entscheidungs- und Handlungsspielräume zur flexiblen Gestaltung ihrer Leistungsprozesse und sind dennoch zentral zu steuern und in den strategischen Gesamtprozess einzubinden, wie es in Unternehmen generell Erfolgsvor-

---

[226]   Vgl. Neuberger, O. (1994), S. 269ff.

[227]   Vgl. Oechsler, W. A. (1992), S. 93.

[228]   Vgl. Behme, R./Roth, A. (1997), S. 21 f.

[229]   Vgl. Jochheim, S. (2002), S. 192f.

[230]   Vgl. Botta, V. (2000), S. 233f.; sowie zum Personalmanagement als Wertschöpfungscenter vgl. grundlegend Wunderer, R./Arx, S. v. (2002).

aussetzung ist.[231] IuK-Technologien fördern diese Form der Kontrolle, indem eine Fülle an Informationen zentral komprimiert, reflektiert und jederzeit für die dezentralen Einheiten abrufbar zur Verfügung gestellt werden können. Die monetäre Verantwortung stellt ein Merkmal der Center-Konzepte dar, deren Kern die ertragsorientierte Selbststeuerung der Einheiten ist. Der Leistungsaustausch kann zwischen den dezentralen delokalisierten Organisationseinheiten über Kontrakte bzw. Vereinbarungen und die Verrechung von internen Marktpreisen erfolgen (vgl. Abbildung 11).[232] Die damit verbundene Bildung von Profit-Centern[233] ermöglicht eine dezentrale Gewinnermittlung und somit die Steuerung einer aus Netzwerkknoten bestehenden über globale Grenzen hinweg organisierten Wertschöpfungskette.[234] Je nach übertragener Autonomie lässt sich grundsätzlich[235] zwischen Expense-, Cost-, Revenue, Profit- und Investment-Centern differenzieren.

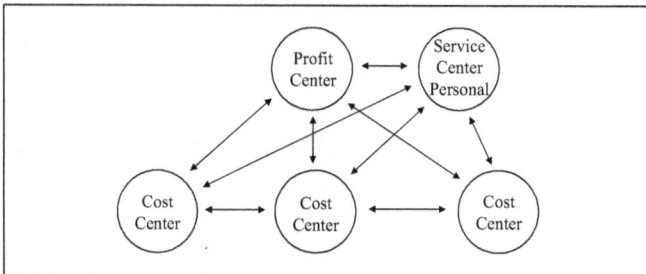

Abbildung 11: Center-Konzepte und Kontraktmanagement[236]

Die neuen Organisationsformen ähneln den Profit-Centern, deren konstituierendes Merkmal die mit Autonomie und Delegation der Entscheidungsbefugnisse verbundene Übertragung der Gewinnverantwortung darstellt. Auf den internen Märkten findet eine Art Handel mit den Leistungen der dezentralen Unterneh-

---

231   Vgl. Berthel, J. (1975), 224ff.

232   Vgl. Botta, V. (2000), S. 227f.; sowie Wunderer, R./Schlagenhaufer, P. (1994), S. 93ff.; und Friedl, B. (1993), S. 831f.

233   Vgl. Schröder, E. F. (2000), S. 40f. Profit-Center sind zu definieren als operationell unabhängige, abgrenzbare Unternehmenseinheiten, die über Gewinnverantwortung verfügen.

234   Vgl. Oechsler, W. A. (1992), S. 73ff.

235   Vgl. grundsätzlich Botta, V. (2000). Ferner siehe Oechsler, W. A. (1992), S. 73ff.; sowie Wunderer, R. (1994), S. 150. In der Praxis ist jedoch eine Abgrenzung in der Schärfe nicht aufrechtzuerhalten, so dass häufig Mischformen bestehen.

236   Zum Wertschöpfungs-Center Personal vgl. Oechsler, W. A. (2000b), S. 8.

menseinheiten im Leistungserstellungsprozess statt. Der in einem Unternehmen herrschende Kooperationsgedanke wird durch den Konkurrenzgedanken ergänzt, wodurch eine effiziente Leistungserstellung gewährleistet werden soll. Zur Vermeidung von den Unternehmensinteressen gegenläufigen Aktivitäten ist es der Unternehmensleitung vorbehalten, regulierend einzugreifen.[237] Das Konzept des internen Marktes vereinbart die Vorteile des externen Marktes mit hierarchischen Elementen, um die Einheiten über Leistungsvereinbarungen und die Verrechnung von internen Marktpreisen zentral zu koordinieren und im Rahmen eines dezentralen horizontalen und vertikalen Kontraktmanagement der Selbststeuerung zu überlassen.[238] Wertvolle Unterstützung bieten hierbei die IuK-Technologien, die einen transparenten Informationsfluss gewährleisten, einzelne Kennzahlen zusammenfassen und an die Unternehmenszentrale zurückmelden. Ferner unterstützen die IuK-Technologien die stringente Zielkaskadierung. Im Rahmen des Kontraktmanagement ist die Delegation von Kompetenzen und Ressourcen an die dezentralen Organisationseinheiten und einzelnen Aufgabenträger festzulegen, um die Voraussetzungen für eine Effizienzsteigerung der individuellen und organisatorischen Leistung und einen optimalen Ressourceneinsatz zu gewährleisten.[239] Den Ausgangspunkt für die Vereinbarung mit den dezentralen Organisationseinheiten bildet die Ableitung der Teilziele aus den übergeordneten Unternehmenszielen, wodurch eine strategische Ausrichtung der Teilaktivitäten auf die übergeordneten langfristigen Unternehmensziele gewährleistet werden kann.[240]

Dabei geht es in erster Linie um die sukzessive Konkretisierung der Oberziele auf die verbliebenen Ebenen anhand von überprüfbaren Kriterien, wodurch eine transparente Zielhierarchie und damit ein unternehmensweites Controllingsystem entsteht,[241] wie dies in Abbildung 12 veranschaulicht ist. Bei den horizontalen und vertikalen Leistungsvereinbarungen ist darauf zu achten, dass die Teilziele entsprechend den Einflussmöglichkeiten der Einheiten auf die Unternehmensziele festgelegt werden. Die erzielten Ergebnisse der einzelnen Netzwerkknoten sind korrespondierend zu ihrem Beitrag zum Erfolg des gesamten Unternehmens zu messen und zu bewerten. Vor diesem Hintergrund werden die Ziel-

---

[237]   Vgl. Süssmuth Dyckerhoff, C. (1995), S. 85.

[238]   Vgl. Krieg, H.-J./Drebes. J. (1996), S. 56f. Diese Art der Leistungsvereinbarungen spielt vor dem Hintergrund zunehmender Dezentralisierung eine immer bedeutendere Rolle. Über die vertikale Zielvereinbarung im Rahmen des Kontraktmanagement hinaus bieten die Systeme die Möglichkeit der horizontalen Koordination zwischen internen Dienstleistungs- und Kundenabteilungen.

[239]   Vgl. Oechsler, W. A./Eichenberg, S. (2000), S. 207. Ferner Bullinger, H.-J. (1994), S. 17.

[240]   Vgl. Ekkehard, C. (1998), S. 61. Arbeitsteilung und Koordination bedingen sich gegenseitig.

[241]   Vgl. Staehle, W. H. (1992), S. 60f. Am Zielbildungsprozess auf Unternehmensebene sind unterschiedliche Interessengruppen beteiligt.

vereinbarungen der dezentralen Organisationseinheiten in den strategischen Gesamtprozess eingebunden.[242]

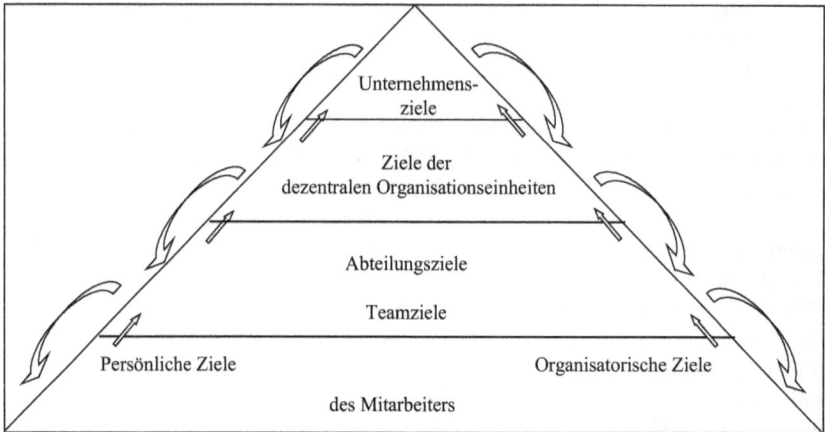

Abbildung 12: Zielhierarchie

Die organisationale Wirksamkeit des Kontraktmanagement auf Unternehmensebene entfaltet sich allerdings erst voll, sofern die systematische Abstimmung
der zentralen sowie dezentralen Ebene mittels der Kaskadierung des Vertrags-
netzes auf Abteilungs- sowie Individualziele gewährleistet ist.[243] Über die top-
down bzw. bottom-up Abstimmungsprozesse kann die strategische Ausrichtung
der führungspolitischen Austausch- und Einflussprozesse auf der Mitarbeiterebene gewährleistet werden. Hierbei handelt es sich auch um die Abstimmung
der internen Einflussfaktoren, wie Strategie und Struktur mit dem IuK-
technologischen Einsatz auf Unternehmensebene. Dies stellt die Voraussetzung
für die erfolgreiche IT-gestützte führungspolitische Interaktion dar, die zu einem
wesentlichen Teil von den situativen Einflussfaktoren abhängt.

---

[242]   Analytisch lässt sich dabei zwischen drei Zieldimensionen differenzieren: Zu nennen sind
Individualziele der Organisationsteilnehmer, Ziele der Organisationsteilnehmer für die Organisation sowie Ziele der Organisation. Organisatorische Ziele spezifizieren, welche Aktivitäten die Organisationsteilnehmer ausführen sollen, damit sie im Einklang mit der Maximierung
der Wertschöpfung des Unternehmens stehen. Ein Ziel bedeutet eine Verhaltensmaxime, die
den Mitarbeitern aufzeigt, welcher Beitrag zur Wertschöpfung von ihnen erwartet wird. Organisatorische Ziele können in offizielle, operative sowie strategische Ziele differenziert werden.
Zur weiteren Ausführung vgl. hierzu Jost, P.-J. (2000b), S. 98ff.

[243]   Zur Notwendigkeit der Abstimmung zwischen Leistungsbeurteilung und Organisationskontext
vgl. Liebel, H. J./Oechsler, W. A. (1994), S. 7.

3.1.3 Personalpolitische Perspektive und verhaltenswissenschaftliche Verankerung der Zielvereinbarung

Der Integrationsgedanke der systematischen Abstimmung zwischen strategischen Zielen auf der Unternehmensebene mit den Leistungsverträgen der dezentralen Einheiten und den Zielvereinbarungen mit den einzelnen Unternehmensmitgliedern auf der Mitarbeiterebene, macht eine adäquate kontextabhängige Ausgestaltung der Führung obligatorisch.[244] Ein Kontraktmanagement zur vertikalen und horizontalen Koordination auf zentraler Ebene setzt zur Sicherstellung eines internen fit gleichfalls ein vertragliches bzw. marktliches personales Koordinationssystem auf der Mitarbeiterebene voraus. Diese Forderung kann in der ergebnisorientierten Führung anhand von Ziel- und Leistungsvereinbarungen erfüllt werden. Die Zielvereinbarung dient der Informationsrückkopplung in Form der Leistungsergebnisse und erteilt damit konkrete Handlungsanweisungen bezüglich der Verknüpfung zwischen zentralem und dezentralem Zielsystem. Denn im Rahmen der individuellen Zielvereinbarungen dienen die übergeordneten Ziele als Ausgangspunkt für den Zielbildungsprozess zwischen Führungskraft und Mitarbeiter. Einerseits erfüllen die Zielvereinbarungen als Instrument der Führung damit die Funktion eines Steuerungs- bzw. Koordinationsinstruments, indem mit den Mitarbeitern Teilziele vereinbart werden, deren Realisierung das Erreichen der Unternehmensziele gewährleistet. Andererseits repräsentiert die Zielvereinbarung ein führungspolitisches Delegations- sowie Motivationsinstrument, indem die Mitarbeiter am Zielbildungsprozess beteiligt[245] werden und innerhalb des durch Teilziele festgelegten Handlungsspielraums selbstständig entscheiden und agieren können.[246]

Die Implementierung eines Führungssystems im Sinne des MbO erfolgt generell in Kombination mit weiteren Management-by-Konzeptionen (Management durch Zielvereinbarung)[247], d.h. mit Management-by-Delegation (Führung durch Verantwortungsübertragung)[248], Management-by-Exception[249] (Eingreifen in Ausnahmefällen) sowie Management-by-Commitment (Führung durch Selbst-

---

244   Vgl. Mellerowicz, K. (1976), S. 46ff.

245   Hinsichtlich des Zusammenhangs zwischen der Partizipation bei der Zielfindung, im Vergleich zu ihrer Vorgabe, und dem Erfolg des gesamten Prozesses, existieren zahlreiche Untersuchungen mit kontroversen Ergebnissen. Hierauf ist im Rahmen der Diskussion der verhaltenswissenschaftlichen Grundlage des Zielvereinbarungskonzepts näher einzugehen, vgl. Kapitel 3.3.

246   Vgl. Knicker, Th./Gremmers, U. (1990), S. 64.

247   Vgl. Liebel, H. J./Oechsler, W. A. (1994), S. 323; ferner Oechsler, W. A. (2000b), S 395.

248   Vgl. Liebel, H. J./Oechsler, W. A. (1994), S. 319ff.

249   Vgl. Liebel, H. J./Oechsler, W. A. (1994), S. 323; sowie Oechsler, W. A. (2001b), S. 306f.

verpflichtung).[250] Sobald eine Zielvereinbarung getroffen wurde, sind die erforderlichen Handlungsspielräume zu schaffen, die dem Mitarbeiter eine freie Wahl der Arbeitsmethoden gestatten. Hierfür sind die entsprechenden Kompetenzen zu delegieren. Aus diesen durch eine Management-by-Konzeption gewährleisteten weit gehenden Handlungsspielräumen und Entscheidungskompetenzen des Mitarbeiters resultiert die Möglichkeit, flexibel und schnell auf Kundenanforderungen zu reagieren. Dies reflektiert die strategische Zielsetzung der neuen Organisationsformen insofern, als sich die absolute Ausrichtung an der flexiblen Erfüllung der Kundenwünsche realisieren lässt. Treten Ausnahmefälle auf, so greift das Management-by-Exception, d.h., der Mitarbeiter darf in solchen Fällen nicht mehr selbstständig entscheiden, sondern muss sich mit der Führungskraft beraten.[251]

Die Einbettung der Aufgaben und Ziele des Mitarbeiters in das strategische Zielsystem eines Unternehmens erleichtert die soziale und fachliche Integration des einzelnen Mitarbeiters, indem diesem, trotz des Wegfallens des räumlichen Verbundes, das Gefühl vermittelt werden kann, dass sein individueller Leistungsbeitrag wesentlich für die Gesamtzielereichung ist. Ferner kann auf dieser Grundlage eine Transparenz bezüglich des Leistungserstellungsprozesses geschaffen werden, so dass der einzelne Mitarbeiter im Hinblick auf seine Selbstorganisation, die Zusammenarbeit in virtuellen Teams und in virtuellen Führungsbeziehungen über die nötigen Informationen und das Wissen über für seine Aufgabenerfüllung relevante Schnittstellen in einem nach dezentralen Prinzipien organisierten Unternehmens verfügt. Obwohl sich, wie bereits angesprochen, die Informationsweitergabe häufig aufgrund persönlicher und von mikropolitischen Prozessen gekennzeichneter Beziehungen ergibt, unterstützt der mit der Vereinbarung von Teilzielen verbundene Überblick über organisatorische Gesamtzusammenhänge die Effizienz des Informations- und damit des Leistungsverhaltens.[252] Gleichfalls stellen Zielvereinbarungen eine Erleichterung bei der Koordination der Teilaufgaben für die Führungskraft dar. Die spezifische Zielvereinbarung mit jedem einzelnen Mitarbeiter eines Teams ermöglicht trotz räumlicher und zeitlicher Barrieren die transparente IuK-gestützte Aufgabenverteilung. Jeder einzelne Mitarbeiter ist für einen spezifischen Leistungsbeitrag verantwortlich und hat innerhalb eines bestimmten Zeitraums ein Ergebnis zu erzielen. [253]

Ferner stellt gerade die Ergebnisverantwortung insbesondere im Kontext der zunehmenden Individualisierung ein wesentliches Instrument dar, die persönli-

---

250   Vgl. Oechsler, W. A. (2000b), S. 395.

251   Vgl. zu den Management-by-Konzeptionen Wunderer, R./Grunwald, W. (1980a), S. 285ff.

252   Vgl. Picot, R./Dietl, H./Franck, E. (2002), S. 56ff.

253   Vgl. Wunderer, R./Grunwald, W. (1980a), S. 287.

chen Zielsetzungen anzuerkennen und partiell in die Arbeitsaufgaben zu integrieren. Das scheint besonders im Hinblick auf das Konfliktpotenzial zwischen Mitarbeiter und Unternehmen und den potenziell negativen Auswirkungen in Bezug auf opportunistische Verhaltensweisen bedeutsam. Autonomie, Selbstverantwortlichkeit und Selbstentfaltungsmöglichkeiten innerhalb der definierten Handlungsspielräume werden gewährt,[254] so dass sich aufgrund der Befriedigung intrinsischer Werte die Motivation des Mitarbeiters erhöht. Dieses von Eigenverantwortlichkeit des Mitarbeiters geprägte System trägt dazu bei, dass sich Mitarbeiter als Mitunternehmer viel stärker mit ihren Aufgaben und dem Unternehmen identifizieren.[255] Da die Kontrolle sowohl durch hierarchische Mechanismen als auch aufgrund der räumlichen Distanz kraft Verhaltensbeobachtung in IT-gestützter Führung versagt, bietet sich die Alternative der Ergebniskontrolle anhand der Evaluation des Ist-Zustands mit dem zuvor vereinbarten Soll-Zustand der Leistungsergebnisse am Ende der Periode an.

Ein solcher Mechanismus zur Leistungsevaluation kann das personalpolitische Instrument der Leistungsbeurteilung übernehmen. Wie aus den vorangehenden Ausführungen hervorgeht, sind sämtliche Unternehmens- und Mitarbeiteraktivitäten auf die Leistung auszurichten. Diese Idee wird in der ergebnisorientierten Führung aufgegriffen und in den Mittelpunkt des Führungskonzeptes gestellt.[256] Die Einbettung der Leistungsbeurteilung in das ergebnisorientierte Führungssystem hebt hervor, dass die Beurteilung in einem vernetzten Gefüge von Wechselbeziehungen durchgeführt wird, wobei die Abstimmung der Führungssysteme und der angewandten führungspolitischen Instrumente im Vordergrund steht.[257] Die Leistungsbeurteilung stellt im Zusammenhang mit der ergebnisorientierten Führung somit die Weichen für die interaktionellen Maßnahmen innerhalb der Führungsfunktionen und gibt den Rahmen für die Kommunikation im Austausch- und Einflussprozess vor.[258]

Um die für die Zielvereinbarung relevanten Vereinbarungsbestandteile zu identifizieren, kann das Verfahren der kritischen Ereignisse[259] herangezogen werden. Die Analyse der kritischen Arbeitsinhalte im Sinne der Erfolgs- und Misser-

---

254 Vgl. Liebel, H. J./Oechsler, W. A. (1994), S. 319ff. Das in dieser Arbeit im Sinne des MbO diskutierte Zielvereinbarungskonzept schließt Management-by-Delegation mit ein.

255 Damit wird letztlich der Motivationsfunktion der Personalführung Rechnung getragen, wobei hierauf im weiteren Verlauf der Arbeit im Zusammenhang mit verhaltenswissenschaftlichen Erkenntnissen eingegangen wird.

256 Vgl. Oechsler, W. A./Eichenberg, S. (2000), S. 207f.

257 Vgl. Liebel, H. J./Oechsler, W. A. (1992), S. 16.

258 Zu den Funktionen von Leistungsbeurteilung vgl. Schuler, H. (1991), S. 13f.; sowie Wächter, H. (1979), S. 156; und Oechsler, W. A. (1996b), S. 4f.

259 Vgl. Liebel, H./Oechsler, W. A. (1992), S. 66ff.

folgsfaktoren für die Hauptbereiche einer Organisation stellen hierbei die Ansatzpunkte für die Ermittlung der Vertragsbestandteile dar. Auf der Grundlage
der Einschätzung des gesamten Unternehmens lassen sich kritische Faktoren für
kleinere organisatorische Einheiten ableiten, die dann wiederum für die einzelnen Arbeitsbereiche einer Abteilung bzw. eines Teams zu formulieren sind. Erst
wenn bekannt ist, was die kritischen Faktoren eines spezifischen Aufgabenbe-
reiches ausmachen, kann die individuelle Zielvereinbarung und anschließend die
erbrachte Leistung eines Mitarbeiters beurteilt werden. Die Vorgehensweise
orientiert sich an folgenden Schritten:[260]

- Analyse von Arbeitsinhalten;
- Festlegung der kritischen Arbeitsinhalte;
- Bestimmung von Leistungsstandards;
- Durchführung der Verhaltens- und Leistungsbeurteilung;
- Überprüfen von Beurteilungen.

Kritische Arbeitsinhalte liegen vor, sofern Leistungsstörungen bezüglich dieser
Inhalte sofortige Maßnahmen von anderer Seite erforderlich machen, um größere Verluste zu vermeiden (vgl. Abbildung 13). Anhand der Methode der kritischen Ereignisse[261] kann die Aufmerksamkeit auf solche Aspekte in den Leistungsvereinbarungen gelenkt werden, die nachweisbar zum Erfolg eines Zielvereinbarungsverfahrens führen. In diesem Schritt sind aus der Gesamtheit der
leistungsrelevanten Arbeitsinhalte diejenigen zu identifizieren, bei denen keine
ungenügenden Leistungen auftreten dürfen, da sonst gravierende Folgen zu erwarten wären. Dies bedeutet jedoch nicht, dass die restlichen Arbeitsinhalte un-
bedeutend wären. Ihr Misslingen zieht lediglich keine derart weit reichende
Konsequenz nach sich. Die Identifizierung der kritischen Arbeitsinhalte vollzieht sich anhand einer Checkliste, die in einem trichterförmigen Überprüfungs-
prozess immer genauer einzugrenzen ist, indem gefragt wird, ob es sich bei dem
zu analysierenden Inhalt um einen kritischen Erfolgs- oder Misserfolgsfaktor
handelt. Die Kriterien zur Festlegung werden dabei sukzessive enger gezogen
(vgl. Abbildung 13). Auf dieser Grundlage sind die Ziele zu formulieren und
schriftlich festzuhalten.[262] Die Methode der kritischen Ereignisse als Grundlage
zur Identifikation der Vertragsbestandteile und -konditionen weist den methodischen Vorteil auf, dass lediglich messbares und nachprüfbares sowie den Erfolg
bzw. Misserfolg bestimmendes Arbeitsverhalten vereinbart und später beurteilt
und besprochen wird. Auf dieser Grundlage ergibt sich nicht nur die Chance,

---

260   Vgl. Oechsler, W. A. (1985), S. 31.

261   Vgl. Oechsler, W. A. (2000b), S. 468ff.

262   Vgl. Hornstein, E. v./Rosenstiel, L. v. (2000), S. 82f.

eine valide Beurteilung durchzuführen, sondern auch eine transparente und objektive Basis für die Kommunikation in der IT-gestützten Austauschbeziehung zu schaffen.[263]

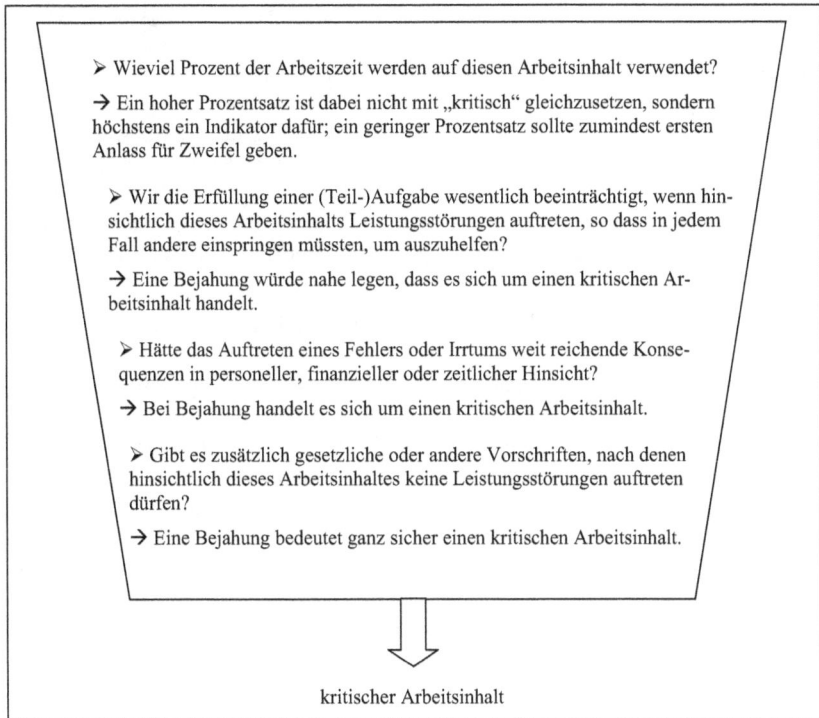

> Wieviel Prozent der Arbeitszeit werden auf diesen Arbeitsinhalt verwendet?

→ Ein hoher Prozentsatz ist dabei nicht mit „kritisch" gleichzusetzen, sondern höchstens ein Indikator dafür; ein geringer Prozentsatz sollte zumindest ersten Anlass für Zweifel geben.

> Wir die Erfüllung einer (Teil-)Aufgabe wesentlich beeinträchtigt, wenn hinsichtlich dieses Arbeitsinhalts Leistungsstörungen auftreten, so dass in jedem Fall andere einspringen müssten, um auszuhelfen?

→ Eine Bejahung würde nahe legen, dass es sich um einen kritischen Arbeitsinhalt handelt.

> Hätte das Auftreten eines Fehlers oder Irrtums weit reichende Konsequenzen in personeller, finanzieller oder zeitlicher Hinsicht?

→ Bei Bejahung handelt es sich um einen kritischen Arbeitsinhalt.

> Gibt es zusätzlich gesetzliche oder andere Vorschriften, nach denen hinsichtlich dieses Arbeitsinhaltes keine Leistungsstörungen auftreten dürfen?

→ Eine Bejahung bedeutet ganz sicher einen kritischen Arbeitsinhalt.

kritischer Arbeitsinhalt

Abbildung 13: Checkliste für kritische Arbeitsinhalte[264]

Das Verfahren der kritischen Ereignisse kann somit als Bestandteil von Zielvereinbarungen dienen. Da im Rahmen der zielorientierten Beurteilungsverfahren die individuell vereinbarten Leistungsziele als Maßstab der Beurteilung dienen, zeichnet sich das Verfahren bereits schon durch den Aufbau als äußerst individuelles und aufgabenbezogenes System aus. Den Maßstab für die Beurteilung stellen, vor dem Hintergrund der Unternehmensziele, die mit dem Mitarbeiter individuell vereinbarten Ziele dar, die in den individuellen Leistungsplänen

---

263   Vgl. Mungenast, M. (1990), S. 215ff.

264   Vgl. Liebel, H./Oechsler, W. A. (1992), S. 74.

konkret und präzise verankert sind.[265] Dadurch gewinnt die Individualität des einzelnen Mitarbeiters an Bedeutung, so dass mit der Leistungsbeurteilung den gesellschaftlichen Entwicklungen der Selbstentfaltung und Verantwortungs-übernahme entsprochen werden kann, die das Mitarbeiterbild in IuK-technologisch gestützten Austausch- und Einflussprozessen prägen. Aufgrund der Transparenz der Ziele und der zu erfüllenden Aufgaben sind dem Mitarbei-ter die Anforderungen, die an ihn gestellt werden, bekannt, wodurch er befähigt ist, sein Handeln zielgerichtet im Sinne des Selbstmanagement zu steuern. Die Zielvereinbarung, die generell in einem einjährigen Zyklus mit einer unterjähri-gen Möglichkeit zur Zielüberprüfung und -anpassung verläuft, stellt gerade im Kontext der sich permanent neu konfigurierenden Aufgabenverteilung im IT-gestützten Leistungserstellungsprozess, ein adäquates Instrument dar, um trotz dieser Dynamik aktuelle Definitionen der Verantwortungsbereiche zu gewähr-leisten.

Die zur Bewertung der Zielerreichung zu definierenden Leistungsstandards ste-hen in einem direkten Aufgabenbezug, so dass sowohl für den Mitarbeiter die Beurteilungskriterien transparent sind als auch für die Führungskraft eine objek-tive Beurteilung erleichtert wird.[266] Die Nachteile, die mit den zielorientierten Verfahren im Hinblick auf den Konstruktionsaufwand verbunden sind sowie eventuelle Probleme bei der Festlegung der Ziele und der Formulierung der Be-wertungsstandards,[267] können durch Trainingsmaßnahmen der Führungskräfte gemindert werden.[268] Mit zunehmender Erfahrung reduziert sich der Konstrukti-onsaufwand. Eine Gefahr im Rahmen der Zielvereinbarungsverfahren liegt al-lerdings darin, dass sofern der Soll-Ist-Vergleich keine zufrieden stellenden Re-sultate verzeichnet zumindest inoffiziell subjektive Beurteilungsmerkmale, wie Belastbarkeit, Zuverlässigkeit und Flexibilität bei der Bewertung herangezogen werden.[269] Die Voraussetzung zur Durchführung der Leistungsbeurteilung an-hand eines Zielvereinbarungsverfahrens sind zunächst geeignete Rahmenbedin-

---

[265]   Vgl. Oechsler, W. A. (2000b), S. 476.

[266]   Vgl. Crisand, E./Stephan, P. (1992), S.74ff.

[267]   Vgl. Raia, A. P. (1965), S. 37f.; sowie grundsätzlich Raia, A. P. (1966). Als Nachteil der Zielvereinbarungskonzepte wurde in Interviews mit 48 Führungskräften verschiedener Hierar-chieebenen das formelle Prozedere bezüglich der Erfüllung der Formalitäten, die Einarbeitung von Veränderungen der Zielsetzungen und die Weitergabe von Informationen an weitere Stellen, wie Personalabteilung, angeführt. Mitunter wird hier das „paperwork problem" ange-führt.

[268]   Vgl. Hornstein, E. v./Rosenstiel, L. v. (2000), S. 122f.

[269]   Vgl. Mungenast, M. (1990), S. 103f.

gungen in strategisch struktureller, methodischer, personeller und führungsbezogener Hinsicht.[270]

- Die Steuerung und Kontrolle der am dezentralen Leistungserstellungsprozess beteiligten Einheiten im Sinne eines Kontraktmanagement stellen die Basis für den Einsatz von zielorientierten Beurteilungsverfahren dar, da das Vorhandensein eines organisatorischen Ziel- und Vertragssystems gegeben ist, das die Basis für die Ableitung der individuellen Aufgaben bildet (vgl. dazu das vorangehende Kapitel 3.1.2).

- Mit Blick auf die Beurteilung stellt eine eindeutige Zuordnung der Ergebnisse auf das Leistungsverhalten des Mitarbeiters eine weitere Prämisse dar. So erlauben vertragliche Leistungsvereinbarungen zwischen den Einheiten eines dezentralen Unternehmens, die das Bestehen von Budget- oder Zielvorgaben auf der Ebene der Organisationseinheiten, der Team- und Individualebene bedeuten, eine transparente Zurechnung des individuellen Beitrags zum gesamten Abteilungs- und Unternehmenserfolg. Die ertragsorientierte Selbststeuerung der Organisationseinheiten stellt sicher, dass der einzelne Mitarbeiter für konkrete (interne) Marktleistungen zuständig ist, die nach Geschäftsprozessen abgegrenzt sind und dementsprechend beurteilt werden können.[271]

- Die methodischen Rahmenbedingungen zielen vorwiegend auf die Operationalisierung der Ziele ab, deren Erreichung messbar zu machen ist. Sinnvoll gestaltet sich die Einbettung in ein umfassendes Controllingsystem oder in die Balanced Scorecard eines Unternehmensnetzwerks. Darüber hinaus umfassen die personellen Rahmenbedingungen die Anforderung an entsprechende Fähigkeiten und Fertigkeiten im Sinne eines unternehmerischen Denkens und Handelns beim Mitarbeiter. Ferner sind im Rahmen des Feedback Coaching-Kompetenzen sowie der Wille der Führungskraft zur Delegation erforderlich.[272] Angesichts des aktuellen Menschenbildes, der Spezialisierung des Mitarbeiters und der gewandelten Rolle der Führungskraft können die personellen Voraussetzungen als hinreichend erfüllt betrachtet werden.

- Im Hinblick auf die führungsbezogenen Rahmenbedingungen muss die Voraussetzung eines kooperativen Führungsstils sowie die Zielkommunikation im Sinne eines ‚sell and tell'-Effekts[273] erfüllt sein. Letzterer bedeutet, den Mitarbeitern den Sinn und Zweck des jeweiligen Ziels zu ver-

---

[270]   Vgl. Kohnke, O./Reinmann, C. (2000), S. 123ff.; ferner Oechsler, W. A. (2001c), S. 35.

[271]   Vgl. Kieser, A. (1977), S. 214.

[272]   Vgl. Kohnke, O./Reinmann, C. (2000), S. 123ff.

[273]   Vgl. Webers, T. (1999), S. 5.

mitteln und sie von der Sinnhaftigkeit der Zielerreichung zu überzeugen. In Anbetracht der tendenziell partizipativen Kommunikations- und Führungskultur in IT-gestütztem Kontext, können für den Einsatz von Zielvereinbarungen die geeigneten Bedingungen diesbezüglich als geschaffen angesehen werden.

In der Zielvereinbarung nehmen Führungskraft und Mitarbeiter jeweils Rollen als Auftraggeber und Auftragnehmer ein und treten im Rahmen einer vertraglichen Beziehung in ein Abhängigkeitsverhältnis. Der Auftraggeber (Principal) delegiert Entscheidungskompetenzen und Ressourcen in Erwartung eines bestimmten Ergebnisses an den Auftragnehmer (Agent), der aufgrund seiner Spezialisierung, in Erwartung einer Gegenleistung, den Auftrag erfüllt. Aus den mit der Anbahnung, dem Abschluss und der Einhaltung von Leistungsvereinbarungen verbundenen Problemen resultiert ein gestiegener Koordinationsbedarf, der durch spezifische Anreiz-, Kontroll- und Informationssysteme gedeckt werden kann.[274] Diese Problematik wird explizit im Rahmen der Principal-Agent-Theorie[275] behandelt,[276] die sich mit dem Opportunismusrisiko in (unvollständigen) Vertragsbeziehungen auseinandersetzt.[277] Das Ziel eines solchen Vertrages ist dabei die Definition eines durch den Mitarbeiter zu erbringenden Leistungsergebnisses, wobei durch Aushandlung der Bedingungen zur Verringerung der Interessendivergenz beigetragen wird.[278] Gerade in den IuK-gestützten Führungsbeziehungen verstärkt sich die Gefahr opportunistischer Verhaltensweisen und der damit in Verbindung stehenden mangelnden direkten Kontrollmöglichkeiten. Nachfolgend ist die Argumentationslogik der Principal-Agent-Problematik in dem Leistungsbeurteilungsverfahren Zielvereinbarung herauszuarbeiten, um die konfliktären Beziehungen bezüglich der Zielkontroversen auf der organisatorischen und individuellen Ebene zu betrachten und Ansatzpunkte für den die Effizienz steigernden Einsatz von IuK-Technologien in dem Austauschprozess zwischen Führungskraft und Mitarbeiter zu identifizieren.

---

[274] Vgl. Hahne, A. (1998), S. 81. Zwar dient die Dezentralisierung der Reduzierung von Schnittstellen, was zu einem transparenteren Arbeitsablauf führt, die damit einhergehende räumliche Dezentralisierung jedoch erschwert wiederum die Koordination aufgrund veränderter Kommunikationsbedingungen.

[275] Vgl. grundsätzlich Arrow, K. J. (1985).

[276] Vgl. Ebers, M./Gotsch, W. (2002), S. 211.

[277] Vgl. Picot, R./Dietl, H./Franck, E. (2002), S. 56ff.

[278] Vgl. Klimecki, R./Gmür, M. (2001), S. 56.

3.2 Zielorientiertes Leistungsbeurteilungsverfahren als Vertrag unter Principal-Agent-theoretischen Aspekten

Die Notwendigkeit der Leistungsvereinbarung im Austausch- und Einflussprozess ergibt sich aus der innerorganisatorischen Distribution von Aufgaben, Weisungs- und Entscheidungskompetenzen an einzelne Mitarbeiter, welche auf der arbeitsteiligen Leistungserstellung und der daraus erwachsenden Rollenverteilung basiert.[279] Aus der Rollenverteilung entstehen Koordinations- und Kontrollprobleme, die sich auf die Führungsbeziehung auswirken und die vertragliche Gestaltung der Delegationsbeziehung in den Mittelpunkt rückt.[280] Die unter Principal-Agent-Aspekten relevanten Kosten der Zielvereinbarung setzen sich aus Kosten der Information, der Kommunikation, der Vereinbarung sowie ihrer Überwachung und Anpassung zusammen. Im Vergleich zur Vertragsbeziehung in hierarchisch organisierten Unternehmen, verschärft sich die Koordination- und Kontrollproblematik in den neuen Organisationsformen aufgrund der häufig räumlichen Trennung zwischen Führungskraft und Mitarbeiter, der damit verbundenen restriktiven Möglichkeiten des persönlichen Kontakts und der direkten Verhaltenskontrolle. Ferner ist durch den IuK-Einsatz in Kommunikationsprozessen, bspw. aufgrund der restriktiven Möglichkeiten zur Vermittlung sozialer Präsenz, die Chance zur Schaffung eines vertrauensbasierten informellen Beziehungskontextes verringert. Im Rahmen der Principal-Agent-Theorie[281] wird ferner die Komponente eines generell die Transaktionskosten steigernden potenziellen opportunistischen Verhaltens des Mitarbeiters in Betrachtung gezogen. Hierfür steigt angesichts der restriktiven Möglichkeiten zur Übertragung von sozio-emotionalen Elementen die Wahrscheinlichkeit.

Anzunehmen ist, dass die Transaktionskosten[282] einer solchen IT-gestützten führungspolitischen Vertragsbeziehung zunächst erheblich steigen. Durch den Einsatz von IuK-Technologien wird aufgrund ihrer Effizienzpotenziale der Aus-

---

[279]   Vgl. Stein, Ch. W. (1998). S. 145 ff.

[280]   Vgl. Picot, R./Dietl, H./Franck, E. (2002), S. 58.

[281]   Vgl. grundsätzlich Arrow, K. J. (1974). Zur Unterscheidung zwischen den positiven und der normativen agency-Literatur, vgl. Wenger, E./Terberger, E. (1988), S. 506.

[282]   Vgl. grundsätzlich Williamson, O. E. (1985). Der zentrale Zweck der Transaktionskostentheorie liegt darin, zu erklären, warum bestimmte Transaktionen in spezifischen Verträgen effizienter abgewickelt werden als in anderen. Der Vertrag, auf Basis dessen die Transaktion abgewickelt wird, besteht zum einen aus der vertraglichen Dimension, die die Austauschbeziehung explizit oder implizit begründet, und zum anderen aus den Mechanismen, welche die Transaktionspartner vereinbaren, um unvorhersehbaren Veränderungen der Kosten- oder Leistungsseite der Austauschbeziehung möglichst effizient begegnen zu können. Schließlich ist anhand der Theorie ein Vergleich der Kosten und somit der Effizienz verschiedener Vertragsalternativen möglich, vgl. Schmidt, R. H. (1992), Sp. 4194; vgl. ferner Richter, R./Furubotn, E. G. (2003), S. 49f.

gleich dieses Kostenanstiegs erhofft. Die Effizienzkriterien sollen zunächst zur Reduktion des Informations- und Kommunikationsaufwandes und somit zur Senkung der Transaktionskosten führen und damit die Steigerung der Effizienz der gesamten vertraglichen Gestaltung der kommunikationstechnologisch gestützten Führungsbeziehung begründen. Werden die Effizienzkriterien der Schnelligkeit, Präzision, Transparenz, Quantität und Objektivität mediatisierter Kommunikation unterstellt, können die Anbahnung, der Abschluss und die Anpassung der Zielvereinbarungen im Sinne von Leistungsvereinbarungen zwischen Führungskraft und Mitarbeiter effizienter vollzogen werden.

Die Principal-Agent-Theorie eignet sich gerade deshalb zur Untersuchung von IuK-gestützten Zielvereinbarungen, da sich sämtliche die IT-gestützte Führungsbeziehung kennzeichnenden Merkmale in den grundlegenden institutionenökonomischen Annahmen wieder finden.

– Die Principal-Agent-Theorie analysiert unter Berücksichtigung der Informations- und Kommunikationskosten, die Möglichkeit einer effizienten Vertragsgestaltung zwischen Auftraggeber und Auftragnehmer. Die Informations- und Kommunikationskosten setzen sich aus den Transaktionskosten der Anbahnung, dem Abschluss, der Anpassung und der Ergebniskontrolle zusammen. Angesichts der Effizienzkriterien des Einsatzes von IuK-Technologien ist anhand der Principal-Agent-Logik zu identifizieren, wo die Effizienzpotenziale in führungspolitischen Austausch- und Einflussprozesses liegen, um diese gezielt ausschöpfen zu können.

– Im Rahmen der Institutionenökonomie wird die Annahme nutzenmaximierenden Verhaltens der Individuen zugrunde gelegt.[283] Dadurch wird die potenzielle Anwendung von opportunistischen Praktiken in Betracht gezogen. In die dabei relevanten individuellen Nutzenfunktionen geht ein breites Spektrum von stabilen und konsistenten Präferenzen ein, das sich auch im aktuellen Menschenbild widerspiegelt.[284] Neben materiellen und monetären Zielen wie Gehalt, Prämien und Güterkonsum zählen dazu auch immaterielle Werte wie Prestige, Selbstverwirklichung, Macht oder auch Freizeit.[285]

– Darüber hinaus legen die institutionenökonomischen Ansätze die Annahme der begrenzten Rationalität zugrunde, die auf der Verfügbarkeit lediglich unvollkommener Information und der Beschränkung der menschlichen Informationsverarbeitungskapazität beruht. Die Annahme findet sich im ak-

---

283   Vgl. Laux, H. (1990), S. 12f.

284   Vgl. Picot, A./Hass, B. H. (2002), S. 157f.; ferner vgl. Klages, H. (1991), S. 59ff.

285   Vgl. Picot, A./Hass, B. H. (2002), S. 157f. Vgl. auch hierzu die Annahmen bezüglich des Menschenbilds des 21. Jahrhunderts.

tuellen organisatorischen Kontext im Hinblick auf die Komplexität der Umweltfaktoren[286] sowie ihrer Interdependenzen wieder.

- Ein weiterer wesentlicher Faktor, der in der Institutionenökonomie aufgegriffen wird und den Kontext der modernen Organisationsformen wiedergibt, spiegelt sich in der Unsicherheit über externe Umweltzustände wider.[287] In einer die IT-gestützten Führungsbeziehung bestimmenden, von Dynamik gekennzeichneten unsicheren Zukunft kann die Vertragserfüllung durch häufige Änderungen von bspw. Terminen, Konditionen und lokalen Marktbedingungen, erschwert werden, was sich auf die individuelle Zielerreichung über Vertragsmodifikationen auswirkt und damit die Transaktionskosten[288] steigert.

- Zudem kann aufgrund der Unsicherheit der externen Umwelt das Ergebnis der Leistungsvereinbarung häufig nicht eindeutig von dem Einfluss exogener Faktoren isoliert werden, so dass zum einen Fehlleistungen des Mitarbeiters, zum anderen aber auch die externen Rahmenbedingungen ursächlich für ein Nichterfüllen der Vereinbarung sein können. Dem wird durch den Einbezug der Risikoneigung der Vertragsbeteiligten Rechnung getragen. In der Regel wird dabei dem Mitarbeiter eine risikoscheue Einstellung unterstellt,[289] während die Arbeitgeberseite risikoneutral eingestuft wird.[290]

- Die Informationsasymmetrie stellt eine weitere Annahme dar, die sich zum einen daraus ergibt, dass Wissen und Können zwischen Vertragspartnern weder gleichmäßig verteilt noch beliebig zu erwerben sind. Durch eine vertragliche Vereinbarung abgesichert, erhofft sich der Principal, das Expertenwissen und den Informationsvorsprung des Agenten nutzbar zu machen.[291] Die technologischen Entwicklungen führen zu einer fortschreitenden Spezialisierung, erhöhten fachlichen Kompetenz und Qualifikation der Mitarbeiter, woraus Informationsvorsprünge dieser gegenüber der Führungskraft resultieren, deren Abbau zu zeitintensiv und kostspielig wäre. Zum anderen unterstützt die vorwiegend räumliche Distanz in der Führungsbeziehung diese Informationsasymmetrie erheblich.

---

[286]   Vgl. Huber, G. P./Daft, R. L. (1987), S. 136.

[287]   Vgl. Staehle, W. H. (1999), S. 62. Ferner Kellermann, K./Reynolds, R. (1990), S. 9ff.

[288]   Vgl. Williamson, O. E. (1985), S. 22; vgl. ferner Eigler, J. (1995), S. 53. Zu Transaktionskosten im Rahmen von virtuellen Kooperationen, vgl. Rössl, D. (1996), S. 313ff.

[289]   Vgl. Dietl, H. M. (1991), S. 135. Von dieser Möglichkeit des Einbeziehens der Risikoaversion des Mitarbeiters wird besonders bei der Gestaltung von Leistungsverträgen Gebrauch gemacht, um antizipieren zu können, in welcher Höhe eine Kompensationszahlung erfolgen muss, damit der Mitarbeiter das Risiko für das Gelingen eines Auftrages übernimmt.

[290]   Vgl. Spremann, K. (1988), S. 616.

[291]   Vgl. Stein, Ch. W. (1998). S. 145 ff.

Eine vertragliche Vereinbarung im Sinne des klassischen vollständigen Vertrags, in dem die Beziehung zwischen den Vertragsbeteiligten im Voraus bis ins Detail festgelegt wird, eignet sich allerdings nicht zur Betrachtung des Leistungsbeurteilungsverfahrens ‚Zielvereinbarung'. Zahlreiche Aspekte sind im Vorfeld zum einen nicht determinierbar.[292] Zum anderen verleiten detailgenaue Verträge eher dazu, verbleibende Handlungsspielräume zu eigenen Gunsten auszuschöpfen. In einem durch unsichere Entwicklungsfaktoren gekennzeichneten Kontext[293] können Zielvereinbarungen daher eher als Beziehungsverträge bzw. relationale Verträge (so genannte unvollständige Verträge), die durch einen impliziten, unvollständigen und informellen Charakter charakterisiert sind,[294] interpretiert werden. Unvollständige Verträge bauen verstärkt auf persönliche Motivstrukturen, Vertrauen, Reputation, Loyalität und Glaubwürdigkeit.[295] Im Vergleich zu den klassischen Verträgen sind die relationalen Verträge auf den permanenten Wandel, kontinuierliche Verhandlungen und Vertrauen als Stabilisator von impliziten Vertragsbeziehungen[296] ausgerichtet und tragen demzufolge den Dynamisierungstendenzen der Unternehmen Rechnung.[297] Mit Blick auf die hier verfolgte integrative ökonomische und sozio-emotionale Sichtweise von Austauschprozessen (vgl. hierzu Kapitel 2.1.2.1), wird daher die relationale Ausprägung von Verträgen herangezogen, um die Gestaltung von Zielvereinbarungen zu diskutieren. Aus der Rollenverteilung zwischen Führungskraft und Mitarbeiter in der IT-gestützten führungspolitischen Interaktion entstehen Transaktionskosten, die durch den Einsatz von IuK-Technologien im Zuge der Leistungsvereinbarung reduziert werden können.[298] Daher ist im Folgenden auf die Zielvereinbarung und ihre Elemente, wie bspw. die Ziele an sich, im Sinne von Vertragsbestandteilen detailliert einzugehen, um daraufhin Ansatzpunkte zur Vermeidung von Ineffizienzen insbesondere in Bezug auf opportunistisches Verhalten herauszuarbeiten und mittels der Ausschöpfung der Effizienzkriterien

---

[292]   Vgl. Selz, A. (1996), S. 309. In der Zielvereinbarung ist demnach nicht jede Eventualität zu artikulieren, sondern eine Modifikation wird in gewissem Rahmen stillschweigend einbezogen.

[293]   Vgl. Reichwald, R. (1993), S. 454.

[294]   Vgl. zur Theorie der unvollständigen Verträge Grossman, S. J. /Hart, O. D. (1986), S. 691ff., sowie Hart, O. D. (1995), S. 167ff.

[295]   Vgl. Spremann, K. (1988), S. 618ff. Aufgrund der Umweltdynamik und des sich kontinuierlich wandelnden unternehmensinternen und -externen Umfeldes sowie des permanenten Wandels der Kundenbedürfnisse, ist der Vertrag respektive die Leistungsvereinbarung nicht für bspw. eine Jahresperiode bis ins Detail genau festzulegen. Ein Vertrag, der die Einzelheiten rigide fixiert, „knebelt" die Mitarbeiter in ihren Handlungsalternativen.

[296]   Vgl. Millarg, K. (1998), S. 118.

[297]   Vgl. Ouchi, W. G. (1980), S. 134ff.

[298]   Vgl. Kellermann, K./Reynolds, R. (1990), S. 24f.

des IuK-Einsatzes, Möglichkeiten zur Reduzierung von Transaktionskosten zu identifizieren.

Die Grundlage für ein die ergebnisorientierte Führung charakterisierendes Leistungsbeurteilungsverfahren anhand von Zielvereinbarungen bildet zunächst die Formulierung der vom Mitarbeiter anzustrebenden Ziele, die sich folgendermaßen definieren lassen:

> „Ziele sind angestrebte Ereignisse, die durch bewusst auf sie ausgerichtetes Handeln erreicht werden sollen. Sie beschreiben somit einen für die Zukunft, in der Regel auch für einen genau angegebenen Zeitpunkt erwünschten Soll-Zustand. Der Weg der Zielverfolgung ist für gewöhnlich nicht enthalten bzw. vorgeschrieben."[299]

Demnach können Ziele als Gegenstand einer Handlung, als ein Leistungsstandard, als ein Zustand oder als Budget definiert werden, solange sie verifizierbar oder messbar sind.[300] Ziele liefern dabei Vergleichsmuster für den kontrollierenden Vergleich mit dem tatsächlichen Ergebnis einer Arbeitshandlung.[301]

---

[299] Breisig, Th. (2000), S. 19.

[300] Ziele „[...] *imply a specified amount or quality of work to be accomplished*". Locke, E. A./Latham, G. P. (1990), S. 7.

[301] Vgl. Rosenstiel, L. v. (1977), S. 233. Aus der verhaltenswissenschaftlichen Perspektive ist eine Integration der Zielvereinbarungen auf interaktioneller und auf struktureller Ebene nicht erforderlich. Der Zielbildungsprozess kann auch unabhängig von dem im Unternehmen praktizierten Unternehmensführungskonzept erfolgen. Bei individueller Zielbildung des Mitarbeiters tritt die leistungssteigernde Motivationswirkung auch ein, wenn sie nicht in ein homogenes umfassendes Unternehmensführungskonzept eingebettet ist. Jedoch ist zu beachten, dass die Leistungsmotivation der Mitarbeiter nicht unabhängig von dem jeweiligen Kontext der organisatorischen Situation zu betrachten ist.

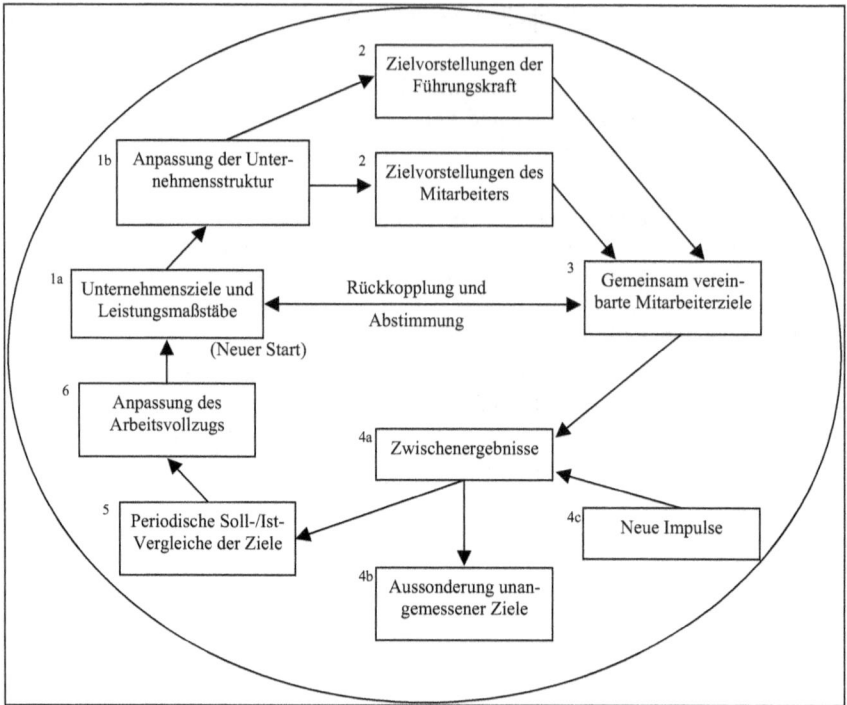

Abbildung 14:   Idealtypischer Prozess eines Zielvereinbarungsverfahrens[302]

Ein idealtypisches Zielvereinbarungsverfahren umfasst die Phasen der Zielbildung und Zielvereinbarung sowie die Festlegung der Leistungsstandards, die auf den Zielvorstellungen der Führungskraft und des Mitarbeiters beruhen (vgl. Punkt 2 der Abbildung 14), der Aussonderung unangemessener Ziele bzw. Anpassung der Zielvereinbarung unter Berücksichtigung neuer Impulse (vgl. Punkt 4a-4c) und des Soll-Ist-Vergleichs im Zusammenhang mit dem Beurteilungsgespräch und der sich anschließenden Anpassung des Arbeitsvollzugs entsprechend Abbildung 14 (vgl. Punkte 5 und 6).[303] Die generelle Voraussetzung des Führens mit Zielvereinbarungen ist die Formulierung eines Leitbildes mit entsprechend eindeutigen Oberzielen eines Unternehmens (vgl. Kapitel 3.1.2). Der Zyklus setzt an den allgemeinen Unternehmenszielen und Leistungsmaßstäben

---

[302]   In Anlehnung an Grochla, E./Kränzl, O. (1974), S. 15; sowie Odiorne, G. S. (1971), S. 82; ferner Oechsler, W. A. (2001b), S. 295.

[303]   Vgl. Breisig, Th. (2000), S. 21ff.; sowie Gebert, D. (1995), S. 427.

an (vgl. Punkt 1a). Die Zielinhalte sind dabei so festzulegen, dass eine Erfüllung tatsächlich in der Kompetenz des Mitarbeiters liegt. Dies erfordert unter Umständen eine Überarbeitung der temporären Struktur eines Unternehmensnetzwerkes (vgl. Punkt 1b), um eine Kongruenz von Zielinhalten und organisatorischen Kompetenzen zu erreichen (vgl. Abbildung 14, 1a und 1b).[304] Der Zielvereinbarungsprozess kennzeichnet sich durch Informationsasymmetrie (hidden information[305]) zwischen Führungskraft und Mitarbeiter, wodurch die Informations- und Kommunikationskosten, d.h. die Transaktionskosten steigen. Im Folgenden sind drei Typen asymmetrischer Informationsverteilung, nämlich hidden characteristics, hidden action und hidden intention in den einzelnen Schritten des Zielvereinbarungsprozesses zu identifizieren, die sich im Zuge der dezentralisierten Leistungserstellungsprozesse verschärfen.[306]

In der Phase der Zielvereinbarung als erstem Schritt des idealtypischen Zyklus handelt es sich generell um die Festlegung der Ziele als zukunftsbezogene Steuerungsgrößen der Leistung des Mitarbeiters, deren inhaltlicher Ursprung in den Unternehmens- sowie Abteilungszielen zu finden ist (vgl. Abbildung 14).[307] Aus der Zielhierarchie werden erfolgskritische Ziele und Aufgaben für die Mitarbeiter abgeleitet, was insgesamt zu verschiedenen Stufen der Operationalisierung in einem Zielvereinbarungssystem führt (vgl.Abbildung 15).[308] Findet diese strategische Ausrichtung des Zielsystems mittels IuK-technologisch gestützter Austauschprozesse statt, ist zunächst eine Reduktion der Verhandlungskosten aufgrund eines sinkenden Informations- und Kommunikationsaufwandes anzunehmen.

---

[304] Vgl. Oechsler, W. A. (2003b), S. 36.

[305] Vgl. Kalkman, M. E./Monge, P./Fulk, J./Heino, R. (2002), S. 126.

[306] Vgl. Dietl, H. (1991), S. 135. Könnte die Führungskraft den Mitarbeiter in seinem Leistungsverhalten direkt beobachten oder den Sachverhalt der Aufgabenstellung selbst zuverlässig beurteilen, würde sich die Informationsasymmetrie erheblich reduzieren. Dies ist jedoch insbesondere in den neuen Organisationsformen nicht gegeben.

[307] Vgl. zur Zielfindung auf der Organisationsebene Kapitel 3.1.2 und 3.1.3 dieser Arbeit.

[308] Vgl. Oechsler, W. A. (1996a), S. 135.

erfolgs-
kritische
Ziele

erfolgskritische Resultate

erfolgskritische Arbeitsinhalte

Aufgaben/Verhalten

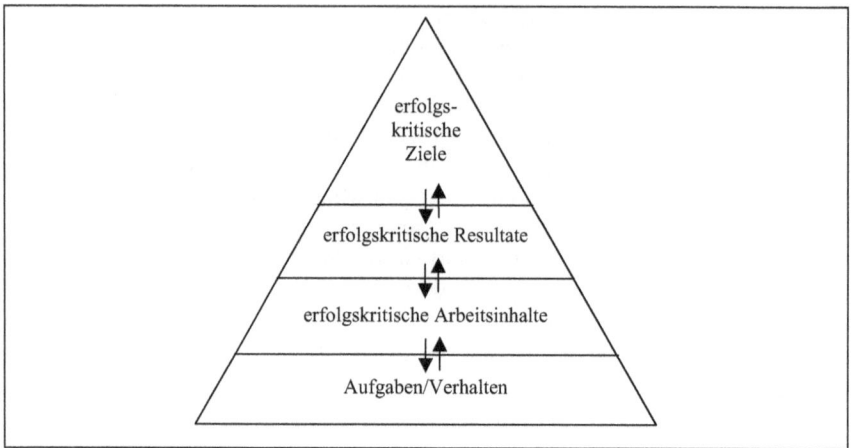

Abbildung 15: Operationalisierungsstufen von Zielen[309]

Die Informationen über strategische Ziele lassen sich wesentlich präziser, schneller und kostengünstiger top-down weitergeben. Gleichfalls erfolgt die bottom-up Rückkopplung weit effizienter. Generell fällt die IT-Unterstützung im Hinblick auf die Operationalisierung der Ziele weitaus effizienter aus.

Bereits vor und während der individuellen Zielvereinbarung kann das Problem der hidden information auftreten. Zu Beginn des Aushandlungsprozesses greift das Problem, dass die Führungskraft ex ante keine vollständigen Informationen über die (unveränderbaren) Eigenschaften des Mitarbeiters erlangen kann, was als hidden characteristics bezeichnet wird. Diese offenbaren sich der Führungskraft erst nach Vereinbarung der Leistung. Zwar entsteht im Lauf einer Führungsbeziehung ein genereller Eindruck über die Qualifikationen und Eigenschaften des Mitarbeiters, handelt es sich jedoch um neue Anforderungen oder benötigte Erfahrungen, stellt sich das Problem der adverse selection bzw. der Auswahl unerwünschter Vertragspartner erneut. In der Vertragstheorie bezieht sich dies auf die Gefahr der Selektion ungeeigneter Vertragspartner vor Vertragsabschluss.[310] Übertragen auf die Situation der Zielvereinbarung kann die Führungskraft, besonders hinsichtlich neuer Mitarbeiter, bei der Zielformulierung und der darauf aufbauenden Festlegung der Bewertungsstandards[311] objektiv nicht exakt erkennen, über welche Eigenschaften der Mitarbeiter tatsächlich

---

[309]   Vgl. Oechsler, W. A. (1996a), S. 135; sowie Oechsler, W. A. (2001b), S. 301.

[310]   Vgl. Dietl, H. (1991), S. 135.

[311]   Vgl. Staehle, W. H. (1999), S. 544.

verfügt. Dieser Aspekt gewinnt zusätzlich durch IT-gestützte Führung an Bedeutung, da sich der Führungskraft im Zuge dessen nur aktuell leistungsrelevante Verhaltensdimensionen des Mitarbeiters offenbaren.

Der Begriff der Zielvereinbarung beschreibt einen auf den Vorstellungen der Führungskraft und des Mitarbeiters beruhenden partizipativen Aushandlungsprozess, der eine gleichberechtigte Berücksichtigung der Interessen der Mitarbeiter vorsieht.[312] Zahlreiche Studien[313] beschäftigen sich mit der Frage, inwieweit die Partizipation des Mitarbeiters bei der Zielformulierung einen Einfluss auf die Zielbindung und somit auf das Ergebnis der Zielerreichung besitzt.[314] Insgesamt waren die Ergebnisse der verschiedenen Untersuchungen nicht homogen, so dass keine allgemeingültigen Aussagen diesbezüglich getroffen werden können.[315] Die Beteiligung des Mitarbeiters fördert allerdings sein Vertrauen in die Entscheidungen der Führungskraft und damit auch in die Organisation selbst. Wird der Mitarbeiter in Entscheidungsprozesse, die seinen Aufgabenbereich selbst betreffen, generell einbezogen, so kann damit die Zielbindung erheblich gesteigert werden. Diese Einbindung muss jedoch nicht die spezifische zu vereinbarende Zielvereinbarung betreffen, sondern kann sich auch auf andere Bereiche beziehen. Ziele, die von legitimen Autoritäten, wie z.B. von anerkannten Führungskräften, vorgegeben werden, beeinflussen die Zielbindung in gleichem Ausmaß wie eine partizipative Vereinbarung, wobei ohne Zweifel die Möglichkeit der Belohnung und Bestrafung durch diese Autorität einen wesentlichen Anteil des Einflusses ausmacht.[316]

Fraglich ist hierbei allerdings, inwieweit eine gleichberechtigte Berücksichtigung persönlicher und individueller Ziele in der Realität tatsächlich möglich ist. Anzunehmen ist, dass gerade in Anbetracht der Orientierung an den Kundenwünschen individuelle Ziele[317] lediglich bei der Bestimmung der Konditionen in die Vertragsgestaltung mit einfließen und somit nicht von einem realen demokratischen gleichberechtigten Zielvereinbarungsprozess gesprochen werden kann. Die persönlichen Bedürfnisse des Mitarbeiters können bspw. bei der Festlegung von Entwicklungszielen Berücksichtigung finden. Steht das Erreichen der Ziele ebenfalls im persönlichen Interesse des Mitarbeiters, kann dieser

---

[312] Vgl. Fischer, L. (1990), S. 148.

[313] Vgl. beispielhaft Vroom, H. V./Jago, A. G. (1988), S. 11f.

[314] Vgl. zu den Partizipationsvarianten hinsichtlich der Zielfestlegung Wunderer, R./Grunwald, W. (1980b), S. 305.

[315] Vgl. hierzu die Meta-Analyse von Wagner III, J. A./Gooding, R. Z. (1987).

[316] Vgl. Hollenbeck, J. R./Klein, H. J. (1987), 214.

[317] Persönliche oder individuelle Ziele lassen sich als Anliegen, Vorhaben oder Bestrebungen einer Person verstehen, die sie gegenwärtig in ihrem Alltag oder in der Zukunft realisieren möchte.

durch das Zielpaket seinen individuellen Nutzen maximieren.[318] Findet der Mitarbeiter seine eigenen Interessen in der Leistungsvereinbarung allerdings nicht vertreten, besteht daher verstärkt die Gefahr, dass dieser einen etwaigen in der kommunikationstechnologisch gestützten Führungsbeziehung gegebenen Handlungsspielraum ex post im Sinne einer hidden action[319] ausnutzt, um seine individuellen Bedürfnisse zu befriedigen.[320]

Findet der Informationsaustausch im Rahmen der Zielvereinbarung IT-gestützt statt, reduzieren sich aufgrund der Effizienzkriterien der Schnelligkeit, Transparenz, Quantität, Präzision und Objektivität die Anbahnungs- und Vereinbarungskosten. Informationen werden generell präziser ausgetauscht und unterstützen eine transparente und objektive Verhandlung. Im Verhandlungsprozess selbst kann der Mitarbeiter aufgrund eines bestehenden Wissens- oder Informationsvorsprungs bezüglich des Zielsachverhalts die Führungskraft mit falschen Informationen bedienen und somit einen höheren Leistungseinsatz verkaufen, als real für die Zielerreichung zu erbringen ist. Dies kann dann ursächlich dafür sein, dass es zu einer für die Führungskraft suboptimalen Vereinbarung kommt, sofern eine höhere Leistung honoriert wird als die tatsächlich zu erbringende. Angesichts des Expertentums des Mitarbeiters, der geographischen Distanz zwischen Führungskraft und Mitarbeiter sowie der restriktiven Übertragung von Hinweisreizen in der mediatisierten Kommunikation verstärkt sich dieses Problem. Die Verhandlungsbasis für eine realistische Zieleinschätzung in inhaltlicher und zeitlicher Hinsicht ist durch die Führungskraft dadurch nur mangelhaft gegeben.[321] Demzufolge liegt bereits vor und während der Vereinbarung Täuschungspotenzial, das der Mitarbeiter zu seinen Gunsten im Sinne des Principal-Agent-Problems realisieren kann.

Die Lösung dieser Problematik im Vorfeld der Zielvereinbarung liegt einerseits im Signalling,[322] andererseits im Screening[323] sowie in den Self-Selection-Verträgen,[324] mit der Intention der Reduzierung der Informationsasymmetrie.

---

[318] Vgl. Schuler, H. (1995), S. 139.

[319] Vgl. Ebers, M./Gotsch, W. (2002), S. 225f.

[320] Angesichts der unternehmensexternen und -internen Entwicklungen ist ungeachtet der Ergebnisse der Motivationsforschung, rein aus unternehmenspolitischen Gründen, eine partizipative Vereinbarung der Ziele zugrunde zu legen. Die im aktuellen Unternehmenskontext zu implementierenden Führungskonzepte kennzeichnen sich, um bei den Unternehmensangehörigen Akzeptanz und dadurch Legitimation zu finden, zwangsweise durch eine demokratische Basis.

[321] Vgl. Scherm, E./Süß, S. (2000), S. 88. Werden die Ziele hingegen hierarchisch vorgegeben, stellt sich dieses Problem nicht.

[322] Vgl. Arrow, K. J. (1985), S. 44ff.

[323] Vgl. Arrow, K. J. (1985), S. 42.

[324] Vgl. Arrow, K. J. (1974), S. 134.

Signalling bedeutet dabei, dass der Mitarbeiter der Führungskraft seine Charaktereigenschaften bzw. seine potenzielle Leistungsfähigkeit signalisiert, um eine für ihn persönlich günstige Ausgangsposition als adäquater Vertragspartner zu erreichen.

Eine solche Signalfunktion können innerhalb eines Unternehmens die Reputation im Unternehmen, die bisher zurückgelegte Laufbahn, erfolgreich abgeschlossene Projekte oder bei neuen Mitarbeitern bspw. Arbeitszeugnisse darstellen. Hier wird die Bedeutung von Reputation gerade für IuK-gestützte Führungsbeziehungen deutlich, die sich als Komponente zur Reduktion von Opportunismus in relationalen Verträgen wieder findet. Demgegenüber ergreift beim Screening der Principal die Initiative, indem sich die Führungskraft zusätzliche Informationen über den Mitarbeiter durch vergangene Arbeitgeber und Kollegen oder anhand von informellen Beziehungsnetzen beschafft. Erfolgt das Screening IT-gestützt, lässt sich die Informationsbeschaffung zur Reduktion der Informationsasymmetrie wesentlich schneller und in großen Mengen, d.h. effizienter bewältigen. Letztlich haben die Self-Selection-Verträge[325] zum Ziel, anhand der Wahl der Vertragsart bzw. der Ziele und ihrer Bewertungsstandards durch den Mitarbeiter, implizit dessen Charakteristika offen zu legen. Letzteres bezieht sich auf den Aushandlungsprozess selbst. Darüber hinaus sind gleichfalls bezogen auf den Abschluss, bspw. durch Standardisierung der Formulierungen der Zielmerkmerkmale, die Gefahren opportunistischer Verhaltensweisen einzudämmen.

Das Feststellen eines Zwischenergebnisses bzw. der Austausch von Informationen bezüglich des aktuellen Zielerreichungsgrades während der Beurteilungsperiode fördert die Leistung des Mitarbeiters.[326] Der Mitarbeiter wird in die Lage versetzt, sein Verhalten neu auszurichten sowie die gewählten Aufgabenstrategien und das Maß seiner Anstrengung anzupassen.[327] In Anbetracht der Effizienzkriterien bieten die Kommunikationstechnologien hier Möglichkeiten, trotz geographischer Distanz in der Führungsbeziehung und der eingeschränkten Erreichbarkeit der Führungskraft einen Informationsaustausch zeitnah zu vollziehen. Bequem und schnell kann der Mitarbeiter zahlreiche komplexe Informationen an die Führungskraft weiterleiten und somit Informations- und Kommunikationskosten in der Anpassungsphase reduzieren. Die Anpassungsphase dient nicht nur der Modifikation der Zielerfüllungsstrategien, sondern darüber hinaus, in Absprache zwischen Führungskraft und Mitarbeiter, der etwaigen Revision der Ziele, um der Dynamik des Aufgabenumfeldes gerecht zu werden. Haben

---

[325] Vgl. Arrow, K. J. (1985), S. 42.

[326] Vgl. Farr, J. L. (1991), S. 58f.

[327] Vgl. Gebert, D. (1995), S. 429.

sich nämlich die Rahmenbedingungen verändert, so sind die Ziele oder gegebenenfalls die Beurteilungsstandards in der Anpassungsphase anzugleichen. Mittels dieser Anpassungsmöglichkeit kann die dynamische Entwicklung der Umweltfaktoren in der Zielerreichungsphase einfließen. Da sich die IuK-gestützte Kommunikation schnell und präzise vollziehen kann (vgl. Kapitel 2.2.2), sinken die Informations- und Kommunikationskosten in der Anpassungsphase. Allerdings kann hier das Phänomen der hidden action[328] zum Tragen kommen, welches das Problem des für die Führungskraft verborgenen Handelns des Mitarbeiters repräsentiert und erst nach Abschluss der Zielvereinbarung im Verlauf der Leistungsbeziehung auftritt. Die Entstehungsgründe für dieses Problem liegen darin, dass zum einen die Anstrengungen des Mitarbeiters aufgrund der räumlichen Distanz für die Führungskraft nicht unmittelbar beobachtbar sind, zum anderen die Führungskraft aufgrund mangelnder Fachkenntnisse das Verhalten erst gar nicht beurteilen kann. Verstärkt wird dieses Problem dadurch, dass die Führungskraft, bedingt durch die häufig fachliche Unterlegenheit, kaum die sich kontinuierlich vollziehenden externen Veränderungen verfolgen kann, so dass bereits hieraus ein Informationsdefizit entsteht. Dadurch ist nicht sicher erkennbar, ob eine Zielanpassung nach unten hin oder eine Aussonderung von Zielen auf mangelndes Leistungsverhalten des Mitarbeiters zurückzuführen ist oder die Notwendigkeit zur Modifikation tatsächlich durch externe und unternehmensinterne Bedingungen herbeigeführt wurde. Daher birgt hidden action die Gefahr, dass der Mitarbeiter die Unkenntnis bzw. die fehlenden Kontrollmöglichkeiten der Führungskraft missbraucht, und nachträglich, wie im Fall der hidden characteristics, keine Aufklärung möglich ist.[329] Der Einsatz von IuK-Technologien ermöglicht der Führungskraft innerhalb kurzer Zeit, viele Informationen über den Sachverhalt zu beschaffen, die Informationsasymmetrie im Falle von Misstrauen zu reduzieren und sich einen detaillierten sachlichen Überblick zu verschaffen. Ist die Vertrauensbasis zwischen Führungskraft und Mitarbeiter schwach ausgeprägt, können die IuK-Technologien auch im Sinne einer Verhaltenskontrolle eingesetzt werden, indem der Mitarbeiter Statusberichte abliefert, die im Zusammenhang mit Einwahlzeiten, Anzahl von Akquisitionen oder Verkaufszahlen etc. systembasiert überprüft werden. Inkonsistenzen werden technologisch gestützt festgestellt und angezeigt. Ferner kann IuK-gestützt ein Feedback von Kunden, Projektleitern und Kollegen zu einem bestimmten Sachverhalt schnell und effizient eingeholt werden.

Zudem besteht die Möglichkeit, dass die Bewertungsstandards anzuheben sind, was sowohl als die Folge eines positiven Leistungsverhaltens des Mitarbeiters als auch als ein Zeichen für die Ausnutzung der hidden characteristics durch den

---

[328]   Vgl. Ebers, M./Gotsch, W. (2002), S. 225f.

[329]   Vgl. Dietl, H. (1991), S. 138.

Mitarbeiter in der Vereinbarungsphase interpretiert werden kann. Es besteht durchaus die Möglichkeit, dass der Mitarbeiter bereits im Vorfeld Informationen bezüglich des Zielvereinbarungsgegenstandes besessen hat und die Zielanpassung nach oben hin strategisch geplant war, um über die Erwartungen der Führungskraft hinaus eine positive Bewertung zu erlangen. Ist das Erreichen eines Leistungsstandards mit entsprechender Entlohnung gekoppelt bzw. intendiert eine Höherleistung einen Extrabonus, kann dies die derartige Ausnutzung der hidden information provozieren. Aufgrund der Möglichkeit zur partiellen Selbstgestaltung des Aufgabenumfeldes im dezentralen Leistungserstellungsprozess durch den Mitarbeiter verstärkt sich dieses Problem. Die Führungskraft verfügt jedoch über die Möglichkeit, sich IT-gestützt Informationen zu beschaffen, um die Informationsasymmetrie zu reduzieren. Wird die Operationalisierung der Ziele IuK-technologisch unterstützt und die einzelnen Zwischenergebnisse elektronisch gespeichert, können im Nachhinein die Details offen gelegt und überprüft werden. Ferner gewährleistet die Einbindung weiterer Informationsquellen zu einer erhöhten Transparenz im Zielvereinbarungszyklus. Das Täuschungspotenzial des Mitarbeiters erfährt somit eine Einschränkung. Es besteht der Zwang zur Übermittlung von Informationen, die der Führungskraft eine objektive Beurteilungsgrundlage liefern, wobei realistisch bewertet, die Zeit zur Analyse der Informationen seitens der Führungskraft lediglich begrenzt gegeben ist.

Im Anschluss an einen Beurteilungszyklus folgt idealtypisch die Phase des Soll-Ist-Vergleichs, in welcher nun die tatsächliche Leistung des Mitarbeiters anhand des Zielerreichungsgrades festgestellt wird, sowie das Beurteilungsgespräch. Dies erfolgt mit Hilfe der Kriterien, die für die Bemessung der Zielerreichung vereinbart worden sind. Die Ist-Leistung wird den vordefinierten Leistungsstandards gegenübergestellt.[330] Je spezifischer und konkreter die Ziele fixiert wurden, desto nachvollziehbarer und objektiver kann die Bewertung ausfallen, da Interpretationsspielräume und Mehrdeutigkeiten reduziert werden. Wurde in der Phase der Vereinbarung die Kommunikation IT-gestützt vollzogen, ist anzunehmen, dass eine strukturierte und präzise Informationsbasis vorhanden ist, die im Nachhinein eine Ursachenanalyse erleichtert. Das Ergebnis des Soll-Ist-Vergleichs liefert die Datenbasis für das nachfolgende Beurteilungsgespräch, das der Führungskraft und dem Mitarbeiter dazu dient, in einen Dialog über die bisherige Zusammenarbeit, künftige Aufgabenschwerpunkte und die persönlichen Entwicklungsmöglichkeiten einzutreten.[331] Angesichts der räumlichen

---

330 Vgl. Barthel, E./Hein, H./Römer. H. (1991), S. 83.

331 Vgl. Fersch, J. M. (2002), S. 137f. Der Ablauf eines Beurteilungsgesprächs lässt sich idealtypisch anhand von drei Schritten konkretisieren: Eingangs sind die Tätigkeiten an sich sowie die damit verbundenen Herausforderungen und Belastungen zu diskutieren. In einem weiteren Schritt wird die Zusammenarbeit bzw. das Führungsverhältnis an sich thematisiert, um darauf

Distanz zwischen Führungskraft und Mitarbeiter bietet es sich eventuell an, die Bewertung mehrerer Beurteiler, wie z.Bsp. einen Projektleiter vor Ort oder Kunden, einzubeziehen. Dies würde die Beurteilung der Zielerreichungsergebnisse objektiver gestalten und die stringente strategische Ausrichtung eines Unternehmens der neuen Organisationsformen an den Kundenbedürfnissen unterstützen. Eine solche Einbindung weiterer Feedbackgeber wird durch den IT-Einsatz erleichtert und ist effizient zu gestalten. Auf der Grundlage des Gesprächs ist der Arbeitsvollzug anzupassen (vgl. Abbildung 14, Punkt 6).[332]

Die Einordnung der Zielerreichungsgrade in einen Bewertungskontext erfolgt im Rahmen des Beurteilungsgesprächs zwischen Führungskraft und Mitarbeiter.[333] Ein solches Beurteilungsgespräch umfasst eine Abweichungsanalyse, mit deren Hilfe die Ursache für das Nichterreichen der Ziele identifiziert werden soll.[334] Die detaillierte Ursachenanalyse hemmt generell die Intention zu opportunistischem Verhalten, da hierbei die Offenlegung der Gründe durch den Mitarbeiter verlangt wird. Dabei ist zu berücksichtigen, dass eine defizitäre Zielerreichung jedoch nicht unbedingt alleine auf das Leistungsverhalten des Mitarbeiters zurückzuführen ist. Sowohl betriebsexterne als auch betriebsinterne Faktoren können einen immensen Einfluss auf die Zielerreichungsgrade haben.[335] Die Nachvollziehbarkeit der Gründe für die Diskrepanz zwischen Soll und Ist kann aufgrund der Probleme hidden characteristics, der hidden action und insbesondere angesichts der räumlichen Distanz in der Führungsbeziehung, durch die Führungskraft nie vollständig nachvollzogen werden, so dass stets ein Maß an Unsicherheit über eine zutreffende Beurteilung sowie zukünftige Leistungen bestehen bleibt. Das Problem wird als moral hazard[336] bezeichnet. Wie dargelegt, erzeugt Informationsasymmetrie einen Kontrollbedarf, dem angesichts der IuK-Unterstützung nicht alleine durch das monitoring[337] der Führungskraft ausreichend Rechnung getragen werden kann. Die durch den IT-Einsatz zu erreichende Transparenz und Präzision bereits durch die Dokumentierbarkeit des Austauschprozesses, dient zwar der Eindämmung der moral hazard Problematik, ist

---

aufbauend zu der langfristigen persönlichen Entwicklung des Mitarbeiters zu gelangen.

[332] Vgl. Oechsler, W. A. (2001b), S. 306.

[333] Vgl. Oechsler, W. A. (1999a), S. 12f.

[334] Vgl. Staehle, W. H. (1999), S. 545.

[335] Vgl. Fersch, J. M. (2002), S. 114. Während sich betriebsinterne Faktoren bspw. auf den Ausfall von Mitarbeitern oder auf Fehler in der Planung und Organisation beziehen, sind bspw. Konjunkturschwankungen und Absatzschwierigkeiten unter betriebsexterne Einflussfaktoren zu subsumieren.

[336] Vgl. Terberger, E. (1994), S. 92ff. Das moral hazard Problem tritt auf, wenn die Kontrollmöglichkeit eingeschränkt ist.

[337] Vgl. Dietl, H. (1991), S. 140.

jedoch nicht hinreichend, um opportunistisches Verhalten völlig auszuschließen. Hier müssen implizite Kontrollmechanismen wie Vertrauen, Commitment und Interessenangleichung ansetzen.

Ein weiteres wesentliches Problem, das besonders in Verbindung mit der in den neuen Organisationsformen vorherrschenden dynamischen Konfiguration der organisatorischen Einheiten und Teams sowie dem Abschied vom lebenslangen Anstellungsverhältnis[338] existiert, bezieht sich darauf, dass ein gewisses Maß an Unsicherheit über das Fortbestehen der Führungsbeziehung seitens der Führungskraft besteht. Dieses Problem wird mit der hidden intention[339] thematisiert. Die Führungskraft ist abhängig von dem spezifischen Know-how des Mitarbeiters, so dass eventuell bestätigte Zusagen zu (internen) Kunden nicht eingehalten werden können, sofern der Mitarbeiter das Arbeitsverhältnis beendet. Ebenso verhält es sich bspw. mit getätigten Investitionen, die in Form von Trainingsmaßnahmen zugunsten des Mitarbeiters erfolgt sind, die nun aber nicht den erwarteten Gegenwert einbringen.[340] Der Mitarbeiter hingegen ist dazu verpflichtet, im dynamischen Aufgabenumfeld und der sich damit permanent wandelnden Projektzusammensetzung, seine Employability[341] zu bewahren, um seine Attraktivität auf dem Arbeitsmarkt zu erhalten.[342] Diese Situation trägt zur Verschärfung der Gefahr des nutzenmaximierenden Verhaltens des Mitarbeiters bei. Um dem Problem der hidden intention schon in der Phase der Vereinbarung vorzubeugen, kann auf eine langfristige Interessenangleichung zwischen Führungskraft und Mitarbeiter abgezielt werden. Die einzelnen Phasen des Zielvereinbarungsprozesses werden in Tabelle 2 in Verbindung mit den aus der Informationsasymmetrie erwachsenden spezifischen Problemen und den Konsequenzen eines IT-Einsatzes zusammenfassend dargestellt.

---

338 Vgl. Sattelberger, Th. (1999), S. 17f.

339 Vgl. Dietl, H. (1991), S. 141. Hidden intention liegt vor, wenn die Führungskraft ex ante nicht weiß, wie der Agent im Laufe der langfristigen Leistungsbeziehung verhalten wird. Die Handlungen treten jedoch offen zutage, so dass das Problem nur auftritt, sofern irreversible Investitionen vorgenommen wurden und der Mitarbeiter nicht mehr zu einem interessenkonformen Verhalten zu bewegen ist.

340 Vgl. Kieser, A. (1999a), S. 209ff.

341 Vgl. Oechsler, W. A. (2003a), S. 975.

342 Vgl. zur Kompetenzentwicklung in Unternehmen Becker, M. (2002), S. 485ff.

ZV-Prozess / Informationsasymmetrie	Zielvereinbarung	Anpassung der Zielvereinbarung	Soll-Ist-Vergleich	Beurteilung	Art der Problembewältigung	Bewertung des Einsatzes von IuK-Technologien
Hidden Characteristics	Qualifikationen und Charaktereigenschaften des Mitarbeiters unbekannt			Leistung des Mitarbeiters partiell unbekannt	Screening, Signalling, Self-Selection, Informationsbeschaffung zur Reduktion der Informationsasymmetrie	+ effiziente Informationsbeschaffung + transparenter Informationsfluss + präzise und schnelle Kommunikation + Einbindung Feedbackgeber - geringen persönlichen Kontakt
Hidden Action		an eigenen Interessen orientierte Verhaltensweisen, Fehlinformationen bezüglich externer Rahmenbedingungen	vorausgegangenes Verhalten und Anstrengung des Mitarbeiters nicht beobachtbar; Gründe für Ergebnis unbekannt	Fehlinformationen bezüglich externer Einflüsse	implizite Kontrollmechanismen: Vertrauen, Commitment, Interessenangleichung, Berücksichtigung der Bedürfnisse, Informationsbeschaffung zur Reduktion der Informationsasymmetrie	+ effiziente Informationsbeschaffung + transparenter Informationsfluss + präzise und schnelle Kommunikation + Einbindung Feedbackgeber + Verhaltenskontrolle anhand Kennzahlen - keine Verhaltensbeobachtung
Hidden Intention	langfristige Absichten des Mitarbeiters unbekannt			langfristige Absichten des Mitarbeiters unbekannt	Interessenangleichung	- Vertrauensbasis schwach ausgeprägt - wenig kohäsive Kommunikation - Bedürfnisse des Mitarbeiters unbekannt

Tabelle 2:   Zielvereinbarungen unter Informationsasymmetrie

Wie in Tabelle 2 dargestellt, liegt sowohl in der Phase der Vereinbarung als auch in der Phase der Beurteilung das Problem der hidden characteristics vor. Die Qualifikationen und Charakteristika des Mitarbeiters können mittels eines IT-gestützten Screening und Signalling im Vorfeld der Vereinbarung ermittelt werden. Kann aus dem Leistungsergebnis heraus nicht eindeutig festgestellt werden, ob es auf die Leistungen des Mitarbeiters zurückzuführen ist, dienen der IuK-basierte transparente Informationsfluss und die präzise Kommunikation während des Zielvereinbarungszyklus der Aufklärung. Die IuK-gestütze Einbindung von weiteren Feedbackgebern kann als zusätzliche Kontrollgröße dienen. Die Anpassungsphase, der Soll-Ist-Vergleich sowie die Beurteilungsphase bergen das Problem der hidden action. Auch hier können die IuK-Technologien ansetzen, indem sie eine schnelle und umfassende Informationsbeschaffung zu geringem Aufwand unterstützen. Das Einbeziehen von Informationen aus zusätzlichen Quellen sowie die generell mögliche Verhaltenskontrolle anhand von systembasiert ermittelten Kennzahlen stellen weitere Ansatzpunkte dar, um durch den IuK-Einsatz die Probleme der hidden action zu reduzieren. Die IuK-Technologien können über räumliche Distanzen hinweg zu einer Art „virtueller Kontrolle" beitragen. Allerdings ist zu vermuten, dass sich dadurch die Verhaltenskontrolle durch Beobachtung nicht gleichwertig ersetzen lässt. Hidden action beeinflusst die Führungsbeziehung zum einen zu Beginn der Vereinbarung, zum anderen am Ende der Beurteilungsperiode. Im Mittelpunkt des Problems stehen hierbei die unbekannten langfristigen Absichten und Bedürfnisse des Mitarbeiters. Anzunehmen ist, dass diese angesichts des geringen persönlichen Kontakts und der eher schwach ausgeprägten persönlichen, informellen Beziehung durch die Führungskraft nicht antizipierbar sind.

Die Transaktionskosten der Anbahnung, Aushandlung, Anpassung und Kontrolle im Rahmen der Zielvereinbarungen reduzieren sich durch den Einsatz von IuK-Technologien. Eine IT-gestützte Kaskadierung der Unternehmensziele führt zur präzisen Operationalisierung der Ziele sowie zur Transparenz des gesamten Zielvereinbarungsprozesses auf organisatorischer und führungspolitischer Ebene. Der eigentliche Aushandlungsprozess der Vereinbarung kann auf Grundlage einer strukturierten und präzisen Vorbereitung der verfügbaren Informationen schnell durchgeführt werden. Anpassung und Zielerreichungskontrolle verlaufen IT-gestützt objektiv und zielorientiert. Zu vermuten ist daher, generell eine Effizienzsteigerung der Zielvereinbarung durch Einsatz der IuK-Technologien. Kosten, die unmittelbar aus der Principal-Agent-Problematik heraus entstehen, lassen sich vorwiegend durch eine effiziente IT-gestützte Informationsbeschaffung senken. Über ein Monitoring im herkömmlichen Sinne hinaus, ist in virtuellen Führungsbeziehungen ein von Vertrauen geprägter Beziehungskontext der Kommunikation zwischen Führungskraft und Mitarbeiter zu schaffen, der als impliziter Kontrollmechanismus dient, um hidden action und hidden intention

vorzubeugen. Zu vermuten ist, dass extrinsische Anreizmechanismen zur Bewältigung des moral hazard Problems nicht ausreichen, sondern zusätzlich die
aktive Gestaltung einer motivationsbasierten Vertrauensbeziehung erforderlich
wird.[343] Entsprechend den interaktionstheoretischen Aussagen stabilisiert die
Kohäsion, die im Zuge der Interaktion zwischen Führungskraft und Mitarbeiter
entsteht, die Austauschbeziehung und reduziert die Transaktionkosten. Das Management-by-Commitment[344] stellt dabei einen Ansatzpunkt dar, um den Erfolg
der Austauschbeziehung zu unterstützen und den in der Principal-Agent-Theorie
intendierten Problemen vorzubeugen.[345] Folglich muss untersucht werden, wie
die Kommunikation im Rahmen des Zielvereinbarungsverfahrens zu gestalten
ist, damit Commitment beim Mitarbeiter entsteht. Dies erlaubt im Anschluss
daran die Prüfung, inwieweit der Einsatz von IuK-Technologien über die Gestaltung der Zielvereinbarung hinaus, die kommunikativen Anforderungen zur
Schaffung von Kohäsion erfüllen kann. Um diese Thematik einer detaillierten
Betrachtung zu unterwerfen, sind verhaltenswissenschaftliche[346] Erkenntnisse
heranzuziehen.

3.3 Verhaltenswissenschaftliche Perspektive der kommunikati-
onstechnologisch gestützten vertraglichen Vereinbarung

Ein auf Vertrauen und Motivation abstellendes Zielvereinbarungsverfahren, mit
dem Ziel, einem potenziell opportunistischen Verhalten des Mitarbeiters vorzubeugen und die Effizienz der Führung zu steigern, verlangt das Einbeziehen
verhaltenswissenschaftlicher Erkenntnisse.[347] Eine Untersuchung der Wirkung
der Ziele auf das Handeln des Mitarbeiters und dessen Leistung unter verhaltenswissenschaftlichen Aspekten kann vor dem Hintergrund der interaktionstheoretischen Ansätze erfolgen.[348] Um im Rahmen des IT-gestützten Zielvereinbarungsprozesses die Motivationspotenziale des Mitarbeiters herauszuarbeiten,

---

[343]   Vgl. Kieser, A. (1999a), S. 209ff.

[344]   Vgl. Scholl, R. (1981), S. 589. In der sozialpsychologischen Commitmentforschung ist aus
        dem Begriff „Commitment" ein psychologisches Konstrukt gebildet worden, das mit einer
        psychologischen Selbstbindung in Zusammenhang steht und prinzipiell in Handlungen seinen
        Ausdruck findet, z.B. im Engagement für ein spezifisches Unternehmen aufgrund der Bin-
        dung.

[345]   Vgl. Oechsler, W. A. (2000b), S. 24; ferner Vgl. Crisand, E./Stephan, P. (1992), S. 74ff.

[346]   Vgl. nach Dorsch, F./Häcker, H./Stapf, K. H. (1994), S. 848. Verhaltenswissenschaft ist die
        Bezeichnung für alle Wissenschaften, die sich mit der Untersuchung des Verhaltens von Le-
        bewesen in ihrer gegenständlichen und sozialen Umwelt beschäftigen. Psychologie, Soziolo-
        gie, Pädagogik u.a. Wissenschaften werden hier zugerechnet.

[347]   Vgl. Wächter, H. (1979), S. 78ff.

[348]   Vgl. Wunderer, R./Grunwald, W. (1980a), S. 174ff.

wird die Goal-Setting-Theorie[349] herangezogen. Diese lässt Aussagen über Motivation und Leistung des Mitarbeiters in Abhängigkeit von Zielvereinbarungen zu und erlaubt des Weiteren sowohl eine Analyse der spezifischen Erfolgsfaktoren von Zielvereinbarungen als auch die Identifikation der Einflussfaktoren der Zielbindung als essentielle, die Motivation begründende Variable.[350] Dabei sind Anleihen bei motivationstheoretischen Ansätzen zu nehmen, die die Erklärung der (Arbeits-)Motivation und ihrer Wirkung auf die Leistung zum Ziel haben.[351]

Die Bedeutung von Motivation[352] zur Reduktion der Principal-Agent-Problematik, lässt sich mit der Führungssituation in den dezentralisierten Leistungsprozessen begründen (vgl. hierzu Kapitel 2.1.1 dieser Arbeit):

– Aufgrund der flachen netzwerkartigen Organisationsstrukturen entstehen große Leitungsspannen, die die Delegation von Entscheidungskompetenzen an den Mitarbeiter bedingen. Kundenorientierte Entscheidungen sowie eigenverantwortliches Handeln wird vom Mitarbeiter erwartet, der intrinsisch motiviert sein muss, um sich unternehmerisch zu verhalten.

---

[349] Vgl. Latham, G. P./Locke, E. A. (1995), S. 40. Die Goal-Setting-Theorie, die in ihrer geschlossenen Form auf Edwin A. Locke zurückgeht, kann als fundamentales Konzept bezeichnet werden, das in der Lage ist, die wichtigsten Theorien zur (Leistungs-)Motivation zu integrieren.

[350] Vgl. Klimecki, R./Gmür, M. (2001), S. 33.

[351] Im Rahmen der Prozesstheorien lassen sich zwei „Familien" unterscheiden. Die eine beschäftigt sich mit den Konzepten „Wert" und „Erwartung", die andere thematisiert vorwiegend die Auswirkung von Zielen. Die Erwartungs-Wert-Theorien untersuchen, wie sich bestimmte Werte in Motivation umsetzen. Die Erwartung bedeutet dabei das Bindeglied, welches dafür verantwortlich ist, dass eine bestimmte Handlung dazu führt, dass der entsprechende Wert auch erreicht wird. Hierbei wird die individuelle Konstitution der Motive, die eine Person leiten, zugrunde gelegt. Die Motivation zur Zielerreichung resultiert aus der Erwartung, etwas „Wertvolles" zu erreichen. Dies setzt jedoch voraus, dass die Ziele übernommen werden respektive Zielbindung entsteht, was wiederum die Übereinstimmung der Motivstruktur bedingt; vgl. Vroom, V. H. (1964), S. 101ff. Als Beispiel ist hier das VIE-Modell von Vroom anzuführen. Im Fokus steht dabei die Wahrscheinlichkeit eines Ergebnisses und der Wert, über den dieses Ergebnis für den Mitarbeiter verfügt. Zu den Inhaltskonzepten zählen die Bedürfnishierarchie von Maslow, A. H. (1954) sowie bspw. die Zwei-Faktoren-Theorie von Herzberg (Herzberg, F./Mausner, B./Snyderman, B. (1959)).

[352] Die Versuche, (Arbeits-)Motivation zu erklären, lassen sich grob nach zwei verschiedenen Vorgehensweisen, nämlich der der inhaltsorientierten und jener der prozessorientierten Konzepte, unterscheiden. Während sich die Inhaltstheorien der Motivation mit den zentralen Motivinhalten bzw. den ihnen entsprechenden Merkmalen der Arbeit beschäftigen, stehen im Rahmen der Prozessmodelle die Prozesse der Ausführung sowie die Art der Ausführung einer Handlung im Mittelpunkt der Fragestellung. Die Prozesstheorien bewegen sich näher am tatsächlichen Verhalten und berücksichtigen die Verbindungen zwischen den objektiven Bewertungen von Ergebnissen, die stark von der sozialen Kommunikationsbeziehung geprägt sind. Vgl. Warr, P. (1976), S. 143f., sowie Gebert, D./Rosenstiel, L. v. (2002), S. 53f.

103

- Die fachlich hoch spezialisierten Mitarbeiter verfügen über Handlungsspielräume, die sie, angesichts der Nichtbeobachtbarkeit und der oft aufgabenspezifischen Unterlegenheit der Führungskraft, in opportunistischem
  Sinne ausnutzen können. Die Loyalität und Bindung an das Unternehmen
  bzw. die Identifikation des Mitarbeiters mit seinen Aufgaben und Zielen
  dient dahingehend der indirekten Kontrolle.

- Dies ist umso erforderlicher, als strukturelle und interaktionelle Maßnahmen zur Erfüllung der Führungsfunktionen lediglich begrenzt greifen, um
  den Mitarbeiter zur Einhaltung des Leistungsvertrages zu bewegen.

- Ferner bieten die gesellschaftlichen Entwicklungen hin zur Selbstverwirklichung sowie die Rolle des Mitarbeiters als Mit-Unternehmer im Zusammenhang mit dem aktuellen Menschenbild zahlreiche Ansatzpunkte für eine motivationsgestützte Führung, so dass die Aktivierung von intrinsischen
  Motivationspotenzialen nahe liegt. Dies soll die Transaktionskosten senken, die im Zielvereinbarungszyklus aufgrund eines potenziellen opportunistischen Verhaltens anfallen, so dass die Effizienzkriterien des Einsatzes
  von Kommunikationstechnologien uneingeschränkt zum Tragen kommen
  können.

3.3.1 Goal-Setting-Theorie

Der Gehalt der Goal-Setting-Theorie für die vorliegende Arbeit liegt, wie bereits
angeführt, in der Aussagefähigkeit über die Motivation und Arbeitsleistung des
Mitarbeiters in Abhängigkeit von Zielen. Daraus lassen sich Rückschlüsse hinsichtlich der Gestaltung eines IT-gestützten Zielvereinbarungsprozesses ziehen,
um die Informations- und Kommunikationskosten mittels der Effizienzkriterien
der IuK-Technologien zu senken, d.h. auch potenziell opportunistisch motivierte
Verhaltensweisen des Mitarbeiters zu vermeiden.[353] Zunächst ist die Theorie als
solche darzulegen, um zu begründen, warum Motivation zur Zielerreichung im
Sinne von Commitment oder Zielbindung als der kritische Erfolgsfaktor eines
IT-gestützten Zielvereinbarungsverfahrens zur Vermeidung des Principal-

---

[353] Die Goal-Setting-Theorie hat ihre Wurzeln zum einen in der Arbeits- und Organisationspsychologie, zum anderen in Erfahrungen, die mit Leistungsvorgaben bei Mitarbeitern in der Unternehmenspraxis gewonnen wurden. In diesem Zusammenhang kann von einen das Scientific
Management von Taylor, F. W. (1964), der sich mit seinem Aufgaben- respektive Zielkonzept
vorwiegend auf die ausführenden Mitarbeiter als Untersuchungsobjekte konzentrierte, angeführt werden. Zum anderen ist Drucker, P. F. (1955) mit dem MbO-Konzept, der sich die Unternehmensführung zum Untersuchungsobjekt machte, mit der Goal-Setting-Theorie in Verbindung zu bringen. Nicht die Auswirkung der Motivation auf die Zufriedenheit des Mitarbeiters an sich, sondern der Zusammenhang zwischen Zufriedenheit und Leistung weckte das
Forschungsinteresse. Vgl. hierzu auch Neuberger, O. (1990), S. 3.

Agent-Problems gilt.[354] Im Zuge dessen ist zu erörtern, mittels welcher strukturellen und interaktionellen Maßnahmen die Gestaltung eines optimalen IT-gestützten Zielvereinbarungsprozesses gelingt. Im Zusammenhang mit der im Zielprozess erforderlichen Interaktion zwischen Führungskraft und Mitarbeiter sind ferner die Charakteristika der Kommunikationsaufgaben zu diskutieren, die letztlich die Basis für eine IuK-technologische Unterstützung liefern.

Die Kernaussage der Goal-Setting-Theorie besteht in der direkten Abhängigkeit der Arbeitsleistung von Zielen.[355] Die Umsetzung von Zielen in Leistung erfolgt unter Berücksichtigung einer Reihe von Wirkungsgrößen, die sich in Mediatoren und Moderatoren klassifizieren lassen (vgl. Abbildung 16). Der Begriff der Leistung lässt sich in betriebswirtschaftlichem Kontext auf die Effektivität und die Effizienz, mit der Arbeit verrichtet wird, einschränken. Im Zusammenhang mit der Zielsetzungstheorie stellt sich daher die Frage, wie sich eine kombinierte Zielsetzung von Effektivitäts- und Effizienzgrößen auf die Gesamtleistung auswirkt.[356]

Die Formulierung von Zielen beinhaltet die Zielmerkmale Inhalt und Intensität (vgl. Abbildung 16). Im Zusammenhang mit dem Zielinhalt sind Aspekte der Schwierigkeit und Spezifität der Ziele relevant, wohingegen im Hinblick auf die Intensität[357] die Zielbindung im Vordergrund steht. Die Spezifität der Ziele bezieht sich auf die Festlegung des Zielinhalts, des Zielausmaßes und des zeitlichen Bezugs. Werden Ziele bezüglich Inhalt, Ausmaß und zeitlichem Bezug spezifisch und klar operationalisiert verbindlich festgehalten, ist eine eindeutige Zuordnung von Leistungsergebnissen und eine transparente Beurteilung von Handlungen möglich. Über den Zweck der Verminderung der Möglichkeit zu opportunistischem Verhalten hinaus führen präzise und spezifische Ziele zu

---

[354] Vgl. Ridder, H. G./Conrad, P./Schirmer, F./Bruns, H.-J. (2001), S. 112. Dabei können Ziele, aber auch die Organisation als Ganzes, Arbeit und Aufgaben sowie managementrelevante Ziele, Werte und Normen zu Bezugsbereichen für Zielbindung werden.

[355] Vgl. Lössl, E. (1983), S. 128. Die Aussagefähigkeit der Goal-Setting-Theorie wird mittlerweile durch zahlreiche konsistente Einzelbefunde untermauert, die den leistungserhöhenden Beitrag klar definierter Ziele und Standards über vereinbarte oder auch vorgegebene Ziele für den Mitarbeiter deutlich gemacht haben. 90% der 110 zwischen 1972 und 1984 durchgeführten Studien konnten die Aussagen der Zielsetzungstheorie bestätigen, so dass Zielsetzung als eine der zuverlässigsten Techniken zur Motivations- und Leistungssteigerung bezeichnet werden kann. Der Goal-Setting-Theorie wird zwar ein geringer Strukturiertheitsgrad zuerkannt, weshalb ihre Anwendbarkeit gerade deshalb im betrieblichen Umfeld hoch eingeschätzt wird.

[356] Vgl. Kohnke, O. (2000), S. 53. Beispielsweise kann ein Mitarbeiter zwar effektiv gearbeitet bzw. eine hohe Leistung erbracht haben, dabei jedoch sehr viele Ressourcen benötigt haben und somit ineffizient gewesen sein.

[357] Unter Zielintensität ist der kognitive Aufwand zu verstehen, den ein Individuum bei der Formulierung der Ziele, der Erarbeitung von Lösungsstrategien etc. aufbringen muss.

besseren Leistungen als allgemeine und vage formulierte Ziele.[358] Der Grund für diesen Effekt liegt darin, dass durch eine präzise Zielbeschreibung die strukturierte Organisation des Verhaltens sowie die Zielgerichtetheit der Leistung erleichtert wird. Daher stellt die Zielklarheit eine Voraussetzung für das Funktionieren von Zielvereinbarungen dar.[359] Findet die Zielformulierung medienvermittelt statt, gewährleisten diese aufgrund der Effizienzkriterien der Präzision und Transparenz des Informationsflusses die optimale Grundlage, um das Verhalten des Mitarbeiters auf die Ziele hin auszurichten und die Zielbindung zu steigern. Im Vordergrund der Zielformulierung stehen die Anforderungen der Genauigkeit und der Schnelligkeit an den Kommunikationsweg, was auf den Einsatz von wenig reichhaltigen Medien hindeutet.[360]

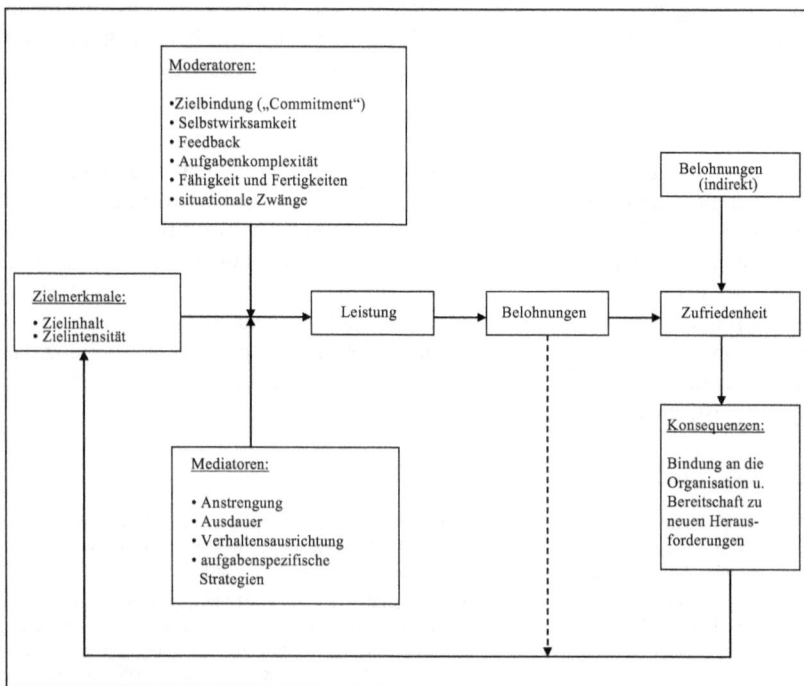

Abbildung 16: Goal-Setting-Model[361]

---

358   Vgl. Kleinbeck, U. (1991), S. 50f. Ziele werden erst durch ihre Spezifität messbar.

359   Vgl. Lössl, E. (1983), S. 131.

360   Vgl. Rice, R. E. (1992), S. 477.

361   In Anlehnung an Latham, G. P./Locke, E. A. (1995), S. 47.

Von besonderer Bedeutung ist die Festsetzung der kritischen Arbeitsinhalte,[362] die auch mit Blick auf die Reduzierung der Informationsasymmetrie und den daraus entstehenden Spielraum für opportunistisches Verhalten für beide Seiten Transparenz schaffen soll. Im Zuge der Analyse der kritischen Arbeitsinhalte kann zwischen Führungskraft und Mitarbeiter ein gemeinsames Verständnis für Inhalte, die Definition von Meilensteinen und ihren Prioritäten entstehen, um somit im virtuellen Führungsverhältnis fehlende Anknüpfungspunkte zu substituieren. Ziele müssen über möglichst exakte Maßeinheiten[363] in verschiedenen Leistungsdimensionen präzise definiert werden. Zwar erhöht das zunächst den Arbeitsaufwand, jedoch reduziert sich dadurch anschließend die Gefahr der hidden action sowie einer subjektiven Beurteilung durch die Führungskraft. Die exakte Definition der Leistungsstandards verlangt vorwiegend die Genauigkeit der Kommunikation. Die Effizienzkriterien der Transparenz und Präzision tragen dementsprechend zur effizienten Gestaltung der IuK-gestützten Interaktion bei. Die Leistungsstandards, die ein spezifisches Leistungsniveau definieren, haben die für dieses Niveau erwartete konkrete Leistung in folgenden Leistungsdimensionen zu beschreiben:[364]

- Qualität: Hier steht die Frage, wie gut etwas erledigt wird, im Mittelpunkt.
- Quantität: Von Relevanz ist, in welchem Umfang etwas ausgeführt wird.
- Zeit: Zu bewerten ist, in welcher Zeitspanne und wie pünktlich etwas erledigt wird.
- Art und Weise: Die Systematik der Vorgehensweise wird hier beurteilt.
- Methoden: Zu prüfen ist, ob etwas mit angemessenen Methoden getan wird.
- Kosten: Bei der Beurteilung sind die Kriterien der Effizienz und der Effektivität heranzuziehen.

Des Weiteren sind unterschiedliche Leistungsstandards zu fixieren, an denen sich der Mitarbeiter bei seinem Arbeitsverhalten orientieren kann und in welche die Leistung bei der Beurteilung eingestuft wird. Wie bereits oben im Zusammenhang mit den Self-Selection-Verträgen[365] beschrieben, besteht latent die Chance, durch die vom Mitarbeiter gewählten Bewertungsstandards implizit Informationen über dessen Charakteristika und Informationsstand bezüglich des

---

362   Zum Verfahren der kritischen Ereignisse vgl. Kapitel 3.1.3.

363   Vgl. Jochum, E. (1991), S. 116. Hier sind Einzelheiten bezüglich der Verankerung der Beurteilungsskalen zu finden.

364   Wörtliches Zitat, Oechsler, W. A. (2001b), S. 304. Ferner vgl. Oechsler, W. A. (2000b), S. 474f.

365   Vgl. Arrow, K. J. (1985), S. 42.

Zielsachverhalts zu erlangen. Dabei bezeichnen Leistungsstandards Maße, mit denen die gezeigte Leistung festzustellen ist. Die Leistungsstandards sind verbal auszudrücken und im Zuge der mediengestützten Kommunikation zu dokumentieren, wobei die Formulierung Bezug nehmend auf nachstehende Kategorien zu erfolgen hat:[366]

- Beobachtbarkeit: Leistungsstandards sind nur in beobachtbaren Dimensionen zu formulieren, um die Möglichkeit zu haben, eine Leistung nachvollziehen zu können.

- Messbarkeit: Eng im Zusammenhang mit der Beobachtbarkeit steht die Messbarkeit, d.h., dass eine Leistung möglichst auf einer kardinalen, zumindest jedoch auf einer ordinalen Skala beurteilt werden kann.

- Erreichbarkeit: Ein Leistungsstandard muss sich realistisch auf das in einer Position erreichbare Leistungsniveau beziehen.

- Kompetenz: Ein Leistungsstandard hat eine exakte Angabe über die Kompetenz des betroffenen Mitarbeiters zu enthalten, so dass bspw. zu ersehen ist, ob dieser die vereinbarte Leistung alleine oder mittels Unterstützung von anderer Seite erbracht hat.

- Aufgabenbezug: Leistungsstandards sind ergebnisorientiert.

- Verständlichkeit: Es besteht die Notwendigkeit der Eindeutigkeit der Formulierung der Leistungsstandards, so dass keine Zweifel bezüglich der Interpretation auftreten können.

- Kostenwirtschaftlichkeit: Es sind klare Aussagen bezüglich der Input-Output-Relation zu definieren.

- Berichtswesen: Es ist festzulegen, welche Kontrollinformationen über Leistungsstandards erhältlich und zugänglich sind.

Darauf ist die Abstufung der unterschiedlichen Leistungsniveaus vorzunehmen, wobei die Herausforderung dieses Schrittes darin besteht, eine konsistente Abstufung der Leistungsstandards zu erreichen und diese auch verbal den beschriebenen Kriterien entsprechend zu formulieren.[367] Da schwierige, herausfordernde Ziele zu besseren Leistungen als mittlere oder leicht zu erreichende Ziele führen, ist darauf zu achten, dass weder eine Unter- noch Überforderung vorliegt.[368] Ist eine Leistungsobergrenze des Individuums, die einerseits von den individuellen Fähigkeiten, andererseits von Variablen wie Leistungsmotivation und Selbst-

---

[366] Wörtliches Zitat, Oechsler, W. A. (1992), S. 77.

[367] Vgl. Kohnke, O. (2000), S. 44.

[368] Vgl. Heckhausen, H. (1989), S. 264. Es existieren verschiedene Studien, mit dem Forschungsinhalt, den Zusammenhang zwischen Zielakzeptanz und Schwierigkeitsgrad der Ziele festzustellen. Hierzu unter anderem die Studie von Erez, M./Zidon, I. (1984).

wirksamkeit abhängt (vgl. Abbildung 16), erreicht, steigt die Leistung nicht weiter an. Sofern der Mitarbeiter eine antizipierte Überforderung hinsichtlich der Zielvereinbarung nicht direkt kommuniziert, besteht die Gefahr, dass aufgrund fehlender emotionaler Hinweisreize dies von der Führungskraft kaum bemerkt wird. Dadurch kann die Leistung aufgrund von Frustration und Stress abnehmen.[369] Um die Ziele realisieren zu können, sind entsprechende Fähigkeiten, Fertigkeiten und Wissen erforderlich. Erfolge in der Vergangenheit tragen zu einer stärkeren Wahrnehmung der Selbstwirksamkeit bei.[370] Die unmittelbare motivierende Kommunikation mit der Führungskraft lässt sich dadurch partiell substituieren. Situationale Störfaktoren, wie personelle Engpässe oder fehlendes Material, können den Zusammenhang zwischen Zielen und Leistung mindern. Eine stringente Zielkaskadierung der Unternehmensziele auf die nachfolgenden Ebenen dient in diesem Zusammenhang dazu, die für die individuelle Zielerreichung optimalen unternehmensinternen Rahmenbedingungen sicherzustellen. Erfahren individuelle Ziele eine strategische Integration, können die strukturellen und personellen Voraussetzungen zur Realisierung der Ziele als gegeben unterstellt werden.

Bezüglich der Anzahl der festzulegenden Ziele ist zu konstatieren, dass sich aufgrund der limitierten menschlichen Informationsverarbeitungskapazität die Leistungsfähigkeit bei multiplen Zielsetzungen vermindert. So besteht bei der Verfolgung multipler Ziele die Gefahr des Zielkonflikts, der sich zu Lasten der Qualität der Zielerfüllung auswirkt.[371]

Im Rahmen der Zielinhalte können Leistungs- und Entwicklungsziele differenziert werden, wobei innerhalb dessen wiederum zwischen quantitativen und qualitativen Zielen zu unterscheiden ist.[372] Der Spielraum, innerhalb dessen die Leistungsziele vertraglich abgesteckt werden können, fällt im Hinblick auf die organisatorische Zielpyramide gering aus, so dass besonders im Rahmen der Kommunikation zwischen Führungskraft und Mitarbeiter Verständnis für die eventuellen Zielvorgaben zu schaffen ist. Angesichts des Wertewandels hin zur Individualisierung und Selbstentfaltung, werden diesbezüglich hohe Anforderungen insbesondere an die sozialen Kompetenzen der Führungskraft gestellt. Die Entwicklungsziele beziehen sich hingegen eher auf die individuellen Karrierewünsche des Mitarbeiters. Die Integration entsprechender Entwicklungsziele stellt einen weiteren Ansatzpunkt zur Reduzierung opportunistischer Verhaltensweisen dar, da der Mitarbeiter in eigenem Interesse seine Employability

---

369   Vgl. Locke, E. A./Shaw, K. N./Saari, L. M./Latham, G. P. (1981), S. 135.

370   Vgl. Hollenbeck, J. R./Klein, H. J. (1987), S. 215, sowie Locke, E. A./Latham, G. P. (1990), S. 7.

371   Vgl. Marr, R./Stitzel, M. (1979), S. 77f. sowie S. 143ff.

372   Vgl. Austin, J. T./Bobko, P. (1985), S. 295.

erhalten muss.[373] Im Hinblick auf eine ganzheitliche Bewertung ist es sinnvoll, sowohl Leistungsziele und Entwicklungsziele als auch messbare quantitative und qualitative Ziele mit den Mitarbeitern zu vereinbaren.[374] Werden qualitative Ziele nicht hinreichend genau operationalisiert, besteht ferner die Gefahr, dass vorrangig die leichter zu spezifizierenden quantitativen Ziele verfolgt werden. Zudem erschwert die eindeutige Operationalisierung der Ziele anhand von standardisierten Kriterien opportunistisch motiviertes Verhalten, da der Freiraum, innerhalb dessen die Ziele manipuliert werden können, eingeschränkt wird.

Ein Merkmal der Zielbindung ist die Intensität, die direkten Einfluss auf die Leistung nimmt (vgl. Abbildung 16). In diesem Sinne bezeichnet die Zielbindung als motivationale Komponente das Ausmaß, in dem sich der Mitarbeiter mit einem Ziel identifiziert und sich damit verpflichtet fühlt, das Ziel zu erreichen und es auch Angesichts von Schwierigkeiten weiterhin zu verfolgen. Je stärker die Zielbindung entwickelt ist, d.h., je größer der Wunsch des Mitarbeiters ist, seine Ziele zu erreichen, desto intensiver und ausdauernder beeinflusst dies seinen Leistungsprozess positiv und somit die Erfüllung der Leistungsvereinbarung. Dieser direkte Effekt der Zielbindung begründet sich darin, dass eine hohe Zielbindung bei schwierigen Zielen zu einer größeren Leistung als eine niedrige Zielbindung führt, denn schwierige Ziele werden bei niedrigerer Zielbindung schneller aufgegeben. Im Gegensatz dazu setzen sich Mitarbeiter mit niedrigerer Zielbindung höhere Ziele, um damit eine höhere Herausforderung zu erhalten.[375] Diese Annahme spiegelt das in dieser Arbeit zugrunde gelegte Mitarbeiterbild wider, entsprechend welchem der Mitarbeiter nach Verantwortung, Selbstverwirklichung und Herausforderungen strebt. Während die Mediatoren einen direkten kausalen Einfluss auf eine andere Variable nehmen, wirken die Moderatoren vor allem auf den Zusammenhang zwischen zwei anderen Variablen, nämlich den Grad der Beziehung zwischen Zielen und den durch sie motivierten und gesteuerten Handlungen.

Die Mediatoren, die von den Zielen ausgehend einen direkten Einfluss auf die Variable der Leistung nehmen, beschreiben motivationspsychologische Einflussgrößen, wie Verhaltensausrichtung, Anstrengung, Ausdauer und aufgabenspezifische Strategien (vgl. Abbildung 16).[376] Das Setzen bzw. die Vereinbarung von Zielen lenkt das Arbeitshandeln des Mitarbeiters. Ziele regulieren die Anstrengungen, die zu deren Erreichung erforderlich sind. Darüber hinaus determinieren Ziele die Ausdauer, mit der psychische und physische Anstrengung über

---

[373] An dieser Stelle liegen die Aufgaben der Führungskraft vorwiegend bei der Beratungs- und Coachingfunktion.

[374] Vgl. Carroll, Stephen J./Tosi, Henry L. (1973), S. 418.

[375] Vgl. Locke, E. A./Frederick, E./Lee, C./Bobko, Ph. (1984), S. 241ff.

[376] Vgl. Locke, E. A./Shaw, K. N./Saari, L. M./Latham, G. P. (1981), S. 132.

einen Zeitraum hinweg aufrechterhalten wird. Ziele steuern die Ausrichtung des Verhaltens in zweierlei Hinsicht. Einerseits lenken sie die Aufmerksamkeit auf zielrelevantes Handeln und Informationen, andererseits aktivieren Ziele gespeicherte Informationen, die in diesem Kontext als relevant erachtet werden. Daher sollten Ziele, wie in Kapitel 3.2 in der Phase der Zielvereinbarung beschrieben, anhand standardisierter Merkmale operationalisiert werden.

Weiterhin umfassen die Moderatoren Variablen wie Feedback, Aufgabenkomplexität[377], Selbstwirksamkeit, situationale Faktoren, Qualifikationen sowie Zielbindung im Sinne von Commitment.[378] Die Rolle der situationalen Faktoren, der Qualifikationen sowie der Selbstwirksamkeit wurden bereits voranstehend expliziert. Ist gewährleistet, dass die individuelle Zielvereinbarung in ein ergebnisorientiertes Führungskonzept auf der Unternehmensebene eingebettet ist und findet eine stringente Zielkaskadierung der übergeordneten Unternehmensziele statt, dürften die situativen Faktoren im Sinne der Einflussfaktoren der Interaktion sowie die erforderlichen Qualifikationen auf die Zielerreichung abgestimmt sein. Der Arbeitsinhalt, die Verantwortung für die ganzheitliche Erfüllung der Aufgaben sowie ein gewisses Maß an Selbstbestimmung hinsichtlich der Methoden zur Aufgabenerfüllung steigern die Motivation des Mitarbeiters.[379] Dies dürfte mit Blick auf den hier unterstellten Wertewandel in Verbindung mit dem Mitarbeiterbild des commitment models verstärkt wirksam sein. Ansatzpunkte liegen diesbezüglich allerdings vorwiegend im Bereich von Maßnahmen der strukturellen Führung. Dabei handelt es sich um die Delegation von Handlungskompetenzen im Rahmen der Aufbau- und Ablauforganisation mittels Stellenbeschreibungen oder Organigrammen. Zudem kann im Kontext der mit der IT-Unterstützung von Unternehmen verbundenen Ausweitung des Handlungsspielraums (vgl. hierzu Kapitel 2.1.1) die Aufgabenkomplexität als hinreichend hoch angenommen werden, um dem motivationalen Bedürfnis des Individuums nach ganzheitlichem Tun zu genügen. Dem Beurteilungsgespräch als Ereignis der Phase des Soll-Ist-Vergleichs kommt sowohl eine informative als auch eine motivationale Funktion zu.[380] Die Kommunikation im Rahmen der Beurteilung

---

[377]   Vgl. Wood, R. E./Mento, A. J./Locke, E. A. (1987), S. 416.

[378]   Vgl. Kleinbeck, U. (1991), S. 42.

[379]   Vgl. Vroom, V. H. (1964), S. 101ff. Die Wirkung der Aufgabenkomplexität wurde mit am intensivsten untersucht. Insgesamt ist festzustellen, dass die Wirkung der Zielsetzungen bei weniger komplexen Aufgaben höher ausgeprägt ist als bei komplexen Aufgaben. Ein Grund dafür liegt darin, dass die Planung sowie die angewandte Strategie hier eine wichtigere Rolle spielen als bei einfachen Aufgaben. Bei Aufgaben mit niedriger Komplexität führt dahingegen eine Erhöhung der Anstrengung direkt zu einer Leistungssteigerung, da hier die Anzahl der möglichen Lösungsstrategien begrenzt ist. Vgl. hierzu auch Locke, E. A./Frederick, E./Lee, C./Bobko, Ph. (1984), S. 242.

[380]   Vgl. Ilgen, D. R./Fisher, C. D./Taylor, M. S. (1979).

kennzeichnet sich durch eine hoch komplexe und vorwiegend vertrauliche Interaktionssituation, der entsprechend dem aufgabenorientierten Kommunikationsmodell nur reichhaltige Medien gerecht werden können.[381] Da das Beurteilungsgespräch in der Kommunikation zwischen Führungskraft und Mitarbeiter statt findet, wird darauf im Rahmen der Untersuchung der Anforderungen an die Kommunikation im Zielvereinbarungsprozess im nachfolgenden Kapitel eingegangen. Über den direkten Einfluss hinaus besitzt Zielbindung eine moderierende Wirkung, die im Sinne von Commitment[382] als Selbstbindung zu interpretieren ist und die prinzipiell handlungswirksam werden kann. Zum einen kann Zielbindung auf eine konkrete Leistungsvereinbarung bezogen werden.[383] Zum anderen gibt die Zielbindung richtungsweisende Handlungstendenzen des Mitarbeiters wider und konkretisiert sich damit in der Bindung an die Organisation als Ganzes und wird demnach ganz allgemein als ‚Commitment' bezeichnet.[384] Diese Differenzierung wird in den nachstehenden Ausführungen beibehalten.

Mittels der Integration der Zielvereinbarungen auf der Mitarbeiterebene, mit dem Kontraktmanagement auf der Unternehmensebene, können die optimalen strategischen, strukturellen und ressourcenbezogenen Voraussetzungen für die individuelle Zielerreichung geschaffen werden. Strukturelle Maßnahmen im Rahmen von Zielvereinbarungssystemen beziehen sich vorwiegend auf die Erweiterung von Handlungsspielräumen und die Delegation von Entscheidungskompetenzen. Die direkte Interaktion zwischen Führungskraft und Mitarbeiter kennzeichnet sich im Zusammenhang mit der Festlegung der Ziele und Bewertungsstandards, der Feedbackfunktion sowie des Schaffens von Commitment im Zuge des Zielvereinbarungsprozesses, durch Anforderungen an Genauigkeit, Vertraulichkeit und Komplexität der Kommunikationswege. Im Zusammenhang mit interaktionellen Führungsmaßnahmen ist sowohl auf Kohäsion als auch auf Lokomotion abzustellen. Die Erkenntnisse der Goal-Setting-Theorie dienen hier der Transparenz, an welcher Stelle im Kommunikationsprozess eher kohäsive Aspekte und wann eher lokomotive Aspekte in den Vordergrund einer Betonung bedürfen.

---

[381] Vgl. Picot, A./Reichwald, R. (1987), S. 46f.; sowie Picot, A./Reichwald, R. (1987), S. 57 und Rice, R. E. (1992), S. 477.

[382] Vgl. Kalkman, M. E./Monge, P./Fulk, J./Heino, R. (2002), S. 130. „*Organizational Commitment*" kann einerseits als Zugehörigkeitsgefühl zu einer Organisation sowie die Sorge um den Wohlstand einer Organisation, andererseits als Bereitschaft, außergewöhnlichen Aufwand für die Belange der Organisation aufzubringen, definiert werden.

[383] Vgl. Steinle, C./Ahlers, F./Riechmann, C. (1999), S. 224.

[384] Vgl. Scholl, R. (1981), S. 589.

3.3.2 Commitment als kritischer Erfolgsfaktor in kommunikationstechnologisch gestützter Führung

Commitment kann, wie bereits angedeutet, als eigentliche motivierende Kraft aufgefasst werden, mit deren Hilfe der Einfluss von Zielen auf die Leistung verdeutlicht werden kann. Zielbindung im Sinne von generellem Commitment stellt eine Vorbedingung von Motivation dar und steht im Zusammenhang mit selbstorganisatorischen, eigenmotivierten Prozessen seitens eines ‚commiteten' Mitarbeiters.[385] Commitment bezeichnet daher eine Disposition, welche sich in konkreten Motivationen äußert, wenn sie durch einen Umfeldreiz aktiviert wird.[386] Folglich ist die grundsätzliche Bereitschaft zur Erreichung eines bestimmten Ziels, wesentlich stabiler und weniger leicht durch konkurrierende Einflüsse zu verändern. Diese impliziten Kontrollmechanismen reduzieren das Risiko eines opportunistischen Verhaltens, welches angesichts der fehlenden direkten Kontrollmöglichkeiten in IT-gestützten Führungsbeziehungen zum Tragen kommen könnte.[387] Aus diesem Grund ist es von besonderer Bedeutung herauszufinden, welche Variablen die Zielbindung aktivieren und wie diese im führungspolitischen Kontext zu beeinflussen sind.

Abbildung 17 veranschaulicht die Einflussfaktoren von Commitment.

Über die Attraktivität der Zielerreichung wird in Betracht gezogen, dass die Folgen der Zielerreichung umso attraktiver sind, je ähnlicher sie den individuellen Zielvorstellungen erscheinen. Darüber hinaus wird die Attraktivität durch die Faktoren des sozialen Einflusses,[388] des Belohnungssystems und der Organisationskultur[389] determiniert. Im Zusammenhang mit der Zusammenarbeit in virtuellen Teams, temporären Projektgruppen und virtuellen Führungsbeziehungen und dem damit in Verbindung stehenden Wegfallen von räumlicher Nähe als integrierender Faktor, wächst die Bedeutung einer umfassenden Unternehmenskultur, die als gemeinsamer Interpretationsrahmen dient und somit das Entstehen

---

[385] Vgl. Kalkman, M. E./Monge, P./Fulk, J./Heino, R. (2002), S. 130.

[386] Vgl. Wiener, Y. (1982), S. 420f.

[387] Wie die spezielle Zielbindung im Sinne einer Mediatorvariablen die Gefahr des Tunnelblicks birgt, kann ein starkes Commitment als Barriere in Wandlungsprozessen fungieren. Dies würde bedeuten, dass der unternehmerische Wandel und die innerorganisatorische Veränderungsfähigkeit gegebenenfalls durchaus durch ein hohes Commitment behindert werden können. Denn je stärker sich ein Entscheidungsträger mit Werten identifiziert, desto größer wird die Gefahr, dass er sich an Prämissen festhält, die in veränderten Umweltbedingungen nicht mehr gelten. Vgl. hierzu Moser, R. T. (1997), S. 161.

[388] Vgl. Warr, P. (1976), S.146.

[389] Anhand eines professionellen Einsatzes von Kommunikationstechnologien kann eine gemeinsame Wertebasis geschaffen werden, die durchaus zur Unterstützung der ergebnisorientierten Führung dienen kann.

von Vertrauen in der IT-gestützten Führungsbeziehung fördert. Unternehmenskultur wird oftmals als mögliches Substitut der Führung genannt, da sich mittels Verinnerlichung der Unternehmenskultur die Mitarbeiter selbst im Sinne des Unternehmens steuern können.[390] Kulturelle Werte und Normen entfalten in erheblichem Maße eine Koordinationswirkung, die, insbesondere vor dem Hintergrund der für die IT-gestützte Zusammenarbeit typischen komplexen, hoch veränderlichen Aufgaben, für die sich keine Regelungen im Einzelfall aufstellen lassen, in flexibler Weise das Handeln der Mitarbeiter aufeinander abstimmen. Indem die Unternehmenskultur einen zentralen Orientierungsrahmen bereitstellt, der eine Art Korridor für das erwartete Verhalten der Mitarbeiter bildet, fungiert sie somit quasi als ein durch Kommunikation überlieferter Autopilot einer impliziten Verhaltenssteuerung. Damit diese koordinierende Wirkung zum Tragen kommt, muss Transparenz über Inhalt und Auslegung der Werte und Normen bestehen. Gemeinsame Werte und Normen sorgen dafür, dass Mitarbeiter ihre Aufgaben erfüllen und Kontakte zu Kunden und Lieferanten entsprechend den unternehmenspolitischen Grundsätzen pflegen. Demzufolge verringert sich die Notwendigkeit der Verhaltenskontrolle, wodurch die Unternehmenskultur die Kosten von Information und Kommunikation reduziert.[391] Unternehmenskultur dient daher zum einen der Abgrenzung zu anderen Organisationen und der Adaption der Organisation an ihre externe Umwelt. Dadurch kann der die Effizienz der Interaktion determinierende externe fit des Unternehmens mit der Umwelt gewährleistet werden. Zum anderen unterstützt sie die Integration der internen Einflussfaktoren der Interaktion, wie bspw. Strategie, Struktur und Führungskonzeption.[392] Der Transfer von unternehmenskulturellen Werten erfolgt in Sozialisationsprozessen im Zuge der unmittelbaren Kommunikation. An die Kommunikation stellen sich dabei Anforderungen der Vertraulichkeit und Komplexität, zu deren Vermittlung sich reichhaltige Medien anbieten.[393]

Die Diskussion bezüglich des Zusammenhangs der Berücksichtigung von persönlichen Zielen im Vereinbarungsprozess und dem Senken der Wahrscheinlichkeit opportunistischer Verhaltensweisen sowie der Reduktion kostenintensiver Kontrollmechanismen durch ein die Interaktion stabilisierendes Vertrauen erfolgte in Kapitel 3.2. Durch die Anerkennung der Individualität und der Ganzheitlichkeit der Person des Mitarbeiters kann es, auch ohne individuelle Ziele in die Vereinbarung zu integrieren, gelingen, die Loyalität des Mitarbeiters zu gewinnen. Opportunistisches Verhalten kann gemindert und die Zielbindung gleichzeitig erhöht werden, wodurch sich die Transaktionskosten im Hinblick

---

[390] Vgl. Rosenstiel, L. v. (2003), S. 27.

[391] Vgl. Creed, W. E. D./Raymond, E. M. (1996), S. 20.

[392] Vgl. Schein, E. H. (1991), S. 25.

[393] Vgl. Döring, N. (1999), S. 217 sowie bereits Nastansky, L./Drumm, H.-J. (1975), S. 109.

auf die Kontrolle der Einhaltung des Leistungsvertrages in IT-gestützten Austausch- und Einflussbeziehungen reduzieren.[394] Die Interaktion zwischen Führungskraft und Mitarbeiter stellt hier erneut Anforderungen an die Komplexität und Vertraulichkeit der Kommunikationsvermittlung. Aufgrund der flachen Hierarchien gestalten sich bspw. die Aufstiegsmöglichkeiten im Vergleich zu herkömmlich organisierten Unternehmen gering, so dass dieser Motivationsfaktor bei der Gestaltung von Anreizsystemen durch alternative Elemente ergänzt werden sollte. Im Rahmen der Erfolgserwartung der Zielerreichung erhalten Variablen wie Selbstwirksamkeit, Fähigkeiten und Fertigkeiten des Mitarbeiters, vorausgegangene Erfolge, situationale Restriktionen sowie Feedback ein wesentliches Gewicht.[395]

In diversen Varianten der Ausführungen des ursprünglichen Goal-Setting-Modells wird die Wirkung der einzelnen Einflussvariablen auf die Zielbindung vor dem Hintergrund einer vertrauensbasierten Führungsbeziehung und einer offenen Kommunikation zwischen Führungskraft und Mitarbeiter diskutiert.[396] Die unmittelbare Interaktion zwischen Führungskraft und Mitarbeiter dient dabei als unabhängige Variable, die als Prämisse für das Entstehen der Zielbindung zugrunde gelegt wird, jedoch im Modell nur indirekt erwähnt wird.[397] Da allerdings aufgrund des Einsatzes von Kommunikationstechnologien gerade die Kommunikationsbeziehung zwischen Führungskraft und Mitarbeiter tief greifenden Veränderungen unterliegt, wurde die kommunikative Austauschbeziehung als eine weitere unabhängige Variable der Zielbindung hinzugefügt. Es wurde eine Erweiterung des Modells um das Element der Interaktion vorgenommen, um sie innerhalb des Modells vor dem Hintergrund des Einsatzes von Kommunikationstechnologien einer Diskussion zugänglich zu machen (vgl. Abbildung 17). Eine von Vertrauen geprägte Austauschbeziehung, die Ausübung von Unterstützung, die wahrgenommene fachliche Kompetenz des Vorgesetzten sowie die Sympathie, die der Mitarbeiter der Führungskraft entgegenbringt, prägen die führungspolitische Interaktion und damit den Zielvereinbarungszyklus.[398] Die physische Präsenz dient in diesem Zusammenhang als Verstärker für die Entstehung von Sympathie und wahrgenommener Unterstützung.[399] Die Kommunikation zwischen Führungskraft und Mitarbeiter wirkt

---

[394] Vgl. Ott, H. J. (1997), S. 95. Im Zusammenhang mit der Zielvereinbarung sollten daher die Motivstruktur des Mitarbeiters sowie individuelle Bedürfnisse einfließen.

[395] Vgl. Warr, P. (1976), S.146.

[396] Vgl. Weibler, J. (1997), S. 196f. Vertrauen wird hier als Produkt einer zurückliegenden, reziproken Beziehung zwischen Vertrauenden und Zielpersonen definiert.

[397] Vgl. Locke, E. A./Shaw, K. N./Saari, L. M./Latham, G. P. (1981), S. 144.

[398] Vgl. Latham, G. P./Locke, E. A. (1995), S. 47.

[399] Vgl. Locke, E. A./Shaw, K. N./Saari, L. M./Latham, G. P. (1981), S. 135.

sowohl auf die Attraktivität als auch auf die Erfolgserwartung der Zielerreichung, was bedingt, dass sich Zielbindung als Resultante der Kommunikation zwischen Führungskraft und Mitarbeiter begründet (vgl. Abbildung 17)

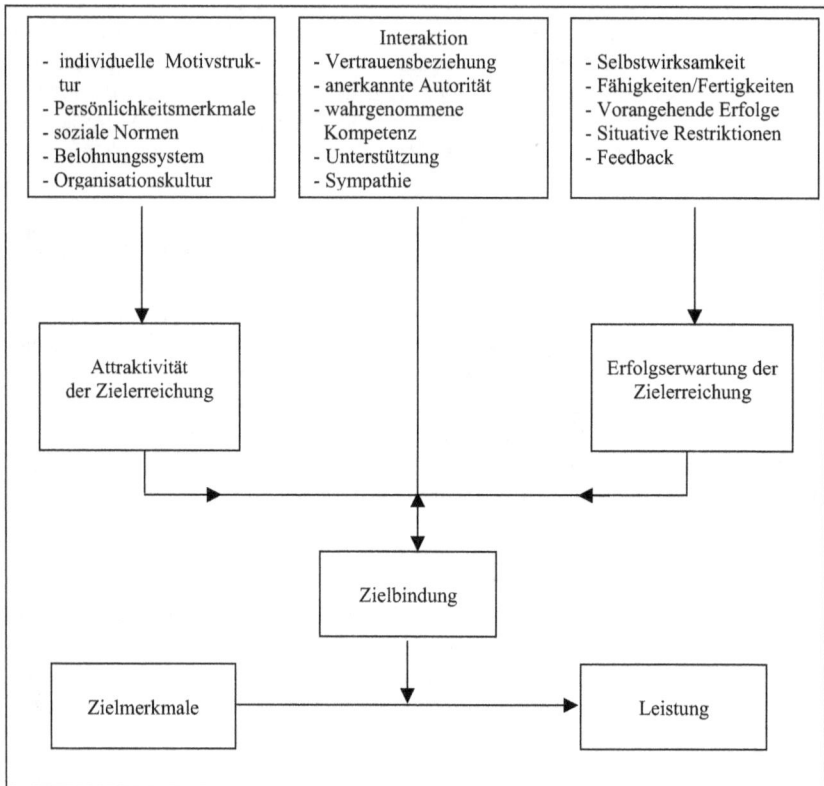

Abbildung 17: Einflussfaktoren der Zielbindung als Moderatorvariable[400]

Die vorangehenden Ausführungen zeigen, dass sich ergebnisorientierte Führung anhand von Zielvereinbarungen als Konzept der IT-gestützten Austausch- und Einflussbeziehung eignet, um das Verhalten des Mitarbeiters auf die übergeordneten Ziele auszurichten. Deutlich wird dabei, dass erst durch kohäsive Elemente in der Kommunikation Commitment beim Mitarbeiter entsteht. Ansatz-

---

[400]   In Anlehnung an Hollenbeck, J. R./Klein, H. J. (1987), S. 215.

116

punkte für die im Zuge der Interaktion entstehende Vertrauensbeziehung umfassen bspw. Zuspruch und Lob seitens der Führungskraft sowie die ganzheitliche Wahrnehmung des Mitarbeiters als Individuum. Bestehen im Rahmen der Festlegung der Ziele nur geringe Möglichkeiten zur Berücksichtigung der individuellen Wünsche des Mitarbeiters, hat die Führungskraft den Mitarbeiter bezüglich der Zielvorgaben derart zu überzeugen, dass diese trotz individuell abweichender Vorstellungen des Mitarbeiters von ihm übernommen werden (*„sell and buy"*[401], vgl. Kapitel 3.2, Phase der Zielvereinbarung). Das Beurteilungsgespräch in der Kontrollphase des Zielvereinbarungsprozesses umfasst über die reine Informationsfunktion hinaus motivierende Elemente. Die spezifische Kommunikationssituation beeinflusst die Wirkungsweise eines positiven oder negativen Feedback. Die Organisationskultur wird im Zuge von Sozialisierungsprozessen über die Kommunikation überliefert und weiterentwickelt. Letztlich betrifft der Block ‚Interaktion' als Einflussvariable der Zielbindung (vgl. Abbildung 17) ausschließlich die Kommunikation zwischen Führungskraft und Mitarbeiter, die sich auch im Rahmen der ergebnisorientierten Führung nicht vollständig substituieren lässt. Die Kommunikationsaufgaben stellen hohe Anforderungen an Vertraulichkeit, was den Einsatz von reichhaltigen Medien voraussetzt, wenn die Erkenntnisse des aufgabenorientierten Kommunikationsmodells herangezogen werden (vgl. hierzu Kapitel 2.2.3).

Im Weiteren werden die Potenziale der IuK-Technologien im Hinblick auf die in der Zielvereinbarung anfallenden Kommunikationsaufgaben analysiert. Mit Blick auf die ökonomisch geprägte Perspektive der Austauschbeziehung stehen Genauigkeit und Schnelligkeit des Informationstransfers im Vordergrund, so dass gering reichhaltige Medien eingesetzt werden können. Die Vermittlung von Kohäsion ist, wie die Ausführungen zeigen, von gleichwertiger Bedeutung, wenn die Effizienz der IT-gestützten Führung gewährleistet werden soll. Hierzu scheinen allerdings unter Beachtung der Annahmen des aufgabenorientierten Kommunikationsmodells Kommunikationskanäle von höherer Reichhaltigkeit relevant zu sein.

3.4 Kommunikationstechnologisch gestützte Zielvereinbarungssysteme

Im Folgenden wird der Einsatz von Kommunikationstechnologien zur Unterstützung der unmittelbaren führungspolitischen Interaktion in Zielvereinbarungssystemen diskutiert. Dazu werden zunächst die die führungspolitische Interaktion beeinflussenden interdependenten Situationsvariablen erörtert. Im Anschluss werden die in Unternehmen häufig eingesetzten Medien beschrieben, die

---

401   Vgl. Webers, T. (1999), S. 5.

im Hinblick auf ihre Potenziale zur Bewältigung der im vorangehenden Kapitel dargelegten Kommunikationsaufgaben in Zielvereinbarungen zu erörtern sind. Hierfür wird die Interaktionen im Zielvereinbarungsprozess anhand der Anbahnungs-, Vereinbarungs-, Anpassungs- und Beurteilungsphase analysiert und den erläuterten Medien gegenübergestellt. Das Ergebnis wird in einer Matrix zusammengefasst, die Aussagen bezüglich des erfolgreichen Einsatzes von spezifischen Kommunikationstechnologien in den einzelnen Phasen des Zielvereinbarungsprozesses beinhaltet. Das Kapitel schließt mit der Ableitung von Hypothesen bezüglich Chancen, Risiken und Effizienzpotenzialen des Einsatzes von IuK-Technologien in Zielvereinbarungssystemen.

3.4.1 Situative Einflussfaktoren der IuK-gestützten Interaktion

Der situative Kontext, geprägt durch die unternehmensexternen und -internen Rahmenbedingungen, beeinflusst die IT-gestützte führungspolitische Interaktion. Wie bereits in Kapitel 2.1.2.1 angeführt, wird die unmittelbare Interaktion durch das System der Rollenbeziehungen und den gemeinsam geteilten Werten sowie der spezifischen Führer-Geführten-Situation geprägt.[402] Die Führer-Geführten-Situation entsteht bspw. aus den individuellen Erwartungen und persönlichen Erfahrungen von Führungskraft und Mitarbeiter.[403] Daher werden bei der Analyse der IT-gestützten führungspolitischen Interaktion nicht nur der Kommunikationsprozess und die zu verwendenden Medien an sich, sondern ebenfalls die Einbettung der Interaktion in den situativen Kontext berücksichtigt.

Zunächst wird auf die internen Einflussfaktoren der Unternehmensstrategie, -struktur und -kultur eingegangen. Die Abstimmung der unternehmensinternen Faktoren auf den Einsatz von IuK-Technologien stellt die grundlegende Voraussetzung für erfolgreiche IuK-gestützte Interaktion dar. Die internen Faktoren schaffen bspw. die Bedingungen für die Medienverfügbarkeit und -zugänglichkeit sowie das Vorhandensein des Know-hows im Umgang mit den Medien. Da die Existenz und Funktionsfähigkeit der neuen Organisationsformen auf den Einsatz von IuK-Technologien zurückgeht, ist die unternehmensweite Verfügbarkeit der modernen IuK-Technologie zu vermuten, so dass Führungskraft und Mitarbeiter keinen restriktiven Beschränkungen hinsichtlich ihrer Medienwahl unterliegen.[404] Es steht ihnen frei, einen Medien-Mix[405] zur Erreichung

---

[402]   Vgl. Heinen, E. (1984), S. 222f.

[403]   Vgl. Gibb, C. A. (1969), S. 206f.

[404]   Vgl. Morieux, Y. V. H./Sutherland, E. (1988), S. 203.

[405]   Vgl. Nieschlag, R./Dichtl, E./Hörschgen, H. (2002), S. 643. Die Terminologie des Kommunikations-Mix entspringt der Marketingliteratur. In diesem Bereich sind zahlreiche Studien bezüglich eines Kommunikations-Mix durchgeführt worden. Es konnte bestätigt werden, dass

ihrer Ziele und zur Erfüllung ihrer Kommunikationsaufgaben heranzuziehen.[406] Führungskräfte können somit im Rahmen des Zielvereinbarungsprozesses je nach Prozessphase und Kommunikationsaufgabe sowie entsprechend der individuellen Beziehung zu dem jeweiligen Mitarbeiter ein adäquates Medium einsetzen, um gezielt eine Verhaltensbeeinflussung zu erreichen.[407] Da die Unternehmensführung in modernen Organisationsformen auf einem IuK-gestützten Kontraktmanagement basiert, besteht bereits die Notwendigkeit, auf übergeordneter organisatorischer Ebene IuK-Technologien einzusetzen. Die IT-gestützte Kommunikation findet daher nicht nur in der Führungsbeziehung statt, sondern vollzieht sich bereits zwischen Kollegen, unternehmensexternen und -internen Mitarbeitern, zwischen Unternehmenseinheiten und dem Unternehmen und Kunden.[408] Wird das Zielvereinbarungssystem eines Unternehmens als Ganzes IuK-gestützt, bedeutet der IuK-Einsatz im individuellen Zielvereinbarungsprozess lediglich eine konsequente Abstimmung interner Führungsprozesse.[409]

Zu vermuten ist, dass sich langfristig im Zuge der unternehmensweiten IT-gestützten Zusammenarbeit Kommunikationsmuster[410] herausbilden.[411] Diese können im Sinne von impliziten Handlungsanleitungen sicherstellen, dass eine homogene Interpretation der Situation und des einzusetzenden Mediums im

---

die Kombination der Medien eine wesentliche Rolle im Hinblick auf die Auswirkungen der Kommunikation auf den Rezipienten spielt.

[406]   Vgl. Groeben, N. (2002), S. 175. Der Facettenreichtum des Angebots von allgemein zugänglichen Kommunikations- und Informationsformen fällt unter Berücksichtigung technologischer Entwicklungen auf dem Markt außerordentlich breit aus, vgl. Klöfer, F./Nies, U. (2001), S. 42.

[407]   Vgl. Daft, R. L./Lengel, R. H. (1986), S. 562; ferner vgl. Kraut, R. E./Rice, R. E./Cool, C./Fish, R. S. (1998), S. 439. Dieses Phänomen wird in der Literatur unter dem Begriff der „kritischen Masse" diskutiert. Erst wenn ein Großteil aller Mitarbeiter über uneingeschränkten Zugang zu neuen Medien verfügt und entsprechendes Know-how vorhanden ist, kann sich der IuK-technologische Einsatz standardisieren und effizienzsteigernd auf die Kommunikation auswirken. Somit ist die Realisierung der Effizienzpotenziale des Medieneinsatzes abhängig von der Anzahl der mit der entsprechenden Technologie vernetzten Nutzer, zur „critical mass" grundsätzlich Markus, L. (1990).

[408]   Vgl. Kraut, R. E./Rice, R. E./Cool, C./Fish, R. S. (1998), S. 440. Es ist anzunehmen, dass sich mit der unternehmensweiten, hierarchieübergreifenden Nutzung von IuK-Technologien spezifischen Kommunikationsregeln durchgesetzt haben, die den Umgang mit den Medien für das einzelne Unternehmensmitglied erleichtern.

[409]   Vgl. Winograd, T./Flores, F. (1989), S. 250.

[410]   Vgl. Höflich, J. R. (1996), S. 156. Die Herausbildung der meist ungeschriebenen Regeln und Normen entstehen langfristig, so dass kurz nach einer erfolgten IuK-Implementierung ein Mangel an normativen Bezügen im Umgang mit den neuen Technologien möglich ist, vgl. hierzu Helmers, S./Hoffmann, U./Hofmann, J. (1995), S. 5f. Kommunikationsmuster sind daher bei der Implementierung neuer Kommunikationstechnologien zu überprüfen, wodurch das Entstehen von Defiziten im Einsatz der Medien, vermieden werden kann, vgl. Yates, J./Orlikowski, W. J./Okamura, K. (1999), S. 100f.

[411]   Vgl. Deters, M./Helten, F. (1994), S. 43.

Unternehmen vorgenommen wird.[412] Herrscht darüber ein allgemeines Verständnis, kann sowohl Kohäsion als auch Lokomotion im IT-gestützten Austausch- und Einflussprozess sichergestellt werden.[413] Um Führungskräfte und Mitarbeiter auf eine technologisch gestützte Führungsbeziehung vorzubereiten bzw. diese aktiv zu unterstützen, könnten darauf abgestimmte Personalentwicklungsmaßnahmen zur Verfügung gestellt werden. Insbesondere sollte eine Sensibilität bei den Unternehmensmitgliedern für die Vor- und Nachteile des Einsatzes von Kommunikationstechnologien geschaffen werden. Den Mittelpunkt können dabei bspw. Chancen zur Steigerung der Effizienz der Kommunikation sowie Risiken hinsichtlich der Anonymisierung von Kommunikationsbeziehungen und dem Verlust emotionaler Komponenten in der Führung bilden. Ferner können Führungskräfte auf die besondere Rolle von Commitment als kritischem Erfolgsfaktor für eine IT-gestützte Führungsbeziehung sowie auf die Bedeutung von kohäsiven und lokomotiven Kommunikationselementen zu ihrer Vermittlung hingewiesen werden.[414]

Die direkte „Führer und Geführter"-Beziehung[415] charakterisiert sich durch die Prinzipien einer Delegationsbeziehung in Form einer gleichberechtigten Auftraggeber-Auftragnehmersituation, in welcher sich die Kommunikation vorwiegend partizipativ vollzieht. Die partnerschaftliche Kommunikationssituation wird durch die sich fortsetzende Enthierarchisierung unterstützt,[416] bzw. der Einsatz von IuK-Technologien treibt diese Enthierarchisierung in den netzwerkförmigen Kommunikationsstrukturen sogar weiter voran.[417] Anzunehmen ist, dass dadurch ein tendenziell informeller Kommunikationsstil zwischen Führungskraft und Mitarbeiter entsteht, der den Informationsaustausch persönlich gestaltet und Sympathie entstehen lässt. Durch die netzwerkartige Kommunikationskultur entwickelt sich langfristig eine partizipative, auf Vertrauen basierende Unternehmenskultur, die über die ökonomische Perspektive von Austausch- und Einflussprozessen hinaus einen informellen, persönlich geprägten Beziehungskontext gestaltet und den Medieneinsatz begünstigt.[418]

Ähnlich der Kommunikations- und Unternehmenskultur wird die Branchenkultur des Unternehmens als ein wesentlicher Einflussfaktor des Einsatzes von

---

412 Vgl. Döring, N. (1999), S. 227ff.
413 Vgl. Markus, L. (1994), S. 523; ferner Höflich, J. R. (1996), S. 160.
414 Vgl. Berthel, J. (1992), Sp. 875.
415 Vgl. Wunderer, R. (2003), S. 44ff.
416 Vgl. Morieux, Y. V. H./Sutherland, E. (1988), S. 203.
417 Vgl. grundsätzlich Dubrovsky, V. J./Kiesler, S./Sethna, B. N. (1991); sowie Siegel, J./Dubrovsky, V./McGuire, T. W. (1986), und Sproull, L./Kiesler, S. (1986).
418 Vgl. Morieux, Y. V. H./Sutherland, E. (1988), S. 203.

Kommunikationstechnologien in der führungspolitischen Interaktion angeführt.[419] Der IuK-Einsatz in einem Unternehmen, das bspw. der Technologie-
branche angehört, lässt vermuten, dass Führungskraft und Mitarbeiter, obwohl
sie eventuell nicht direkt mit der technischen Materie konfrontiert sind, eher und
häufiger bereit sind, innovative Technologien in ihre alltägliche Kommunikation
einzubinden[420] als dies bei Mitarbeitern anderer Branchen der Fall ist.[421] Die
Wertschätzung der Kommunikationstechnologien als kritische Unternehmensressource einerseits, als das eigene Produkt andererseits, erhöht den unternehmenskulturellen Druck, eine Routine im Umgang mit den Medien zu erwerben.[422] Zu vermuten ist, dass die situativen Einflussfaktoren gerade in dezentralisierten Leistungserstellungsprozessen der neuen Organisationsformen, in denen der Technologieeinsatz die Schlüsseldeterminante darstellt, die IT-gestützte
Interaktion begünstigen.

3.4.2 Charakteristika häufig eingesetzter Kommunikationstechnologien

Zur Unterstützung der Kommunikation im Zielvereinbarungsprozess können mit
dem Ziel der Überbrückung der zeitlichen und räumlichen Distanz diverse
Kommunikationstechnologien herangezogen werden. Über die Realisierung der
Effizienzpotenziale des Einsatzes von Kommunikationstechnologien hinaus ist
gerade hinsichtlich des Schaffens von Commitment, die kohäsive Komponente
im Kommunikationsprozess zu gewährleisten. Da sich je nach Kommunikationsmedium allerdings verschiedene Restriktionen diesbezüglich ergeben, sind
im Folgenden die Kommunikationsmedien E-Mail, Voice Mail, Videokonferenz, Online-Konferenz und Betriebssoftware auf ihre Potenziale zur Vermittlung von Kohäsion und der Steigerung der Effizienz des Kommunikationsprozesses im Zielvereinbarungsverfahren zu prüfen. Hierbei handelt es sich selbstverständlich nicht um eine vollständige Auflistung potenziell geeigneter Kommunikationsmedien, sondern um eine Auswahl, die sich daraus begründet, dass
es sich dabei um in dezentralen Unternehmen häufig genutzte und bereits etab-
lierte Medien handelt. Ihre Charakterisierung erfolgt anhand der in Kapitel 2.2.2

---

419   Vgl. Hinds, P./Kiesler, S. (1995), S. 390.

420   Vgl. Klein, S. (1997), S. 43f.

421   Vgl. Sattelberger, Th. (1998), S. 28.

422   Vgl. Hinds, P./Kiesler, S. (1995), S. 390. Zusätzlich hat sich in der jüngeren Generation si-
      multan zu den Entwicklungen in der Freizeit eine die Kommunikationstechnologien einbezie-
      hende Kommunikationskultur entwickelt, so dass technologiebedingte Kommunikationsdefi-
      zite intuitiv kompensiert werden, vgl. hierzu Scholz, Ch. (1999), Sp. 1183. Junge Unterneh-
      men, die gegebenenfalls der „New Economy" angehören bzw. in der IT-Branche engagiert
      sind, verfügen generell gegenüber modernen IuK-Technologien über eine tolerante Einstel-
      lung.

121

zugrunde gelegten Effizienzkriterien der modernen IuK-Technologien sowie mittels der medialen Reichhaltigkeit, ihrer Potenziale zur Vermittlung von sozialer Präsenz und der Rückkopplungsmöglichkeit (hierzu vgl. gleichfalls Kapitel 2.2.2). Die Ausprägungen der Kommunikationstechnologien werden in einer Matrix am Ende des Kapitels zusammengefasst (vgl. Tabelle 3).

3.4.2.1 E-Mail, Voice Mail, Videokonferenz und Online-Konferenz

Der Transfer von **E-Mails** erfolgt im Regelfall zeitlich und räumlich entkoppelt innerhalb weniger Sekunden mit geringsten Kosten an den Bestimmungsort, selbst bei großen Entfernungen. Die aktuelle Erreichbarkeit des Empfängers stellt keine notwendige Voraussetzung dar, um eine Nachricht zu übermitteln, so dass ein kontinuierlicher Informationsaustausch zwischen Führungskraft und Mitarbeiter innerhalb des Zielvereinbarungszyklus unabhängig von der physischen Präsenz kontinuierlich erfolgen kann. Die zeitliche Entkopplung zwischen Empfangen und Lesen von E-Mails bietet die Möglichkeit, die Erreichbarkeit der Führungskräfte zu maximieren und dadurch Entscheidungen, die die Zielerreichung durch den Mitarbeiter betreffen, besser abzustimmen. Erstellung, Versand und Zustellung von Mitteilungen können unmittelbar aufeinander folgen, so dass dadurch die Möglichkeit zur Rückkopplung gegeben wird.[423] Trotz der weit gehenden Restriktionen bezüglich der medialen Reichhaltigkeit können – sofern Führungskraft und Mitarbeiter über gewisse Qualifikationen im Umgang mit E-Mail verfügen – diese Defizite durch persönliche Kommunikationsstile kompensieren, so dass sich durchaus emotionale Beziehungen aufbauen und festigen lassen. Hierbei kann sich eine individuelle Ausdrucksweise, insbesondere bei Intensität und Konsequenz in der Nutzung sowie im Laufe der Zeit, ein unverwechselbarer Führungsstil herausbilden, der sich in der schriftlichen Kommunikation äußert.[424] Mittels der ‚Copy' oder ‚Blind Copy'-Funktion besteht die Möglichkeit, eine Vielzahl an Kommunikationspartnern, besonders im Hinblick auf die in Kapitel 3.2 geschilderte Einbindung weiterer Beurteiler in die Leistungsbeurteilung im Sinne eines 360° Feedback, einzubinden.[425] Der Mitarbeiter kann bspw. bei der Kommunikation mit einem Projektleiter, Teammitgliedern oder Kunden die Führungskraft mit in den Kommunikationsprozess einbinden. Hierdurch entsteht zum einen eine erweiterte Kontrollmöglichkeit des dezentralen Handlungsspielraums des Mitarbeiters durch die Führungskraft, zum anderen kann eine implizite Absicherung des Mitarbeiters erfolgen, indem

---

[423]   Vgl. Herrmann, D./Meier, Ch. (2001), S. 13.

[424]   Vgl. Scholz, Ch. (1997), S. 432.

[425]   Vgl. Haase, M./Huber, M./Krumeich, A./Rehm, G. (1997), S. 53f.; sowie Sandbothe, M. (1997), S. 146.

der Vorgesetzte stets aktuell informiert wird.[426] Darüber hinaus bietet bspw. die Outlook-Funktionalität die Möglichkeit der Terminabsprache z.b. für die einzelnen Gespräche zwischen Führungskraft und Mitarbeiter in den jeweiligen Phasen des Zielvereinbarungsprozesses. Werden Arbeitsanweisungen in der Führungsbeziehung allerdings per E-Mail kommuniziert, können diese unter Umständen einen negativen Beigeschmack erhalten, wenn auf Vorverhandlungen verzichtet wird.[427] Untersuchungen ergaben, dass das Medium E-Mail bevorzugt zur Erledigung leicht analysierbarer und eindeutiger Kommunikationsaufgaben herangezogen wird.[428]Technisch betrachtet ist **Voice Mail** mit E-Mail zu vergleichen, mit dem Unterschied, dass statt einer schriftlichen eine mündliche Nachricht z.b. über den vernetzten PC an einen oder mehrere Rezipienten versandt wird. Erfolgt die Kommunikation via Voice Mail, ist dadurch die Schnelligkeit und Transparenz der Informationsübertragung zwischen Führungskraft und Mitarbeiter über Distanzen hinweg zu erreichen. Verschiedene Studien ergeben, dass Voice Mail sowohl in schwer analysierbaren Aufgabensituationen, als auch in eindeutigen und wenig komplexen Arbeitssituationen dazu dient, unter zeitlicher und räumlicher Entkopplung die Verfügbarkeit der Kommunikationspartner zu erhöhen und somit situative Restriktionen zu umgehen.[429] Bezüglich der Hinweisreize ist das Kommunikationsmedium restriktiv, wobei die Übertragung von Sprache bzw. verbaler Kommunikation gegeben ist und somit auf emotionale Elemente nicht völlig verzichtet werden muss (vgl. Tabelle 3).

Im Vergleich zu den Medien E-Mail und Voice Mail dienen **Videokonferenzen**[430], aufgrund ihrer Potenziale zur Vermittlung von verbalen und nonverbalen Elementen der Kommunikation, verstärkt der Beziehungsorientierung in der Führungsbeziehung.[431] Die Videokonferenz ermöglicht eine reichhaltige Kommunikation, die durch Synchronität, Simultanität und die sequentielle Abfolge

---

[426]   Vgl. Yukl, G. A. (1981), S. 163, ferner Dubrovsky, V. J./Kiesler, S./Sethna, B. N. (1991), S. 123; sowie Funk, W./Vahs, D. (2001), S. 528. Die Technologien unterstützen daher angesichts der ihnen zugeschriebenen hierarchieglättenden Effekte die kommunikative Enthierarchisierung.

[427]   Vgl. Clark, H. H./Brennan, S. E. (1991), S. 142 und Vgl. Gluchowski, P./Gabriel, R./Chamoni, P. (1997), S. 318.

[428]   Vgl. Herrmann, D./Meier, Ch. (2001), S. 14.

[429]   Vgl. Rice, R. E. (1992), S. 490ff.; sowie Rice, R. E./Everett, M. R. (1984), S. 83f.

[430]   Vgl. Meier, H. K.-F./Schmitt, L. (1995), S. 56. Im Rahmen der empirischen Studie der BI-FOA-Forschung, die auf Interviews mit Vertretern von insgesamt 22 Organisationen in sieben europäischen Ländern basiert, zeigt sich, dass die Videokonferenz seit langem ein häufig eingesetztes Kommunikationsmittel in Unternehmen ist.

[431]   Vgl. Lehner, F./Dustdar, S. (1997), S. 357f.

der Nachrichten gekennzeichnet ist[432], wodurch die Videokommunikation der face-to-face-Kommunikation vergleichsweise sehr nahe kommt und häufig die einzige diskussionswürdige Alternative zur reichhaltigen Kommunikation in IT-gestützter Führung darstellt. Zusatzinformationen wie Gestik, Mimik und eventuell Hinweise auf die räumliche Umgebung des Kommunikationspartners werden übertragen.[433] Positive Wirkungen dieser Form der Kommunikation bestehen darin, dass der face-to-face-Kontakt in der Führungsbeziehung ersetzt werden kann und daher Kosten und Zeit für Reisetätigkeit eingeschränkt werden können.[434] Die Videokonferenz gilt nach der persönlichen Kommunikation als das Medium mit der höchsten Reichhaltigkeit, wodurch die Übertragbarkeit von kohäsiven Elementen verstärkt möglich ist.[435] Untersuchungen weisen einen positiven Zusammenhang zwischen dem Einsatz von Videokonferenzen und der Arbeitseffizienz einerseits in eindeutigen und einfach strukturierten Situationen, andererseits auch in schwer analysierbaren und wenig strukturierten Situationen auf.[436] Ein wesentlicher Einfluss kommt hierbei dem Zugang zu dem Medium zu. Normen und Erwartungshaltungen resultieren in erheblichem Maße daraus, wie das Medium in die Umgebung integriert ist und inwieweit Führungskraft und Mitarbeiter für die mit dem Einsatz der Videokonferenz einhergehende Interaktionsdynamik und deren Konsequenzen sensibilisiert sind. Demzufolge gelingt es, sowohl aufgabenorientierte als auch soziale Aspekte in die Kommunikation über Videokonferenzen einfließen zu lassen.[437]

Die Online-Konferenz, die auf der Basis der Internettechnologie[438] konzipiert ist, erfolgt über NetMeeting[439] in Verbindung mit einer ISDN-Telefonleitung. Die Kommunikation funktioniert folgendermaßen: Führungskraft und Mitarbeiter müssen gleichzeitig an ihrem PC sitzen, die gleiche Telefonsoftware benutzen und sich zudem im Internet befinden.[440] Diese Art der Kommunikation ist

---

432 Vgl. Culnan, M. J./Markus, L. (1987), S. 426.

433 Vgl. Clark, H. H./Brennan, S. E. (1991), S. 141. Eine Einschränkung erfährt die Kommunikation insofern, als sich aufgrund der Verschiebung zwischen der Kamera und dem Bildschirm oft keine Möglichkeit zu realem Blickkontakt bietet.

434 Vgl. Svenning, L./Ruchinskas, J. E. (1984), S. 220ff.

435 Vgl. Grote, G. (1994), S. 74.

436 Vgl. Rice, R. E. (1992), S. 490ff.

437 Vgl. Weedman, J. (1991), S. 317.

438 Vgl. Helmers, S./Hoffmann, U./Hofmann, J. (1995), S. 2ff.

439 Vgl. zur Beschreibung und Darstellung der NetMeeting-Funktionalität, o.V. (2003), NetMeeting.

440 Vgl. o.V. (2003), Tele-Konferenz. Ein Telefongespräch kann mit mehreren Teilnehmern gleichzeitig geführt werden. Mindestens ein Gesprächspartner muss über ISDN verfügen. Nur dann kann eine Verbindung zustande kommen und nur dann entsteht die Möglichkeit, miteinander zu kommunizieren. Im Unterschied zur Videokonferenz, bei der Konferenzräume über

kostengünstig, synchron und aufgrund der Multimedialität zur Übertragung einer großen Menge an Informationen relevant, da lediglich die Telefonverbindung sowie die Kosten für den Internetzugang anfallen. Über weite Distanzen können so Zielformulierung und Bewertungsstandards synchron festgelegt werden. Darüber hinaus lassen sich Daten per File-Transfer übertragen oder die Software-Programme auf dem PC des Konferenzpartners nutzen.[441] Hierdurch wird die Transparenz des Kommunikationsprozesses erhöht, ferner steigt die Präzision der Informationsübermittlung erheblich an. Die Optionen zur Übertragung von kohäsiven Aspekten belaufen sich auf verbale Elemente, wie bspw. die Betonung der Worte. Die Kooperation anhand von Online-Konferenzen setzt hohe Konzentration, Disziplin und Sorgfalt voraus, so dass hier eine starke Inhaltsorientierung dominiert. Daher lässt sich ein Führungsgespräch im Rahmen von Zielvereinbarungen, in welchem zum Teil persönliche Elemente zum Tragen kommen, schwer mittels Online-Konferenzen durchführen. Das Medium eignet sich tendenziell eher zur Kommunikation hinsichtlich sachlicher Aufgaben z.B. in der Zielanpassungsphase.

3.4.2.2 Betriebssoftware am Beispiel von SAP R/3

Auf das Medium der Betriebssoftware am Beispiel von SAP R/3 wird zum einen aufgrund der Komplexität und Vielfalt der Nutzungsmöglichkeiten gerade im Hinblick auf die Balance von zentraler Kontrolle und dezentralem Handlungs- und Entscheidungsfreiraum ausführlicher eingegangen. Zum anderen integriert die Betriebssoftware weitere Kommunikationsmedien, wie bspw. die E-Mail-Funktionalität im Rahmen von Workflows[442]. Mittels eines software-basierten standardisierten Zielvereinbarungsprozesses können somit von der zentralen Unternehmensebene aus die den Führungsprozess determinierenden Kommunikationsmedien festgelegt werden. Die Kommunikation anhand einer Betriebs-

---

ein Raumsystem miteinander verbunden sind, werden hierbei herkömmliche Rechner miteinander vernetzt. Am häufigsten treten zwei Kommunikationspartner miteinander in Interaktion, zunehmend wird auch das Multi-Conferencing praktiziert. Die Funktionalität für ein solches Multi-Conferencing liefert die Telefonkonferenz, die dazu dient, ein Gespräch mit mehreren Teilnehmern gleichzeitig zu führen. Dabei muss mindestens ein Gesprächspartner über ISDN verfügen. Diese Technologie der Online-Konferenz setzt keine spezifische Hardware voraus.

[441] Vgl. Heimburg, Y. v./Radisch, G. F. (2001), S. 81. Für diese Art von ‚Application Sharing' (zum Desk-Sharing und den Implikationen für die Unternehmens- und Vertrauenskultur vgl. Ulich, E. (2001), S. 510f.) wird von einer Anwendung, die auf einem Rechner läuft, das Anwendungsfenster als Bild an die Konferenzpartner übertragen.

[442] Die Funktionalität 'Workflow' definiert sich folgendermaßen: "*The automation of a business process, in whole or part, during which documents, information or tasks are passed from one participant to another for action, according to a set of procedural rules*", o.V. (2004), Workflow.

software erfolgt weder mündlich noch real schriftlich, so dass sich die Interaktivität lediglich auf die Mensch-Maschine-Kommunikation zwischen einem Betriebssystem und dem Anwender bezieht. Bei dem Einsatz eines Betriebssystems, das ein asynchrones Speichern, Verwalten und Abfragen von großen Datenmengen unabhängig von Raum und Zeit bequem ermöglicht, steht die Genauigkeit und Dokumentierbarkeit von Kommunikationsprozessen im Vordergrund. Die Voraussetzung für die Mensch-Maschine-Kommunikation stellt die Vernetzung des PC-Arbeitsplatzes mit einem Betriebssystem dar, das für diverse Anwendergruppen durch Berechtigungsvergabe zur Verfügung gestellt wird.[443] Der Einsatz von Datenbanken impliziert einen hohen Standardisierungsgrad der Kommunikation, wodurch sämtliche persönliche Aspekte ausgeblendet werden. Lediglich dafür vorgesehene, im System hinterlegte Textfelder bieten die Möglichkeit, individuelle Kommentare in Form von Notizen anzufügen. Die zeitlich und räumlich entkoppelte Kommunikation vollzieht sich rein auf der Sachebene unter rationalen Aspekten.[444] Ein Betriebssystem wird daher zumeist im Rahmen der Bearbeitung von Aufgaben, die als leicht analysierbar und eindeutig gelten, oder zur Archivierung von Daten eingesetzt.[445]

Die mediale Reichhaltigkeit der Informationsvermittlung anhand von einer Betriebssoftware tendiert dabei gegen null. Mittlerweile sind die Software-Anwendungen technologisch derart weit entwickelt, dass für sämtliche Personal- und Führungsprozesse jeweils spezifische Software-Lösungen diverser Anbieter existieren.[446] Als Beispiel für eine Unterstützung der Zielvereinbarungen durch ein Betriebssystem wird im nachfolgenden die SAP R/3-Lösung vorgestellt, anhand derer die Möglichkeiten und Risiken zur datenbankgestützten Durchführung von Zielvereinbarungen zu diskutieren ist. Die SAP-Lösung wird gewählt, da sie die am häufigsten eingesetzte Software in Konzernen darstellt und mit dem neuen Entwicklungsstand des SAP Enterprise, Release 7.0, eine Vorreiterrolle bezüglich der Leistungsbeurteilung am System einnimmt.

Ergänzend zu den Datenbanken sind auf Internet-Technologien basierende Anwendungen, wie bspw. Employee-Self-Service-(ESS) oder Manager-Self-

---

[443]   Zur Notwendigkeit eines Berechtigungskonzepts in einem Betriebssystem vgl. o.V. (2000). Die Berechtigungen, die anhand von Berechtigungsrollen und -profilen an die Systemnutzer von einer zentralen Stelle vergeben werden, dienen dazu, sensible Daten vor Zugriffen unbefugter Nutzer zu schützen. So bietet ein Betriebssystem die Möglichkeit, spezifischen Gruppen besondere Berechtigungen dafür zu erteilen, dass diese bspw. Daten sehen und ändern können, anderen Systemnutzern hingegen dies nicht möglich ist. Die Diskussion von Bechtigungsaspekten wird besonders mit Blick auf den Schutz sensibler Daten, wie bspw. Personaldaten, im Rahmen des Arbeitsrechts oder des Datenschutzgesetzes relevant.

[444]   Höflich, J. R. (1998), S. 49.

[445]   Vgl. Rice, R. E. (1992), S. 490ff.

[446]   Zum Vergleich verschiedener HR-Software Anbieter vgl. grundsätzlich Strohmeier, S. (1999).

Service-(MSS) Szenarien[447] und HR-Portale[448] relevant. MSS- sowie ESS-Szenarien stellen auf Intranet- und Internettechnologie basierende Softwarelösungen dar, die im Hintergrund mit einer Betriebssoftware verbunden sind. Führungskräfte und Mitarbeiter können anhand von MSS- und ESS-Szenarien ihre Daten selbst anlegen, bearbeiten, verwalten und ändern. Internet-Portale[449] sind personalisierte Internetseiten, die speziellen Nutzergruppen als zentraler Eingangspunkt und Startseite zum Internet[450] oder Intranet[451] dienen. Portale stellen in aggregierter Form Informationen und Dienste bereit.[452] Wird ein auf zentraler Unternehmensebene gestaltetes Konzept solcher dezentralen Portale publiziert, wird hierdurch eine implizite Steuerung der dezentralen Akteure ermöglicht. Denkbar ist es, mit diesem Instrument auch unternehmenskulturelle Werte in Form von veröffentlichten Führungsgrundsätzen zu vermitteln. An dieser Stelle ist darauf hinzuweisen, dass ein solches Betriebssystem lediglich als Instrument der Unterstützung des Zielvereinbarungsprozesses diskutiert wird und nicht als Substitut für die face-to-face-Kommunikation sowie für andere Kommunikationsmedien konzipiert ist. Systembasierte Zielvereinbarungen beabsichtigen hauptsächlich die Reduzierung des Administrationsaufwandes, die konzernweite Standardisierung der Zielvereinbarung sowie die Rationalisierung der Kontrollprozesse durch die zentrale Personalabteilung kraft der von der zentralen Ebene des Unternehmens vorgeschriebenen Nutzung der systembasierten Lösung.

Zunächst ist der Prozess des Zielvereinbarungsverfahrens von einem zentralen Personalbereich gemäß den globalen Führungsrichtlinien hinsichtlich Aufbau, Form und Ablauf festzulegen. Daraufhin erfolgt die Anpassung der SAP-Software entsprechend den Führungsprozessen. Von dem zentralen Personalbereich können standardisierte Formulare für Zielvereinbarungen zur Verfügung

---

[447]   Vgl. o.V. (2003), SAP-ESS. Im Zusammenhang mit dem ESS wird auch der Begriff des Manager-Self-Service (MSS) benutzt, der eine Funktionalität beschreibt, die ausschließlich dem Management zur Verfügung steht. Da damit jedoch keine weitere Nutzungsfunktion verbunden ist, wird darauf nicht weiter eingegangen.

[448]   Vgl. Ackermann, K.-F./Eisele, D. S./Festerling, S. (2002), S. 118.

[449]   Vgl. Franke, M. (2002), S. 16f. Bezüglich der Datensicherheit und der arbeitsrechtlichen Bedingungen ist der Betriebsrat hinzuzuziehen.

[450]   Vgl. o.V. (2003), Internet. Das Internet bezeichnet das weltweit größte Online-Informationssystem, einen Verbund von mehreren Millionen Computern. In der Gründungsphase des Internet (1969) stand zunächst die militärische, später die wissenschaftliche Nutzung im Vordergrund. Mittlerweile nutzen mehrere hundert Millionen Menschen die Services des Internet. Im Gegensatz zu kommerziellen Online-Diensten hat das Internet keinen offiziellen Betreiber. Das World Wide Web, das häufig mit dem Internet gleichgesetzt wird, ist nur eines von vielen Angeboten.

[451]   Vgl. o.V. (2004), Intranet. Intranet stellt ein auf der Internettechnologie basierendes firmeninternes Netz dar.

[452]   Vgl. o.V. (2004), SAP Portale.

gestellt werden, die den Führungskräften dezentral bei der Erstellung ihrer Beurteilungsformulare als Vorschlagswerte angezeigt werden. Da die SAP R/3-Funktionalität bezüglich einer organisationsspezifischen Ausgestaltung große Spielräume gewährleistet, ist die Art und Weise der Systemunterstützung des Prozesses von der Unternehmens-, Führungs- und Kommunikationskultur abhängig.[453] Die systembasierte Durchführung der Zielvereinbarung unterliegt daher sehr geringen Restriktionen und ist somit flexibel gestaltbar. Hierbei können standardisierte Prozesse und Formulare für spezifische Gruppen innerhalb der Organisation durch zentrale Administration implementiert und freigegeben werden (vgl. Abbildung 18). Dies erfolgt über elaborierte Berechtigungskonzepte, die mit Blick auf die Datensensibilität die Zugriffsrechte für die einzelnen Nutzer in einem System definieren.

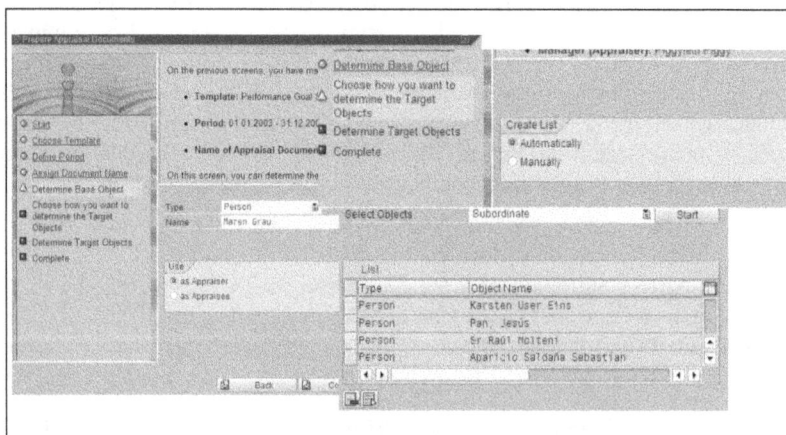

Abbildung 18: Zielvereinbarungen im SAP R/3 System: Vorbereitung durch die zentrale Personaladministration

Der Zugang zu der Zielvereinbarungsfunktionalität für Führungskräfte und Mitarbeiter erfolgt anhand des SAP Access Menüs, der ‚Manager's Desktop'-Funktionalität[454] oder mittels Internet-basierten MSS- oder ESS-Szenarien in Form von Web-Applikationen (vgl. Abbildung 19).

---

[453] Vgl. Wickenhäuser, F. (1989), S. 184. Ein Beispiel für eine solche optimale Anpassung des Systems ist bei Wickenhäuser zu finden, der Prinzipien für die Gestaltung eines technisch unterstützen Führungssystems in mittelständischen Unternehmen aufstellt.

[454] Der Manager's Desktop ist ein Managerportal, welches der Führungskraft sämtliche zur Führungsarbeit benötigten relevanten Informationen komprimiert zur Verfügung stellt.

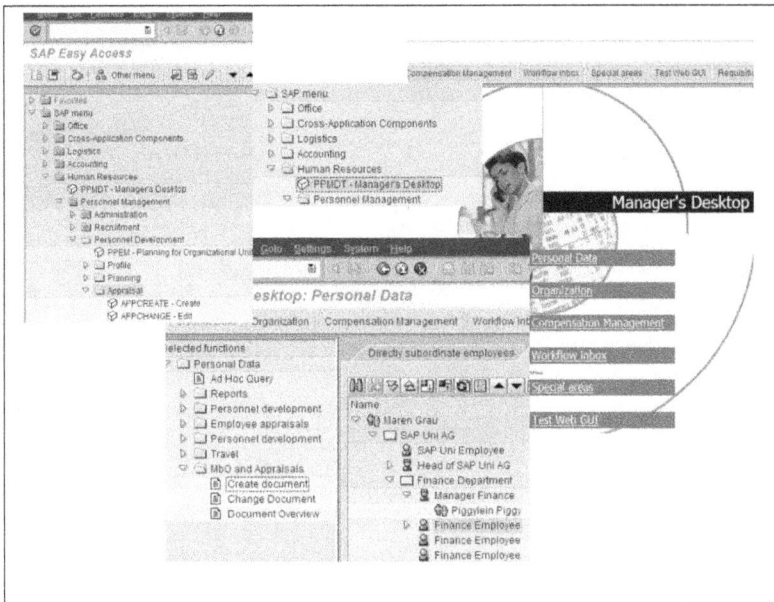

Abbildung 19: Zugriff auf die Leistungsbeurteilungs-Funktionalität im SAP R/3 Easy Access Menü oder über die Manager's Desktop Funktionalität im SAP R/3 System, Release 4.70

Ausgehend von der Systemfunktionalität des ‚Manager's Desktop' eröffnet sich der Führungskraft eine komprimierte Sicht auf die nach Organisationseinheiten gegliederten, ihm unterstellten Mitarbeiter, für die ein Leistungsbeurteilungsdokument angelegt werden kann (vgl. Abbildung 19).

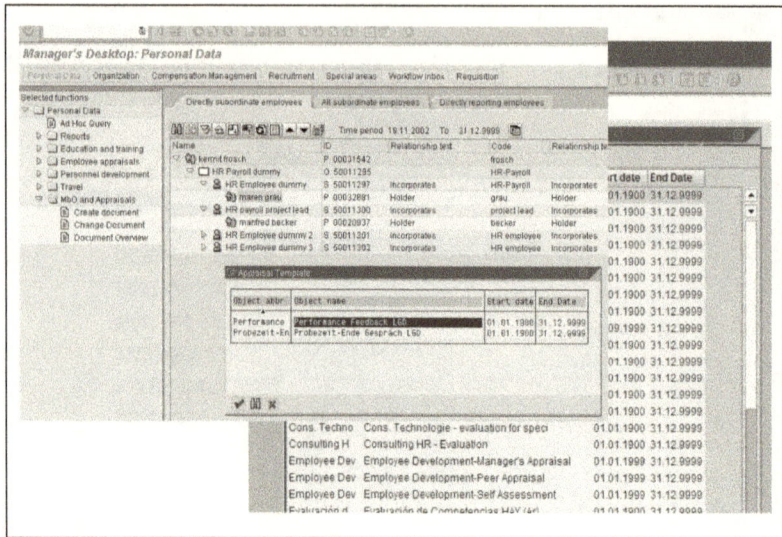

Abbildung 20:   Vorbereitung der Zielvereinbarung: Wahl des zu Beurteilenden und eines zusätzlichen
Beurteilers

Zunächst ist ein Dokument je nach Beurteilungssituation zu selektieren. Die
Vorbereitung der Zielvereinbarung umfasst die Selektion eines entsprechenden
Dokuments, die Bestimmung der Zielvereinbarungsperiode sowie das (optiona-
le) Festlegen relevanter Teilbeurteiler, wie Projektleiter, Kunden oder Kollegen
im Sinne eines 180°- oder 360°-Feedback (vgl. Abbildung 21 und 22).[455] Im
R/3-System sind für die verschiedenen Beurteiler gesonderte Beurteilungsfelder
vorgesehen. Ohne wesentlichen Aufwand können Online mehrere Bewertungen,
u.a. auch von Kunden, integriert werden.

---

[455]   Holderegger, P./Schmidt, R. (2001), S. 44ff.

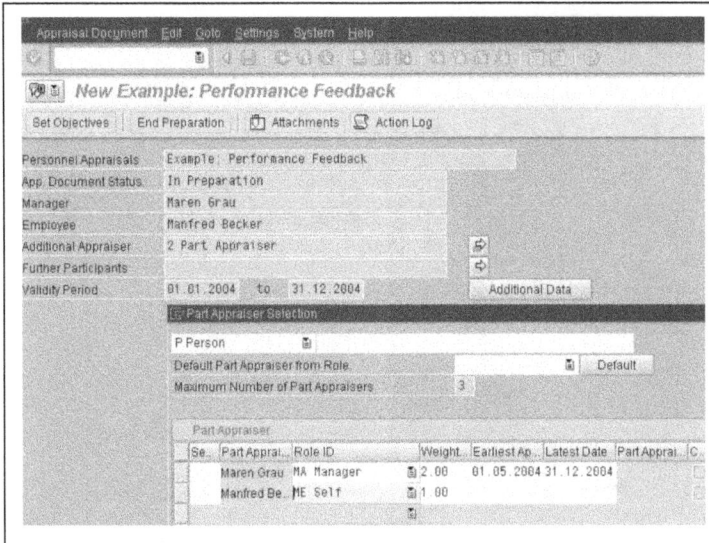

Abbildung 21: Vorbereitung der Zielvereinbarung im SAP R/3 System

Im Anschluss an die Vorbereitungsphase, sind Ziele und Bewertungsstandards im System festzulegen (vgl. Abbildung 22). In Abhängigkeit von verschiedenen Zielbereichen lassen sich im System Bewertungsskalen als Vorschlagswerte anzeigen, die vom zentralen Personalbereich festgelegt wurden. Ferner sind beliebig viele Spalten hinzuzufügen, so dass Führungskraft, Mitarbeiter und Teilbeurteiler in unterschiedlichen Spalten getrennt voneinander Ziele vorschlagen und die Zielerreichung beurteilen können. Dies kann sowohl sichtbar als auch vor den anderen Teilbeurteilern verborgen geschehen.

131

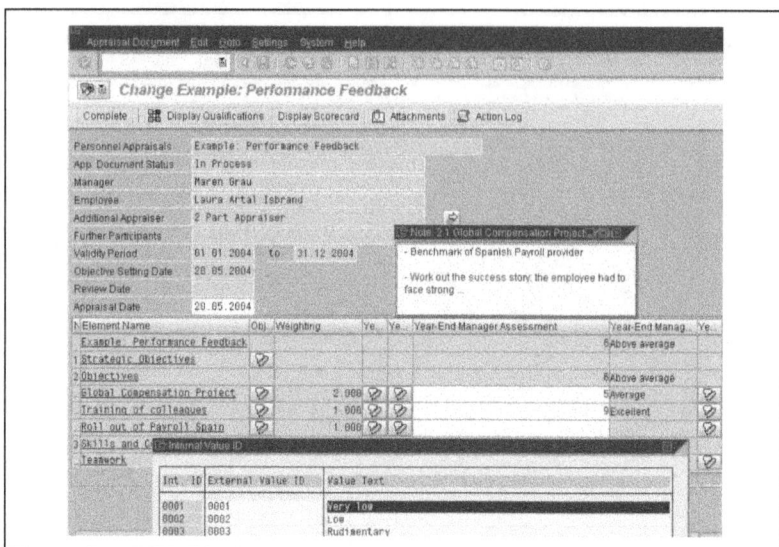

Abbildung 22: Festlegung der Ziele und der Beurteilungsstandards

Ferner kann die R/3-Funktionalität derart angepasst werden, dass die Zielfindung im Rahmen eines reinen top-down-Prozesses statt findet, bzw. lediglich die Führungskraft über die Berechtigung verfügt, Ziele im System zu definieren und zu bewerten. Dies ist gleichfalls für einen bottom-up-Prozess denkbar, so dass in einem ersten Schritt nur der Mitarbeiter befugt ist, die Ziele zu formulieren. Hier zeigt sich die Flexibilität der Systemlösung.

Um die Definition der Ziele zu erleichtern und ihre strategische Ausrichtung sicherzustellen, ist eine direkte Verknüpfung mit einer Balanced Scorecard[456] möglich. Ferner dient die Integration von Anforderungsprofilen der vom Mitarbeiter besetzten Position sowie des Qualifikationenprofils des Mitarbeiters der Transparenz (vgl. Abbildung 23). Die Integration mit der Balanced Scorecard dient der strategischen Ausrichtung der Zielvereinbarung und unterstützt die Kopplung von strategischen Unternehmenszielen und Erfolgskennzahlen mit der dezentralen Führungs- und Personalarbeit.[457] Für quantitative Ziele sind, sofern Schnittstellen mit weiteren Systemen existieren, in regelmäßigen Zeitabständen automatische Daten-Updates durchführbar. Beispielsweise erlaubt der Anschluss an Ergebnisse aus Kundenzufriedenheitsbefragungen bezüglich der Service-

---

[456] Vgl. zur Balanced Scorecard grundlegend Kaplan, R./Norton, D. (1997).

[457] Vgl. Tonnesen, Ch. T. (2002), S. 90ff.; ferner vgl. Ackermann, K.-F. (2000), S. 12ff.

Leistungen eines Mitarbeiters die Berücksichtigung kundenorientierter Leistungsdimensionen.

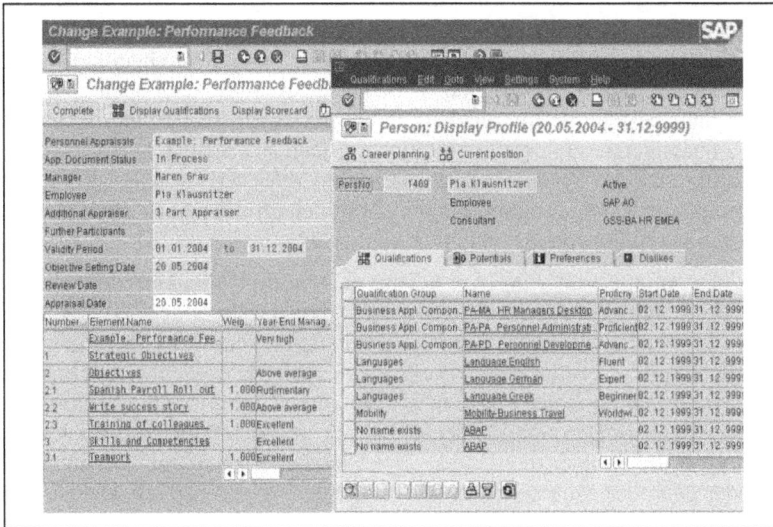

Abbildung 23: Verknüpfung der Zielvereinbarungsfunktionalität mit Qualifikationsprofilen

Das System bildet den gesamten Prozess der Vereinbarung, Anpassung und Beurteilung ab. Hierzu stehen im System die unterschiedlichsten Möglichkeiten, teils anhand von Workflow-Funktionalitäten[458], teils durch die Berechtigungsvergabe, zur Verfügung. Je nach unternehmensindividueller Prozessdefinition erhalten die einzelnen Beurteiler ihre spezifischen Rollen im Zielvereinbarungsverfahren, mit denen jeweils unterschiedliche Aufgaben in den einzelnen Phasen verbunden sind. So ist die abschließende Bewertung bspw. die Aufgabe der Führungskraft, die Genehmigung und Freigabe der Ziele und der abschließenden Beurteilungsergebnisse kann durch den Mitarbeiter erfolgen. Es ist durchaus denkbar, dass der Mitarbeiter seinen eigenen Beurteilungsprozess kontinuierlich im Anzeigemodus mitverfolgen und den aktuellen Status der Beurteilung abrufen kann. In den für die Anpassungsphase vorgesehenen Spalten können Teilergebnisse hinterlegt und Notizen hinzugefügt werden, die sich der Standardisierung entziehen (vgl. Abbildung 22). Am Ende der Zielvereinbarungsperiode kann eine Gewichtung der Teilbeurteilungen bspw. des Projektleiters oder der Selbstbeurteilung vorgenommen werden bzw. ein komprimiertes Ergebnis anhand von Durchschnittswerten berechnet werden.

---

[458] o.V. (2004), Workflow.

Die abgeschlossenen Zielvereinbarungen der einzelnen Mitarbeiter werden in einer dafür vorgesehenen Datenbank gespeichert. Die Archivierung der Leistungsbeurteilungsergebnisse ermöglicht ein Reporting,[459] das zum einen durch die direkte oder nächsthöhere Führungskraft, zum anderen durch die zentrale Personalabteilung im Rahmen der Administrationsfunktion durchgeführt werden kann. Über die reine Auflistung der Leistungsbeurteilungsdokumente und ihres Status hinaus besteht die Möglichkeit, in die einzelnen Beurteilungsdokumente hinein zu navigieren, um detaillierte Informationen zu erhalten. Die Applikation bietet differenzierte Auswertungsszenarien, die selektiert nach Leistungsbeurteilungsdokument, Organisationseinheit, Mitarbeitern oder auch nach Beurteilungsergebnissen Informationen liefern können.[460]

Über eine zentrale Ermittlung von Leistungsdaten der Mitarbeiter hinaus, wird die Kontrolle der Führungskraft bzw. der Aktivitäten der einzelnen Netzwerkknoten des hierarchieübergreifenden Kommunikationsnetzes bezüglich der Durchführung der Leistungsbeurteilungen von zentraler Stelle aus möglich. Die Administratorfunktionalität dient zum einen der Kontrolle der Durchführung von Zielvereinbarungen. Zum anderen eröffnet sie die Möglichkeit der Korrektur einzelner Leistungsbeurteilungen. Bei Problemen kann sich die Führungskraft oder auch der Mitarbeiter an den zentralen Personalbereich wenden (vgl. Abbildung 24).

---

[459] Reporting bedeutet, dass diverse Programme gestartet werden können, die gemäß einer spezifischen Fragestellung Informationen, die in dem System abgelegt sind, liefern.

[460] Denkbar ist an dieser Stelle auch ein Reporting gemäß der Selektion nach z.B. 5% der schlechtesten Beurteilungsergebnisse oder vice versa nach 10% der besten Ergebnisse.

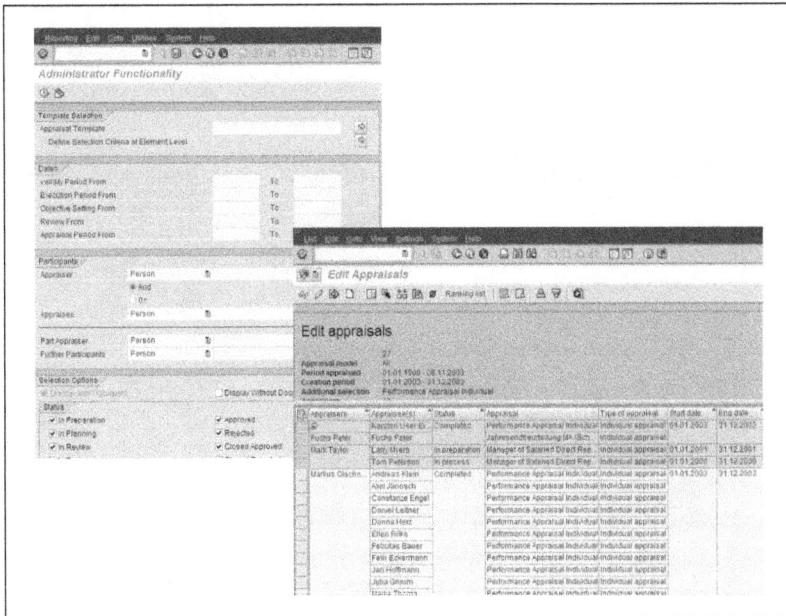

Abbildung 24: Administratorfunktionalität des Zielvereinbarungsinstruments im SAP R/3 System

Welcher Anwenderkreis ein solches Reporting über welche Daten ausführen darf, wird durch die zentrale Berechtigungsvergabe im Zusammenhang mit der Rollenzuweisung determiniert.

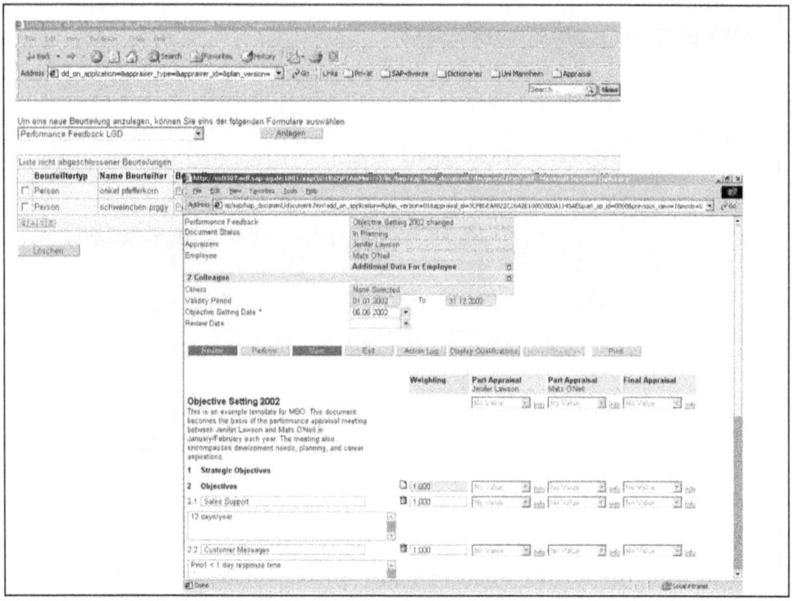

Abbildung 25: Web-basierte Unterstützung der Leistungsbeurteilung via Internet/Intranet-
Technologien auf der Basis des SAP R/3 Systems: Vorbereitungs- und Vereinbarungsphase

Die Durchführung der Zielvereinbarung anhand der SAP R/3-Lösung wird häufig in Verbindung mit den dafür vorgesehenen Web-Applikationen implementiert (vgl. Abbildung 25 und Abbildung 26). Diese nutzen die Internet-
Technologien ähnlich den MSS- und ESS-Szenarien, um den SAP R/3-
Datenbanken Webszenarien vorzuschalten. Dadurch fällt die Bedienung des
systemtechnisch gestützten Zielvereinbarungsinstruments um ein Vielfaches
einfacher und benutzerfreundlicher aus, da die Anwendung den übrigen Webszenarien gleicht und die aufwendige Einarbeitung in die Bedienung der SAP
R/3-Benutzeroberfläche umgangen werden kann. Dadurch wird die Anwendung
der Applikation für Führungskraft und Mitarbeiter erleichtert.

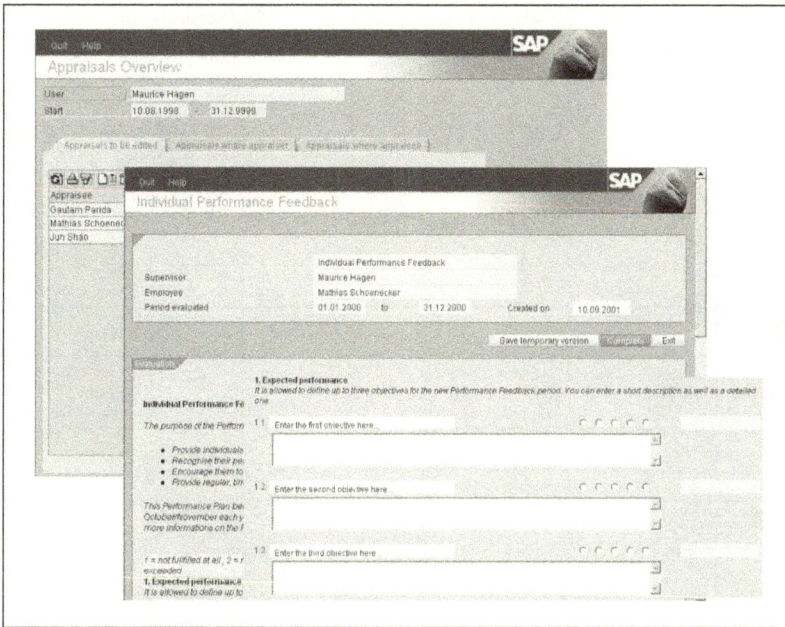

Abbildung 26: Web-basierte Unterstützung der Leistungsbeurteilung via Internet/Intranet-Technologien auf der Basis des SAP R/3 Systems: Vereinbarungsphase

Die technologischen Entwicklungen im Rahmen des SAP R/3 Systems haben zu einer insgesamt anwenderfreundlichen Software geführt, die eine effiziente kommunikationstechnologische Unterstützung des Führungsinstruments der Leistungsbeurteilung ermöglicht. Diese stellt nur ein Beispiel von vielen Human Resource-Software Programmen dar, die je nach Themenschwerpunkt auf unterschiedliche Human Resource Funktionen abzielen. Das SAP R/3 System repräsentiert daher lediglich eine Diskussionsgrundlage und erfüllt eine Stellvertreterfunktion für diverse andere Software-Anbieter. Trotz des technischen Fortschritts der Standardsoftware bezüglich ihres Beitrags zur Führung in Unternehmen, unterliegt ihr Einsatz gerade in der Führung aufgrund der weit gehenden Standardisierung unter kommunikationstheoretischen Gesichtspunkten wesentlichen Restriktionen. Wie bereits zu Anfang dieses Abschnitts erwähnt, handelt es sich hierbei in erster Linie um eine rein sachliche, aufgabenorientierte Kommunikation, die unter kommunikationstheoretischen Gesichtspunkten keine individuelle Charakterisierung ermöglicht.

Tabelle 3 repräsentiert eine Zusammenfassung der Potenziale der soeben beschriebenen Medien im Hinblick auf die einzelnen in Kapitel 2.2.2 dargelegten aufgabenorientierten Effizienzkriterien sowie der Möglichkeit zur Vermittlung von Kohäsion im Hinblick auf die Mitarbeiterorientierung.

Effi-zienz-krite-rien	Aufgabenorientierung					Mitarbeiterorientierung		
Medien	Schnel-ligkeit	Transpa-renz	Präzision	Objekti-vität	Quanti-tät	direkte Rück-kopp-lung	Ver-mittlung sozialer Präsenz	Mediale Reich-haltig-keit[461]
Face-to-face				gering		syn-chron	hoch	hoch
Video-konfe-renz	X			gering		syn-chron	hoch	hoch
Voice Mail	X			hoch	X	asyn-chron		
E-Mail	X	X	X	hoch	X	asyn-chron	mittel	
Online-Konfer-enz	X	X	X	hoch	X	syn-chron	mittel	gering
Betriebs-Software	X	X	X	hoch	X	asyn-chron		

Tabelle 3:   Effizienzpotenziale moderner Komunikationstechnologien

Die Tabelle veranschaulicht, dass sobald ein Kommunikationsmedium die Chance zur Verbesserung der Effizienz der Kommunikationsprozesse bietet, über ein geringeres Potenzial zur Übertragung von kohäsiven Elementen verfügt. Zwar können hierdurch Führungsprozesse effizient gestaltet werden, allerdings ist im Hinblick auf motivationale und sozial geprägte Austausch- und Einflussprozesse ein reichhaltigeres Medium mit einer höheren sozialen Präsenz heranzuziehen, wodurch wiederum die Ausschöpfung der Effizienzkriterien des Einsatzes von Kommunikationstechnologien sinkt.

---

[461]   Die mediale Reichhaltigkeit ergibt sich letztendlich aus den übrigen Dimensionen. Besitzt ein Medium Potenziale zur Vermittlung von sozialer Präsenz, so ist anzunehmen, dass auditive und visuelle Elemente der Kommunikation übertragen werden können. Im Zusammenhang mit der medialen Reichhaltigkeit wird zusätzlich die Möglichkeit der Rückkopplung unterstellt.

3.4.3 Kommunikationstechnologisch gestützter Zielvereinbarungsprozess vor dem Hintergrund des aufgabenorientierten Kommunikationsmodells

Im Mittelpunkt der Betrachtung steht zunächst die Übertragung von kohäsiven Elementen in der mediatisierten Kommunikation, um Zielbindung des Mitarbeiters zu erreichen und somit die kontrollbedingten Transaktionskosten zu senken.[462] Ist diese auf die Motivations- und Integrationsfunktion der Führung abzielende Kommunikation anhand eines interaktionsspezifischen Medieneinsatzes sicher gestellt, können diese im Hinblick auf ihre effizienzsteigernden Merkmale Führungsprozesse unterstützen. Hierzu werden die Chancen und Risiken der Kommunikationstechnologien im Zielvereinbarungsprozess definiert sowie ihre Effizienzkriterien in den einzelnen Phasen festgelegt. Es ist das umfassende Ziel, die IuK-Technologien entsprechend dem aufgabenorientierten Kommunikationsmodell dergestalt einzusetzen, dass keine unangemessene „Oversimplification" oder eine kostenintensive „Overcomplication" erfolgt.[463]

Die Kommunikationsaufgaben werden anhand des in Kapitel 2.2.3 angeführten aufgabenorientierten Kommunikationsmodells entsprechend ihren Anforderungen an Genauigkeit, Schnelligkeit und Komplexität sowie Vertraulichkeit charakterisiert. Davon ausgehend ergeben sich dann je nach Zielvereinbarungsphase unterschiedliche Einsatzmöglichkeiten für die in Kapitel 3.4.2 beschriebenen IuK-Technologien. Generell dient die mediatisierte Kommunikation aufgrund der Effizienzkriterien der Schnelligkeit, Transparenz, Präzision, sowohl Quantität als auch Objektivität der Senkung der Anbahnungs-, Verhandlungs-, Anpassungs- und Kontrollkosten in vertraglichen Vereinbarungen. Darin äußert sich jedoch lediglich der ökonomische Aspekt im Rahmen eines Zielvereinbarungsverfahrens. Handelt es sich um das Schaffen einer persönlichen Vertrauensbasis, die der Reduktion der Transaktionkosten in Zielvereinbarungen dient, werden kohäsive Aspekte im Kommunikationsprozess erforderlich. In Kapitel 3.3.1 und 3.3.2 sind wesentliche Ansatzpunkte der Kommunikation zwischen Führungskraft und Mitarbeiter herausgearbeitet worden,[464] die die Bildung von Commitment als Schlüsselvariable zur Reduzierung des Principal-Agent-Problems fördern. Identifiziert wurden hierbei der Transfer von kulturellen Werten im Zuge von Sozialisierungsprozessen, die wahrgenommene Unterstützung durch eine als kompetent angesehene Führungskraft, Feedback, Sympathie[465] und ein gegenseitiges Vertrauensverhältnis.[466]

---

[462] Vgl. Weibler, J. (1997), S. 208.

[463] Vgl. Reichwald, R. (1993), S. 457.

[464] Vgl. Büssing, A./Moranz, C. (2003), S. 29f.

[465] Vgl. Locke, E. A./Latham, G. P. (1990), S. 51ff. Ferner Büssing, A. (2000), S. 64f. Siehe

Unterstützung stellt eine zentrale Einflussgröße organisationalen Commitments dar, die einerseits aus der bilateralen Kommunikation mit dem Vorgesetzten über das Tagesgeschäft und der dort auftretenden Probleme resultiert, andererseits auch auf die explizit gewährte Unterstützung abstellt.[467] Beispielsweise tragen in regelmäßigen Abständen vermittelte Informationen seitens der Führungskraft dazu bei, bei dem Mitarbeiter das Gefühl der Unterstützung zu erzeugen.[468] Eine umfangreiche Versorgung mit Informationen erhöht die Identifikation mit dem organisatorischen Kontext.[469] Ferner stellen gerade angesichts der Bedeutung des Management-by-Information und der Substitution der Hierarchie durch Kommunikation in Netzwerken, Informationen eine Machtquelle dar.[470] Die wahrgenommene Unterstützung ist daher durch inhaltliche bzw. aufgabenorientierte Interaktionsprozesse kommunizierbar. Hierbei stehen die Anforderungen der Genauigkeit der Informationsvermittlung sowie Schnelligkeit der Transmission im Vordergrund,[471] so dass Medien geringer Reichhaltigkeit und sozialer Präsenz eingesetzt werden können (vgl. Tabelle 4).[472] Dies bedeutet das Aufrechterhalten einer bilateralen Kommunikation via E-Mail, Versenden von Links im Intranet, regelmäßige Teammeetings via Telefonkonferenzen oder Vermittlung von Nachrichten über Voice Mail.[473]

---

hierzu auch die Ausführungen in Kapitel 3.3.2.

[466] Im Goal-Setting-Modell ist zwar zusätzlich die anerkannte Autorität der Führungskraft aufgeführt. In Anbetracht der gesellschaftlichen Werte und des Mitarbeiters als Experte, kommt der Führungskraft eher die Rolle eines Coaches zu. Vgl. hierzu Jochum, E./Jochum, I. (2001), S. 493; ferner Gaugler, E. (2001), S. 477.

[467] Vgl. Gebert, D./Rosenstiel, L. v. (2002), S. 102f. Unterstützung kann zum einen in Form einer Promotion der Ideen des Mitarbeiters geleistet werden. Zum anderen kann Unterstützung bei der Erfüllung der Rollenanforderungen gewährt werden. Empirisch konnte stringent gezeigt werden, dass vor allem Personen, mit denen häufig kommuniziert wurde, besonders einflussreich sind.

[468] Vgl. Büssing, A./Moranz, C. (2003), S. 29.

[469] Vgl. Rice, R. R./Aydin, C. (1991), S. 223f. Neben der Bedeutung der räumlichen Nähe kann durchaus positionale Nähe im Hinblick auf eine Einflussnahme eine Rolle spielen. Bedingt durch die hierarchisch höhere Position der Führungskraft sind Machtvorteile anzunehmen, deren Legitimation sich aufgrund einer durch den Mitarbeiter wahrgenommenen fachlichen Kompetenz festigt. Insgesamt erweisen sich dabei, im Vergleich zu denen der räumlichen Nähe, die relationalen und positionalen Einflüsse als stärker.

[470] Vgl. Lehner, M./Mayer, H. O./Wilms, F. E. P. (2000), S. 37ff. Hierbei kann bspw. dem Entstehen von Gerüchten vorgebeugt werden, die latent zur Torpedierung des Arbeitsalltags führen würden. Vgl. ferner Kipnis, D. (1996), S. 39ff.

[471] Vgl. Daft, R. L./Lengel, R. H. (1986), S. 556f.

[472] Vgl. Evans, Ph. B./Wurster, Th. S. (1997), S. 73.

[473] Vgl. Rice, R. E. (1992), S. 476ff

Sympathie und Vertrauen entstehen insbesondere im Zuge der Erfüllung der Motivationsfunktion der Führung. Die Vermittlung von Anerkennung und Wertschätzung der Person des Mitarbeiters sowie die Integration der Ideen in die Entscheidungsfindung fördern insbesondere vor dem Hintergrund der gesellschaftlichen Werteentwicklung die Vertrauensbildung.[474] Anhand von Ermutigung und dem Signalisieren von Wertschätzung sowie Respekt gegenüber dem Mitarbeiter steigert sich dessen intrinsische Motivation und Sympathieempfinden für die Führungskraft. Dies mündet in einer zunehmenden Identifikation des Mitarbeiters mit seiner Rolle in hierarchieübergreifenden Kommunikationsnetzwerken, so dass damit ein positiver Effekt auf die Entwicklung von Zielbindung zu erwarten ist.[475] Mit der Beachtung der individuellen Beiträge und einem bewusst demonstrierten Vertrauen in die Fähigkeiten und Urteile des Mitarbeiters verbindet sich zugleich eine Erwartungshaltung gegenüber diesem.[476] Dadurch baut sich ein normativer Druck auf der Mitarbeiterseite auf, den Erwartungen seitens der Führungskraft gerecht zu werden bzw. den gegebenen Handlungsspielraum verantwortungsvoll auszufüllen. Wertschätzung und Vertrauen stellen eine Vorleistung dar, durch die Commitment gefördert wird.[477]

Gegenseitige Sympathie entsteht vorwiegend durch kohäsive Elemente in der Kommunikation.[478] Kommunikation, die auf den Ausbau des Beziehungskontextes zwischen den Kommunikationspartnern abzielt, erfordert den Einsatz reichhaltiger Medien, welche die Übertragung von nonverbalen und informellen Elementen erlauben. Als geeignet zeigt sich hierfür die Videokonferenz. Besonders nachhaltig gelingen Aufbau und Erhaltung einer vertrauensvollen Führungsbeziehung auf der Basis vorausgegangener persönlicher Kontakte. Daher unterstützen soziale Events bzw. gemeinsame Freizeitaktivitäten im Sinne einer Plattform für persönliche Kommunikation, die sozio-emotionale Austausch- und Einflussbeziehung.[479] Führungskräften und Mitarbeitern wird zusätzlich zur virtuellen Beziehungen eine Gelegenheit geboten, sich gegenseitig kennen zu lernen und Sympathien außerhalb des fachlichen Bereichs aufzubauen.[480] Diese Art des Teambuilding kann bspw. einmal jährlich stattfinden. Dadurch, dass sich die Unternehmensmitglieder auf einer freizeitlichen Ebene begegnen, kann eine

---

474 Gerade im Rahmen der Netzwerkorganisation nimmt die Qualität der Beziehungen zunehmend eine wichtige Rolle ein vgl. Büssing, A. (2000), S. 64f.; sowie Zucker, L. G. (1986), S. 56ff.

475 Vgl. Utz, S. (2000), S. 51ff.

476 Vgl. Weibler, J. (2001), S. 347ff.

477 Vgl. Webers, T. (1999), S. 2.

478 Vgl. Nerdinger, F. W. (2001), S. 360.

479 Vgl. Iten, P. A. (2001), S. 16.

480 Vgl. Büssing, A./Moranz, C. (2003), S. 31.

Basis für eine kooperative und gleichberechtigte Kommunikation geschaffen werden, auf deren Grundlage die technologisch gestützte Führungsbeziehung unter Substitution der persönlichen Kontakte auszubauen ist.[481] Als Instrumente der Vertrauensbildung können beispielsweise Anlässe und Arenen für persönliche Begegnungen dienen, die personale Vertrauensimpulse verstärken oder erneuern.[482] Daher ist in Tabelle 4 die face-to-face-Kommunikation aufgeführt, die sich in Anbetracht der Diskussion bezüglich Vertrauen und Opportunismus in Führungsbeziehungen langfristig auch im Zuge der IT-Unterstützung nicht völlig substituieren lässt.[483]

Medien Aufgabe	Face-to-face	Video-konferenz	Voice Mail	E-Mail	Online-Konfer-enz/ Intra-net	Be-triebs-Soft-ware	Effizienzge-winn durch IuK-Technologien bezüglich
Unterstüt-zung			X	X	X		- Schnellig-keit - Quantität
Sympathie und Ver-trauen	X	X		X			- Quantität - Frequenz der Kontakte
Un-ternehmens-kulturelle Werte	X	X		X	X		- Transparenz - Quantität der verfügba-ren Informa-tionen - kulturge-rechte Dar-stellung

Tabelle 4:   Eignung von Medien zur Gestaltung eines Beziehungskontextes

Mit Blick auf die Vermittlung von unternehmenskulturellen Werten können von der Unternehmenszentrale aufgestellte Leitbilder und Führungsgrundsätze kommuniziert werden. Aufgrund der Delokalisierung vieler Mitarbeiter können diese bspw. über das Intranet weltweit kommuniziert werden.[484] Allerdings werden diese Leitbilder erst wirksam, sofern sie durch die direkten Führungskräfte mit Leben gefüllt werden.[485] Dies wird bei der IT-unterstützten Führungsbezie-

---

481   Vgl. Scholz, Ch. (1999), S. 1183f.
482   Vgl. Krystek, U./Redel, W./Reppegarther, S. (1997), S. 413.
483   Vgl. hierzu Kiesler, S./Zubrow, D./Moses, A. M./Geller, V. (1985), S. 90f.
484   Vgl. Ising, A. (2001), S. 24.
485   Vgl. Deters, M./Helten, F. (1994), S. 43.

hung erheblich erschwert. Im Zuge des Kommunikationsprozesses zwischen Führungskraft und Mitarbeiter selbst sind durch einen offenen enthierarchisierten Informationsfluss, eine tendenziell gleichberechtigte Kommunikationssituation und die Vorleistung ‚Vertrauen' seitens der Führungskraft kulturelle Werte auch anhand der mediatisierten Kommunikation vermittelbar.[486] Dies gelingt auch mittels wenig reichhaltiger Medien, wie E-Mail oder der Telefonkonferenz.[487] Je häufiger und intensiver die Kommunikation zwischen Führungskraft und Mitarbeiter statt findet, desto eher bilden sich kollektive Werte und homogene Einstellungen,[488] die einen gemeinsamen Beziehungskontext der Kommunikation als Grundlage einer vertrauensvollen Interaktion im Zuge der dezentralisierten Leistungserstellungsprozesse entstehen lassen.[489]

1. Einsatz von Kommunikationstechnologien in der Phase der Zielanbahnung

Unter der Annahme der Integration des Mitarbeiters in das Unternehmensgeschehen, ist es die Aufgabe des Mitarbeiters, seine individuellen Bedürfnisse im Hinblick auf seine eigenen Entwicklungs- und Leistungsziele im Unternehmen auszuarbeiten. Vor dem Hintergrund eines konstanten Informationsaustauschs zwischen Führungskraft und Mitarbeiter anhand von E-Mail, Telefonkonferenzen sowie diversen Intranet- bzw. Internettechnologien kann dies in Anbetracht des nach Selbstverwirklichung und Eigenverantwortung strebenden Mitarbeiters durchaus als dessen Aufgabe angesehen werden. Der Mitarbeiter kommuniziert die von ihm vorgeschlagenen Ziele anhand eines gering reichhaltigen Mediums. Hierbei handelt es sich um die Kommunikation von inhaltlichen, aufgabenorientierten Informationen, wobei Schnelligkeit und Präzision der Informationsvermittlung im Vordergrund steht. Unter Bezugnahme auf die vom Mitarbeiter formulierten Ziele erarbeitet die Führungskraft qualitative und quantitative Leistungs- und Entwicklungsziele, die aufgrund der Zielkaskadierung mit den Unternehmens- und Abteilungszielen vernetzt sind.[490]

Diese sukzessive Vorgehensweise der Zielbildung soll sicherstellen, dass trotz des Hierarchiegefälles und der damit einhergehenden asymmetrischen Kommu-

---

486 Vgl. Bromann, P./Piwinger, M. (1992), S. 190ff.
487 Vgl. Friedrich, C. (1998), S. 209.
488 Vgl. Ouchi, W. G. (1980), S. 134ff.
489 Vgl. Deters, M./Helten, F. (1994), S. 43.
490 Vgl. Kalkman, M. E./Monge, P./Fulk, J./Heino, R. (2002), S. 128. Aufgrund der permanenten Dynamik der externen Umweltfaktoren und der zunehmenden Konfiguration des internen Leistungserstellungsprozesses handelt es sich um die Definition von Zielen, ihre Operationalisierung und das Festlegen von Zielschwierigkeiten unter Antizipation der Veränderungstendenzen.

nikationssituation, die Partizipationsmöglichkeit des Mitarbeiters nicht ge-
schmälert wird.[491] Damit soll einem potenziell opportunistischen Verhalten seitens des Mitarbeiters vorgebeugt werden, so dass hierin ein Vorteil der Anwendung von Kommunikationstechnologien im Vergleich zur face-to-face-Situation
zu sehen ist.[492] Die bilaterale Zielformulierung[493] erfolgt anhand von E-Mail
oder mittels Einträgen in einer gemeinsamen Datenbank[494] auf einem für beide
zugreifbaren Server, oder SAP-System-unterstützt. Im Zusammenhang mit der
Formulierung der Zielvorstellung und der Festlegung der Bewertungsstandards
kann ein weniger reichhaltiges Medium herangezogen werden, um im Anschluss
in ein mitarbeiterorientiertes kooperatives Gespräch mittels eines reichhaltigen
Mediums einzutreten (vgl. Tabelle 5).

Die Abstimmung zwischen Führungskraft und Mitarbeiter in der Anbahnungsphase kann in Anbetracht der häufig zeitlichen und räumlichen Distanz lediglich
virtuell erfolgen, so dass der IuK-Einsatz ein Effizienzgewinn darstellt. Ohne die
Möglichkeit zur schnellen Übertragung von Informationen würde die Phase der
Zielanbahnung in der IT-gestützten Interaktion auf Kosten einer von beiden
Parteien weniger vorbereiteten und zielgerichteten Zielvereinbarungsphase wegfallen. Da die IuK-Technologien der schnellen und kostengünstigen Beschaf-
fung einer Fülle von Informationen dienen, besteht für die Führungskraft die
Möglichkeit der Reduktion der Informationsasymmetrie bereits in der Anbahnungsphase. Gleichfalls unterstützt die Präzision der mediatisierten Kommunikation die Formulierung der Zielvorschläge, wenn bspw. E-Mail oder Datenbanken in der Phase der Anbahnung Verwendung finden. Dadurch entsteht eine

---

[491]   Aufgrund der hierarchisch höheren Stellung der Führungskraft besteht die Gefahr, dass sobald
         ein Zielvorschlag durch die Führungskraft erfolgt, dieser vom Mitarbeiter autoritätsbedingt
         widerspruchsfrei übernommen wird. Handelt es sich bei der Führungskraft um eine erfahrene
         Person, die intuitiv auf den Mitarbeiter eingehen kann, besteht die Möglichkeit, in einer per-
         sönlichen Kommunikationssituation auf die aufgrund des Machtgefälles nicht direkt verbali-
         sierten Bedürfnisse des Mitarbeiters einzugehen und diese in einem partizipativen Dialog in
         die Zielvereinbarungen einfließen zu lassen. Hierdurch kann die Sympathie und das Vertrauen
         des Mitarbeiters gewonnen bzw. gefestigt werden, was gegebenenfalls die Anwendung von
         kostenintensiven Kontrollprozessen überflüssig werden lässt. Da diese Kompetenzen jedoch
         nicht generell bei jeder Führungskraft vorauszusetzen sind, wird hier die Annahme zugrunde
         gelegt, dass die tendenziell anonyme und informelle Kommunikationssituation eher dazu
         dient, die eigenen Zielvorstellungen des Mitarbeiters zu erfahren. Zu ökonomischen und sozi-
         alen Zielkonflikten in Unternehmen vgl. Marr, R./Stitzel, M. (1979), S. 58ff.; sowie Munge-
         nast, M. (1994), S. 59.

[492]   Vgl. Dubrovsky, V. J./Kiesler, S./Sethna, B. N. (1991), S. 123f.

[493]   Vgl. z. B. Staehle, W. H. (1999), S. 544.

[494]   Dies kann mit Hilfe eines Microsoft-Textverarbeitungsprogramms wie Word, Excel und Po-
         wer Point oder in einer Access-Datenbank geschehen. Ferner ist die Nutzung einer Betriebs-
         software empfehlenswert, wie sie bspw. das SAP R/3-System darstellt.

fachlich zielgerichtete und tendenziell gleichberechtigte Grundlage, um in ein
Zielvereinbarungsgespräch einzutreten (vgl. Tabelle 5).

Effizienz- kriterium Zielanbah- nung	Schnelligkeit	Präzision	Transparenz	Quantität	Objektivität
Chancen	- effiziente Informations-versorgung - Abstimmung über Distanzen - Reduktion der Informationsa-symmetrie	- zielgerichtete Vorbereitung - eindeutige Kommunikation der Vorstellungen - aufgabenori-entierte Formu-lierung der Vorstellungen	- Klarheit über Vorstellungen des Kommuni-kationspartners - transparenter Informations-fluss für weitere Beteiligte	- umfassende Informations-versorgung	- vielseitige Informationen u. unterschied-liche Quellen ermöglichen objektive Ent-scheidungen
Risiken	- Informations-überflutung			- Informations-überflutung	- fehlende normative Bezüge - kurzfristig keine Anpas-sung der Kommunikati-onskultur

Tabelle 5:   Chancen und Risiken aufgrund der Effizienzkriterien in der Phase der Zielanbahnung

Mit den Effizienzkriterien des Einsatzes von IuK-Technologien sind im Zuge
der Anbahnung allerdings auch Risiken verbunden (vgl. Tabelle 5). Durch die
Schnelligkeit und Quantität der Informationsvermittlung kann eine Informationsüberflutung ausgelöst werden, die durch eine Fehlnutzung der Medien verursacht wird.[495] Bei unmittelbarer IuK-Implementierung ist zunächst ein Mangel
an Kommunikationsregeln im Umgang mit den neuen Technologien anzunehmen.[496] Werden die Kommunikationsnormen, die sich innerhalb der persönlichen Kommunikation etabliert haben,[497] unkritisch auf die neuen Kommunikationstechnologien angewendet, kann dies zu Störungen des Kommunikationsprozesses führen.[498] Beispiele für eine solche Fehlnutzung sind das Ausdrucken

---

[495]   Vgl. Fulk, J./Steinfield, Ch. W./Schmitz, J./Power, J. G. (1987), S. 541f.

[496]   Vgl. Helmers, S./Hoffmann, U./Hofmann, J. (1995), S. 5.

[497]   Vgl. Huber, G. P./Daft, R. L. (1987), S. 130.

[498]   Vgl. Yates, J./Orlikowski, W. J./Okamura, K. (1999), S. 100f., sowie Kraut, R. E./Rice, R.
E./Cool, C./Fish, R. S. (1998), S. 440. Kommunikationsmuster sind daher bei der Implemen-

sämtlicher E-Mails oder das Weiterleiten von Informationen an einen großen E-Mail-Verteiler. Ansatzpunkte, um diesen Problemen vorzubeugen, bestehen hier, wie bereits erwähnt, im Rahmen der Personalentwicklung.

2. Einsatz von Kommunikationstechnologien in der Phase der Zielvereinbarung

Eine der ersten Kommunikationsaufgaben in der Phase der Zielvereinbarung stellt die unmittelbare Terminvereinbarung dar. Hierzu eignet sich vornehmlich das Medium E-Mail und die damit zur Verfügung stehende Outlook-Funktion des gemeinsamen Online-Kalenders.[499] Ebenso kann auch das Medium Voice Mail dazu genutzt werden. Mithilfe einer Telefonkonferenz in Verbindung mit dem Medium NetMeeting können auf der Grundlage der in der Zielanbahnungsphase ausgetauschten Vorschläge die Ziele von Führungskraft und Mitarbeiter gemeinsam besprochen werden. Dieser Kommunikationsprozess dient dazu, Transparenz zu schaffen und potenzielle Missverständnisse weit gehend auszuräumen. Im Rahmen der Kommunikation in der Zielvereinbarungsphase handelt es sich um einen komplexen Aushandlungsprozess, der die direkte Rückkopplung ermöglichen sollte, um somit Missverständnisse und Fehlinterpretationen auszuschließen. Wenn emotionale Reaktionen des Gesprächspartners beobachtbar sind, wird das Verstehen und Verarbeiten der Informationen erleichtert und die Weiterentwicklung des gemeinsamen Beziehungskontextes ermöglicht.[500]

Bei der gemeinsamen Festlegung von qualitativen Zielen, die generell eine höhere Komplexität besitzen, ist zur Klärung der Sachverhalte und zur Vermeidung von Verständigungsproblemen eine zeitintensivere Kommunikation erforderlich, die allerdings mittels einer effizienten Abstimmung in der Anbahnungsphase kompensiert werden kann.[501] Handelt es sich um die Formulierung quantitativer Ziele, steht die Genauigkeit im Vordergrund. Der Spielraum, innerhalb dessen die quantitativen Leistungsziele vertraglich abgesteckt werden können, fällt im Hinblick auf die organisatorische Zielpyramide relativ gering aus, so

---

tierung neuer Kommunikationstechnologien zu überprüfen, wodurch das Entstehen von Defiziten im Einsatz der Medien vermieden werden kann.

[499] Vgl. hierzu bspw. die Outlook-Funktion zum Versenden von Einladungen zu Besprechungen. Der Organisator einer Besprechung versendet an einen bzw. mehrere Kommunikationspartner eine E-Mail, die einen Termin enthält und mit der Funktionalität des Online-Kalenders verankert ist. Der Rezipient kann den Termin nun mittels eines Mausklicks bestätigen oder zurückweisen. Die übrigen potenziellen Teilnehmer haben die Möglichkeit, die Teilnahme oder die Absage weiterer Rezipienten der Nachricht zu verfolgen. Der Organisator der Besprechung erhält elektronisch die Zu- oder Absagen.

[500] Vgl. Trevino, L. K./Daft, R. L./Lengel, R. H. (1990), S. 75f.

[501] Vgl. Oechsler, W. A. (2001b), S. 205.

dass die Notwendigkeit einer „*Pull-Partizipation*"[502] erwächst. Die Kommunikation kennzeichnet sich daher durch eine sachlich stringente Argumentation und Überzeugungsarbeit aus.[503] Ist die Vereinbarung zwischen Führungskraft und Mitarbeiter im Sinne eines unvollständigen Kontraktes abgeschlossen, kann der Leistungsvertrag in einer gemeinsamen Datenbank abgespeichert werden. Einsetzbar sind hier sowohl Excel- oder Word-Dokumente als auch Access-Datenbanken sowie die SAP R/3-Lösung (vgl. Tabelle 6). Angesichts der Verfügbarkeit der Informationen weltweit, besteht für die Führungskraft die Möglichkeit, über den Einsatz der Kommunikationstechnologien flexibel und äußerst effizient stichprobenartig Kontrollinformationen zu beschaffen, wodurch eventuelles Täuschungspotenzial des Mitarbeiters eine erhebliche Einschränkung erfährt. Dies stellt das Screening im Rahmen der Principal-Agent-Theorie dar (vgl. Kapitel 3.2).[504] Der Aufwand zum Ausgleich der Informationsasymmetrie kann mittels der Nutzung von Internet und Intranet, E-Mail sowie systembasierten Datenbanken zunehmend reduziert werden.

---

[502] Vgl. Webers, T. (1999), S. 5. Vgl. ferner zu den Problemen der Partizipation bei der Festlegung der Ziele im organisatorischen Kontext Kapitel 3.2. „*Pull-Partizipation*" bedeutet in diesem Kontext, dass die Führungskraft Überzeugungsarbeit zu leisten hat, damit der Mitarbeiter die Zielvorgaben zu seinen eigenen macht.

[503] Vgl. Rice, R. E. (1992), S. 477. Handelt es sich bei dem Kommunikationspartner um ein neues Unternehmens- respektive Teammitglied, weshalb sich bisher keine Gelegenheit bot, einen Vertrauenskontext der Führungsbeziehung aufzubauen, ist die Anwendung eines reichhaltigen Mediums in der Zielvereinbarungsphase zu empfehlen. Zur Aushandlung ist möglichst ein synchrones Medium, ausgezeichnet durch ein hohes Potenzial zur Vermittlung von sozialer Präsenz zu verwenden. Dabei bietet sich der Einsatz von Videokonferenzen an, die weit gehend die Simulation einer face-to-face-Situation ermöglichen. Ferner dient das Einholen von Informationen aus sowohl formalen als auch informellen Informationsquellen gerade in virtuellen Netzwerkstrukturen als Kontrollmechanismus, vgl. auch Friedrich, C. (1998), S. 207.

[504] Vgl. Dietl, H. (1991), S. 146.

Medien / Aufgabe	Face-to-face[505]	Video-konferenz	Voice Mail	E-Mail	Online-Konferenz/ Intranet	Betriebs-Software	Effizienzgewinn durch IuK-Technologien bezüglich
Termin-vereinbarung			X	X			- Schnelligkeit
Kommunikation der Ziel-vorstellungen/ Vorbereitung				X	X	X	- Schnelligkeit - Präzision - Quantität der verfügbaren Informationen
Vereinbarung	X				X	X	- Präzision - Transparenz - Objektivität - Quantität
Festlegen von Bewertungs-standards	X			X	X	X	- Präzision - Transparenz - Objektivität

Tabelle 6:   Eignung von Medien in der Phase der Zielanbahnung und -vereinbarung

Im Hinblick auf eine Effizienzbetrachtung in der Phase der Zielvereinbarung ermöglicht der technologische Einsatz die Abstimmung zwischen Führungskraft und Mitarbeiter trotz räumlicher und zeitlicher Distanz. Die Präzision von mediatisierter Kommunikation ermöglicht die unmissverständliche Definition von Zielen und Leistungsstandards nach den in Kapitel 3.1.3 angeführten Leistungsdimensionen[506], wodurch zum einen eine zielgerichtete Unterstützung des Mitarbeiters durch die Führungskraft erfolgen kann, zum anderen eine objektivere Bewertung der Leistung des Mitarbeiters im Nachhinein möglich wird (vgl. Tabelle 6 und Tabelle 7). Die Nutzung von unterschiedlichen Kommunikationskanälen, wie bspw. die Telefonkonferenz in Verbindung mit einem NetMeeting

---

[505]   Unterstellt wird, dass die face-to-face-Kommunikation diejenige Form darstellt, die sich am besten dazu eignet, kohäsive Elemente zu übertragen. Da diese jedoch in virtuellen Führungsbeziehungen nur unter einem immensen Kosten- und Zeitaufwand realisierbar ist, wird, wenn möglich, auf diese verzichtet. Stattdessen wird angenommen, dass die Videokonferenz als Substitut für die face-to-face-Kommunikation dienen kann.

[506]   Vgl. Oechsler, W. A. (2000b), S. 474f.; sowie Oechsler, W. A. (2001b), S. 304.

und vorausgegangenem E-Mail-Kontakt, wirkt verständnisfördernd und trägt
somit zu einer besseren Entscheidungsgrundlage bei.

Effizienz-kriterium Ziel-verein-barung	Schnelligkeit	Präzision	Transparenz	Quantität	Objektivität
Chancen	- Reduktion der Informationsa-symmetrie	- Definition der Leistungsstan-dards - Festlegen der Ziele nach Me-thode der kriti-schen Ereignisse - verstärkte Aufgabenorien-tierung	- unterstützt Verbindlichkeit der Aussagen	- Nutzung von unterschiedli-chen Kommuni-kationskanälen - bessere Ent-scheidungs-grundlage für Ziele	
Risiken	- voreiliges Treffen von Zusagen	- Überbewertung von Details - Vernachlässi-gung sozialer Komponenten und Verhaltens-dimensionen		- zu hohe Kom-plexität des Vereinbarungs-gegenstandes - Schwierigkeit der Priorisierung	

Tabelle 7:   Chancen und Risiken aufgrund der Effizienzkriterien in der Phase der Zielvereinbarung

Die Risiken aufgrund des Einsatzes von Kommunikationstechnologien in der
Phase der Vereinbarung kennzeichnen sich durch eine potenzielle Konzentration
auf quantitative Größen, wobei Verhaltensdimensionen und soziale Aspekte im
Zuge der Vereinbarung außer Acht gelassen werden. Deutlich zeichnet sich dieses Risiko allerdings erst in der Beurteilung ab, da auf eine Bewertung entsprechend „Behavior-and-Result"[507] verzichtet werden muss. Die Quantität der verfügbaren Informationen bezüglich eines Zielgegenstandes erschwert ferner die
Priorisierung im Rahmen der Vereinbarung auf Basis der Methode der kritischen
Ereignisse.[508] Da die mediatisierte Kommunikation stark inhaltsorientiert ist,
könnten Führungskraft und Mitarbeiter dazu verleitet werden, Zusagen zu treffen, die aufgrund der Präzision der Zielfestlegung nicht ohne weiteres zu revi-

---

[507]   Vgl. Oechsler, W. A. (2000b), S. 477. Management-by-Behavior-and-Results bedeutet, dass
die reine Beurteilung der Ergebnisse um eine Verhaltensbeurteilung ergänzt wird. Dies soll
dem Umstand Rechnung tragen, dass nicht alle eingetretenen Ergebnisse unbedingt durch den
Mitarbeiter verursacht werden.

[508]   Vgl. zur Methode der kritischen Ereignisse Kapitel 3.1.3.

dieren sind. Ist eine Vereinbarung dokumentiert, sind die Barrieren höher, eine Aussage zurückzunehmen, auch wenn dies z. Bsp. in einer Überforderung des Mitarbeiters mündet.

3. Einsatz von Kommunikationstechnologien in der Phase der Zielanpassung

Sind die Ziele und ihre Bewertungsstandards in einer Datenbank oder in einem für beide Kommunikationspartner zugänglichen Dokument abgespeichert, können die Ziele in regelmäßigen Zeitabständen auf ihre Aktualität und den Erreichungsgrad hin durch Führungskraft und Mitarbeiter unabhängig voneinander überprüft werden. Bereits die Möglichkeit des autonomen Einholens von Statusinformationen gilt dabei als motivierend und handlungslenkend,[509] so dass auf die Interaktion zwischen Führungskraft und Mitarbeiter verzichtet werden kann.

Ergibt sich im Laufe des Zielvereinbarungszyklus der Bedarf einer Zielmodifikation oder Adaption der Bewertungsstandards, steht der Austausch von weit gehend sachlicher Information im Vordergrund und betrifft somit vorwiegend die inhaltliche Ebene der Kommunikation. Die Anforderungen an die Kommunikation betreffen demzufolge sowohl die Genauigkeit, da inhaltliche Argumente für eine eventuelle Zielvereinbarungsmodifikation auszuwerten sind, als auch die Dokumentierbarkeit der Argumentationskette.[510] Bezüglich der inhaltlichen Anpassung der Vereinbarung ist gerade mit Blick auf die Principal-Agent-Problematik, zwischen positiver und negativer Anpassung zu unterscheiden: Ergibt sich eine positive Anpassung der Ziele bzw. ihrer Bewertungsstandards, so kann der Mitarbeiter eine Veränderung der gemeinsamen Vereinbarung auf der Datenbank bzw. im R/3-System nach Benachrichtigung der Führungskraft durch E-Mail oder Voice Mail vornehmen. Die Dokumentation der vertraglichen Veränderungen kann die Transparenz des gesamten Zielvereinbarungszyklus erhöhen. Sind die Ziele sowie die Beurteilungsstandards bezüglich ihres Niveaus zu senken, kann die Führungskraft die aus den Veränderungen der externen Rahmenbedingungen resultierende Notwendigkeit nachprüfen. Angesichts der Kosten-Nutzen-Relation ist diese Chance zwar nur begrenzt gegeben; aufgrund der Unterstützung durch moderne IuK-Technologien gestaltet sich diese Kontrolle allerdings effizienter. Hierzu stehen sämtliche IuK-Technologien wie Intranet, Internet etc. zur Verfügung, um schnell und kosteneffizient Informationen zu erhalten.[511] Ferner kann eine informelle Anfrage an

---

[509]   Vgl. Hey, A. H./Pietruschka, S. (1998), S. 23.

[510]   Vgl. Rice, R. E. (1992), S. 490; ferner Picot, A./Reichwald, R./Wigand, R. T. (2003), S. 111.

[511]   Vgl. Spremann, K. (1988), S. 617.

Projektleiter oder vor Ort ansässige Kollegen des delokalisierten Mitarbeiters mithilfe von E-Mail erfolgen. Hier dient das in den modernen Organisationsformen vorherrschende informelle Beziehungsnetzwerk als impliziter Kontrollmechanismus. Gleichfalls kann hier die Reputation im Unternehmen eine Verringerung des Risikos von opportunistischen Handlungen des Mitarbeiters bewirken.[512] Generell kennzeichnet sich diese Phase vorwiegend durch sachbezogene bzw. aufgabenorientierte Informationen. Den Anforderungen der Aufgaben in der Anpassungsphase können daher Medien mit einer geringen Reichhaltigkeit genügen. Es sei denn, es handelt sich um eine Problemsituation, die es letztlich im Rahmen einer Videokonferenz zu bewältigen gilt (vgl. Tabelle 8).

---

[512]   Vgl. Klimecki, R./Gmür, M. (2001), S. 61.

Medien Aufgabe	Face-to-face	Video-konferenz	Voice Mail	E-Mail	Online Konfer-enz/ Intranet	Betriebs-Software	Effizienz-gewinn durch IuK-Technolo-gien bezüg-lich
Informationen durch Führ-ungskraft			X	X		X[513]	- Schnellig-keit - Quantität - Präzision
Informationen durch Mitar-beiter			X	X		X	- Schnellig-keit - Präzision - Quantität
Anpassung der Ziele		negative Anpas-sung		positive Anpas-sung	negative Anpas-sung	positive und negative Anpas-sung	- Schnellig-keit - Präzision - Transpa-renz - Quantität verfügbarer Informatio-nen - Ob-jektivität
Anpassung der Bewer-tungs-stan-dards		negative Apassung		positive Anpas-sung		positive und negative Anpas-sung	- Präzision - Trans-parenz - Objek-tivität

Tabelle 8:   Eignung von Medien in der Phase der Zielanpassung

Die Effizienzpotenziale des IuK-Einsatzes eröffnen hier die Chance, den Handlungsspielraum des Mitarbeiters im Sinne eines Management-by-Exception einzuschränken. Angesichts der Kundennähe des Mitarbeiters in virtuellen Netzwerken ist der Mitarbeiter gezwungen, zeitnah Entscheidungen zu treffen und flexibel zu agieren. Hierzu kann dem Mitarbeiter ein entsprechender Handlungsspielraum gewährt werden, der eingeschränkt wird, sobald die Führungskraft IuK-gestützt erreichbar ist und in Entscheidungen eingebunden werden kann. Die Führungskraft kann somit ein Mindestmaß an Kontrolle behalten und potenziellem Opportunismus vorbeugen. Ferner steigt mit Blick auf die Kosten-Nutzen-Relation der effizienten Informationsbeschaffung die Möglichkeit der Kontrolle durch die Führungskraft in sämtlichen Phasen des Zielvereinbarungs-

---

[513]   Das Betriebssystem dient der Abfrage des Zielerreichungsgrades und steigert die Effizienz, sofern es in Verbindung mit weiteren Medien eingesetzt wird.

prozesses. Dadurch senkt sich die Informationsasymmetrie zwischen Führungskraft und Mitarbeiter und führt zur Reduzierung der Transaktionskosten (vgl.
Tabelle 9).[514]

Effizienz-kriterium / Zielan-passung	Schnelligkeit	Präzision	Transparenz	Quantität	Objektivität
Chancen	- Einschränkung der Handlungs-spielräume - Kontrollmög-lichkeit - zeitnahe Adapti-on der Zielerrei-chungsstrategie - Reduktion der Informationsa-symmetrie		- Dokumentation der Historie - Transparenz der Argumentation bei positiver und negativer Anpas-sung - unterstützt Verbindlichkeit der Aussagen	- umfassende Informationsver-sorgung	
Risiken	- Informations-überflutung			- Informations-überflutung	

Tabelle 9:   Chancen und Risiken aufgrund der Effizienzkriterien in der Phase der Zielanpassung

Als kritisch für die technologisch gestützte Phase der Zielanpassung ist lediglich
die potenzielle Informationsüberflutung zu sehen, die aus der Schnelligkeit und
Quantität der Informationsvermittlung resultieren kann

4. Einsatz von Kommunikationstechnologien in der Phase des Soll-Ist-
    Vergleichs und der Beurteilung

Im Zusammenhang mit der abschließenden Phase des Zielvereinbarungsprozes-
ses ist aufgrund unterschiedlicher Kommunikationsaufgaben zwischen dem
Soll-Ist-Vergleich und dem Beurteilungsgespräch zu differenzieren.[515] Dem
Soll-Ist-Vergleich, der sich sachlich gestaltet und in erster Linie auf inhaltliche
Aspekte der Kommunikation abzielt, kommt zunächst eine rein informative
Funktion zu, wodurch der Mitarbeiter Rückmeldung über seine Handlungen und
die Leistungsergebnisse erlangt. Sind die dokumentierten Ziele und die Bewertungsstandards sowohl für den Mitarbeiter als auch für die Führungskraft zu-
gänglich, können beide Seiten zunächst separat voneinander eine Beurteilung

---

[514]   Vgl. Spremann, K. (1988), S. 617.

[515]   Vgl. Oechsler, W. A. (1999a), S. 12f.

abgeben, so dass an dieser Stelle nicht zwingend die Interaktion zwischen Führungskraft und Mitarbeiter erforderlich ist. Genauigkeit und Objektivität dominieren die Evaluation des Soll-Ist-Vergleichs, der als Grundlage für die Einbettung in den Bewertungskontext im Rahmen des Feedback dient.

Auf Basis der zu Beginn des Zyklus vereinbarten Leistung sowie anhand der Zwischenbewertung im Falle einer unterjährigen Beurteilung kann von beiden Seiten zunächst separat voneinander eine Endbeurteilung abgegeben werden. Die Selbstbeurteilung des Mitarbeiters bedeutet gerade angesichts des kooperativen Führungsverständnisses und der Spezialisierung eine Betonung des Selbstmanagement. Eine motivierende Funktion erhält das Feedback erst, wenn der Mitarbeiter in der Lage ist, die Daten zu interpretieren, zu bewerten und direkte Handlungskonsequenzen für sich abzuleiten.[516] Die Einordnung der Zielerreichungsgrade in einen Bewertungskontext erfolgt im Rahmen eines Beurteilungsgesprächs,[517] welches sowohl eine informative als auch eine motivationale Komponente beinhaltet (vgl. Kapitel 3.3).[518] Da die Zielvereinbarung einerseits quantitative und qualitative Ziele, andererseits Leistungs- und Entwicklungsziele umfasst, sind an die Kommunikation im Rahmen des Feedback unterschiedliche Anforderungen gestellt. Ebenso fallen unterschiedliche Kommunikationsaufgaben bei der Vermittlung eines positiven im Vergleich zu einem negativen Feedback an (vgl. Tabelle 10). In der Praxis werden Gehaltsfindungsgespräche und Personalentwicklungsgespräche häufig zusammengelegt.[519] Gelingt es allerdings, die Kommunikationstechnologien so einzusetzen, dass solche Gespräche vorwiegend kommunikationstechnologisch gestützt unter Beibehaltung der räumlichen Entfernung geführt werden können, vermindert sich der Aufwand. Durch eine Trennung der Ziele eines Mitarbeitergesprächs könnten mitarbeiterorientierte Aspekte, wie bspw. die persönliche Entwicklung, an Raum gewinnen.[520] Ferner liegt die Unterstützung des Mitarbeiters bei seiner beruflichen Entwicklung gleichfalls im Interesse der Führungskraft. Angesichts der in der Principal-Agent-Theorie intendierten Problematik der hidden intention,[521] ist anzunehmen, dass der Mitarbeiter tendenziell eher bereit ist, seine langfristigen Karrierepläne offen zu legen, wenn die Führungskraft die Rolle eines Coaches

---

[516]   Vgl. Locke, E. A./Shaw, K. N./Saari, A. M./Latham, G. P. (1981), S. 132.

[517]   Vgl. Oechsler, W. A. (1999a), S. 12f.

[518]   Zur Funktion von Feedback vgl. bspw. Rosenstiel, L. v. (2003), S. 87.

[519]   Vgl. Oechsler, W. A. (2001b), S. 206f.

[520]   Weder Führungskraft noch Mitarbeiter müssen einen Zeitverlust verzeichnen, der entstehen würde, wenn eine Anreise erforderlich wäre. Auch ist eine Unterbrechung des Gesprächs aufgrund der geringen Störanfälligkeit im Vergleich zu einer persönlichen Besprechung nicht zu erwarten.

[521]   Vgl. zur Problematik der hidden intention Kapitel 3.2.

und Beraters einnimmt. So können entsprechend den Interessen beider Seiten alternative Szenarien entwickelt und Kompromisse gefunden werden. Eine solch offene Kommunikation verhindert opportunistische Verhaltensweisen des Mitarbeiters und gestaltet die Führungsbeziehung effizient.

Handelt es sich beim Beurteilungsgespräch um das Anbringen von negativer Kritik, so scheint, um die Aufnahme der Information beim Beurteilten zu beobachten und mit adäquaten Reaktionen abgestimmt auf die Persönlichkeit des einzelnen Mitarbeiters reagieren zu können, die synchrone Kommunikation notwendig. Nonverbale Elemente wie Mimik und Gestik sowie z.b. die Betonung der Worte sind ausschlaggebend für die Konsequenzen der Kommunikation eines Bewertungsergebnisses.[522] Im Falle der negativen Diskrepanz zwischen Soll und Ist der Zielerreichung können gemeinsam durch Führungskraft und Mitarbeiter die Ursachen im Rahmen einer Abweichungsanalyse identifiziert werden, u.a. um potenzielles opportunistisches Handeln des Mitarbeiters auszuschließen.[523] Die Kommunikation im Zusammenhang mit der detaillierten Analyse der betriebsexternen und betriebsinternen Faktoren als Ursachen für eine defizitäre Zielerreichung charakterisiert sich durch hohe Komplexität und einen geringen Grad an Aufgabenstrukturiertheit. Anhand der Ursachenanalyse ist nicht nur eventuell opportunistisches Verhalten zu rekonstruieren,[524] sondern auch die Entwicklung effektiver Aufgabenstrategien zu fördern. Insgesamt eignen sich bei mangelhaften Leistungsergebnissen reichhaltige Medien, die eine synchrone Kommunikation ermöglichen. So steigt bspw. die Hemmschwelle für Täuschungsversuche, sofern nonverbale Elemente übertragen werden bzw. die Möglichkeit zum Blickkontakt gegeben ist.

Sind die Ziele durch den Mitarbeiter erreicht worden bzw. handelt es sich um ein positives Feedback, ist mit Blick auf die intrinsische Motivation des Mitarbeiters, für die Nachhaltigkeit der Kommunikation Sorge zu tragen.[525] Zum Ausdruck der Anerkennung kann die Auszeichnung an mehrere Empfänger und Rezipienten insbesondere auch hierarchisch höherer Positionen via E-Mail oder Veröffentlichungen im Intranet kommuniziert werden. Erfolgt die Auszeichnung schriftlich und kann diese durch den Rezipienten archiviert werden, steigert sich

---

[522] Vgl. Ilgen, D. R./Fisher, C. D./Taylor, M. S. (1979). Ilgen, Fisher und Taylor haben die Dimensionen Ausmaß, Art, Frequenz, Spezifität, Zeitpunkt, Quelle sowie sign und recency von Feedback untersucht.

[523] Vgl. Kluger, A. N./DeNisi, A. (1996), S. 263f. Insgesamt ist aus den Studien zu schließen, dass weder Zielsetzungen noch Feedback für sich alleine ausreichend sind, um Leistungen zu verbessern. Dies betrifft sowohl explizites, regelmäßiges als auch informelles Feedback. Bisher wurden spezifische Dimensionen, entlang deren Feedback variieren kann, nicht ausreichend untersucht, um valide Aussagen treffen zu können.

[524] Vgl. Spremann, K. (1988), S. 621.

[525] Vgl. Kluger, A. N./DeNisi, A. (1996), S. 263f.

die Nachhaltigkeit wesentlich. Allerdings ist in Betracht zu ziehen, dass Kritik oder Lob generell, sofern sie anhand von gering reichhaltigen Medien übermittelt werden, eine Abschwächung erfahren.[526] Dem ist insofern Rechnung zu tragen, als eventuell mehrere Medien zur Verstärkung der Kommunikationsinhalte in der Beurteilungsphase heranzuziehen sind.

Medien / Aufgabe	Face-to-face	Video-konfe-renz	Voice Mail	E-Mail	Online Konfer-enz/ Intranet	Betriebs-Software	Effizienzge-winn durch IuK-Technologien bezüglich
Terminve-reinbarung			X	X			- Schnelligkeit
Soll-Ist-Vergleich						X	- Präzision - Quantität der Informationen - Objektivität - Transparenz
Beurteilung: Positive Zielerrei-chung				X[527]		X[528]	- Objektivität - Präzision - Nachhaltig-keit durch Dokumentier-barkeit
Beurteilung: Negative Zielerrei-chung		X			X[529]	X	- Objektivität - Präzision - Transparenz

Tabelle 10:   Eignung von Medien in der Phase des Soll-Ist-Vergleichs und der Beurteilung

Bei der Bewertung von Leistungs- und Entwicklungszielen, sind unterschiedliche Kommunikationsschwerpunkte zu setzen. Wurden Leistungsziele nicht erfüllt, stellt die Kommunikationsaufgabe hohe Anforderungen an die Komplexität der Kommunikation. Ziel ist die Darlegung der verfolgten Strategien, um eine künftige Verbesserung zu erreichen, sowie die Offenbarung eventueller Fehlleistungen durch den Mitarbeiter. Bei defizitärer Erfüllung der Entwicklungsziele hingegen, die – besonders mit Blick auf die obligatorische Erhaltung der Employability – direkt im Interesse des Mitarbeiters liegen müssten, geht es darum, den Mitarbeiter in seiner individuellen Persönlichkeit zu unterstützen

---

[526]   Vgl. Grote, G. (1994), S. 74.

[527]   E-Mail wird insbesondere zur Einbindung weiterer Adressaten herangezogen und verfügt daher über eine hohe motivationale Bedeutung.

[528]   Die Dokumentation erfolgt anhand des Betriebssystems.

[529]   In Verbindung mit einer Videokonferenz, um Details analysieren zu können.

und weniger darum, potenziellen Opportunismus auszuschließen.[530] Hierbei überwiegt die Vertraulichkeit der Kommunikationssituation. Medien, welche die synchrone Kommunikation sowie die Übertragung von nonverbalen Elementen und Sprache erlauben, erleichtern es, auf Mitarbeiterbedürfnisse einzugehen. Daher ist bei der Diskussion der Gründe für das Nichterreichen der Ziele ein reichhaltiges Medium zu nutzen, so kann z.b. ein Gespräch per Telefon gewählt werden, wodurch die Vertraulichkeit durch die Möglichkeit der Übermittlung von Sprache und Stimmlagen als nonverbale Elemente der Kommunikation gesteigert werden kann.

In der Phase der Beurteilung stehen demzufolge zum einen inhaltliche Aspekte der Kommunikation im Zuge des Feststellens des Soll-Ist-Vergleichs im Vordergrund, so dass die Anwendung von Medien, die die Präszision und Transparenz des Kommunikationsprozesses gewährleisten, sinnvoll erscheint. Zum anderen handelt es sich um die Erfüllung von kohäsiven Kommunikationsaufgaben. Die Kommunikationsaufgaben innerhalb der Beurteilung umfassen demzufolge einerseits kohäsive und vertrauliche Elemente der Kommunikation, um eine intrinsisch motivierte Leistungssteigerung zu erreichen und opportunistisches Handeln des Mitarbeiters auszuschließen. Der Bedarf an sozialer Präsenz und medialer Reichhaltigkeit der Medien steigt vorwiegend im Zusammenhang mit einem negativen Beurteilungsergebnis. Demzufolge kann ein weniger reichhaltiges Medium zum Informationsaustausch bezüglich des Zielerreichungsgrades sowie zur Kommunikation eines positiven Beurteilungsergebnisses eingesetzt werden. Wird so die kohäsive und lokomotive Funktion der Führung in der Beurteilungsphase sicher gestellt und somit sowohl der ökonomischen als auch der sozio-emotionalen Ausprägung der Interaktion Rechnung getragen, können die folgenden Chancen aus dem Einsatz von IuK-Technologien für die Zielvereinbarung resultieren:

Die Präszision und Transparenz der Kommunikation in den vorangehenden Phasen legt die Basis für die Erfüllung der Gütekriterien im Rahmen der Beurteilung.[531] Aufgrund der restriktiven Übermittlung von Zusatzinformationen, wie bspw. nonverbale Elemente, gestaltet sich der Kommunikationsprozess weniger emotional.[532] Spontane emotionale Reaktionen bezüglich eines Sachverhalts können abgekühlt werden, um in eine eher rationale Kommunikationssituation einzutreten. Dies ist in einer persönlichen Kommunikationssituation dagegen nicht möglich. Demzufolge ist nach der Feststellung des Soll-Ist-Vergleichs durch Führungskraft und Mitarbeiter, separat in ein weniger emotionsbeladenes

---

[530] Vgl. Oechsler, W. A. (2003a), S. 975.

[531] Vgl. Martin, A. (1994), S. 164f.

[532] Vgl. Büssing, A./Moranz, C. (2003), S. 33.

Beurteilungsgespräch einzutreten, wodurch eine objektive Bewertung möglich wird.

Ferner ist anzunehmen, dass die Beurteilung tatsächlich auf der Basis des Zieler-reichungsgrades statt findet, und nicht aufgrund eigenschaftsorientierter Merkmale des Mitarbeiters.[533] In diesem Zusammenhang besteht die Chance, dass die kommunikationstechnologische Unterstützung aufgrund ihrer aufgabenorien-tierten Ausrichtung eine Verminderung der Beurteilungstendenzen[534] zur Folge hat. Mit der Reduktion der Beurteilungsfehler sind Vorteile bezüglich der Erhö-hung der Gütekriterien des Leistungsbeurteilungsverfahrens ‚Zielvereinbarun-gen' zu erwarten. Beispielsweise können Bewertungsängste der Führungskraft durch die tendenziell anonyme Stimmung schwinden, so dass sich der Beurtei-lungsfehler der Tendenz zur Mitte reduziert.[535] Eine geringere Frequenz von persönlichen Kontakten lässt eventuell individuell bedingte Antipathien und persönliche Attributen wie die Äußerlichkeiten einer Person zu Gunsten objektiv bewertbarer Kriterien oder Leistungsergebnisse an Bedeutung verlieren. Der häufig zu beobachtende Recency-Effekt[536] sowie der Halo-Effekt können durch transparente Dokumentation der Teilergebnisse der Zielerreichung vermieden werden (vgl. Tabelle 11).[537] Im Zusammenhang mit auftretenden Meinungsver-schiedenheiten zwischen Führungskraft und Mitarbeiter während der Beurtei-lungsphase, dient die Transparenz und Präzision des vorausgegangenen Kom-munikationsprozesses der Behebung. Die Effizienzkriterien der Kommunikati-onstechnologien unterstützen hierbei die Identifikation von Verantwortlichkeiten und Versäumnissen.

---

[533]   Vgl. Leonhardt, W. (1991), S. 91ff.

[534]   Vgl. Liebel, H./Oechsler, W. A. (1994), S. 236f.; sowie Curth, M. A./Lang, B. (1991), S. 30ff.

[535]   Vgl. Curth, M. A./Lang, B. (1991), S. 29.

[536]   Vgl. Oechsler, W. A. (2000b), S. 463.

[537]   Vgl. zu Beurteilungstendenzen Mungenast, M. (1990), S. 215ff.; ferner Liebel, H./Oechsler, W. A. (1994), S. 236f.; sowie Curth, M. A./Lang, B. (1991), S. 30ff.

Effizienz-kriterium Soll-Ist-Ver-gleich/ Beurteilung	Schnelligkeit	Präzision	Transparenz	Quantität	Objektivität
Chancen	- effiziente Informatons-versorgung - Reduktion der Informationsasymmetrie	- Dokumentier-barkeit des Informations-flusses - präziser Soll/Ist-Vergleich	- Dokumentation bei negatver Zielerfüllung - Identifizierung von Verant-wortlichen bei negativer Zieler-füllung	- Verfügbarkeit von umfasseden Informationen	- Reduktion der Beurteilungs-tendenzen - Erhöhung der Objektivität durch Hinzuzie-hen von weite-ren Beurteilern - Ausblenden von irrationalen Aspekten
Risiken	- voreiliges Treffen von Entscheidun-gen durch die Führungskraft	- Überbewer-tung von quati-tativen Größen			- Reine Aus-richtung an Zielergebnissen - keine Berück-sichtigung von weiteren Leis-tungsdimensio-nen

Tabelle 11:   Chancen und Risiken aufgrund der Effizienzkriterien in der Phase des Soll-Ist-Vergleichs und der Beurteilung

In der Beurteilungsphase sind aufgrund der Distanz in der Führungsbeziehung und der damit zwangsweise verbundenen Nichtbeobachtbarkeit des Handelns des Mitarbeiters, Nachteile hinsichtlich eines Management-by-Behavior-and-Results zu verzeichnen. Bei einer Beurteilung, die sich rein auf das Ergebnis des Soll-Ist-Vergleichs stützt, besteht die Gefahr, eine eindimensionale Bewertung auf Kosten von Verhaltensdimensionen und sozialen Aspekten vorzunehmen. Um dies zu vermeiden, sind zusätzliche Bewertungen bspw. von Kunden oder Kollegen bezüglich weiterer Leistungsdimensionen des Mitarbeiters hinzuzuziehen. Dies soll die Führungskraft ferner davor schützen, voreilig Entscheidungen bezüglich der Bewertung des Mitarbeiters zu treffen (vgl. Tabelle 11).

Die vorangehenden Ausführungen zeigen, dass sich im Zielvereinbarungsprozess überwiegend Vorteile aus dem Einsatz von Kommunikationstechnologien ergeben. Angesichts der Bedeutung der Motivation des Mitarbeiters in den neuen Organisationsformen, die im Zuge der sozio-emotional geprägten Interaktion entsteht, ist in letzter Konsequenz trotz technologischen Fortschritts, die persönliche Kommunikation langfristig nicht zu ersetzen. Dies liegt weniger an den technischen Restriktionen selbst, sondern eher an der durch die Medien geschaffenen künstlichen Kommunikationssituation.[538] Dabei wird zunächst die informelle Kommunikation sowie die Stimulierung sozialer Kontakte nicht als Ziel verfolgt. Da die Nutzung der neuen IuK-Technologien insgesamt eine Erhöhung der Sachlichkeit und Aufgabenorientierung in der Kommunikation intendiert, könnte die Übertragung von emotionalen Elementen und die persönliche Beziehungen protegierende informelle Kommunikation vernachlässigt werden. Der Grund hierfür ist, dass Kommunikation mittels Technologien nur dann initiiert wird, wenn es ein spezifisches Ziel zu erreichen gilt.[539] Die persönlichen Beziehungen entstehen dabei als Nebenprodukt der täglichen Zusammenarbeit in räumlicher Nähe,[540] so dass sich aufgrund mangelnder Gelegenheit zu spontanen Kommunikationssituationen die unerwartet als Begleiterscheinung erlebten Eindrücke und zwischenmenschlichen Erfahrungen verlieren, woraus negative Konsequenzen für die Führungsbeziehung erwachsen.[541] Demzufolge entsteht nicht durch die Kommunikationstechnologien an sich ein Risiko, sondern die Art und Weise der Anwendung solcher Medien.[542] Die technologisch gestützten Kommunikationsprozesse gelten daher als effizient mit Blick auf führungspolitische Aufgaben, wenn sie bewusst und zielgerichtet durch Komponenten der persönlichen Kommunikation ergänzt werden.[543] Die folgende Handlungsmatrix (vgl. Tabelle 12) fasst die erarbeiteten Aussagen zum optimalen Einsatz von Kommunikationstechnologien in den einzelnen Phasen des Zielvereinbarungsprozesses zusammen.

---

[538] Vgl. Klein, S. (1997), S. 48.

[539] Vgl. Meier, H. K.-F./Schmitt, L. (1995), S. 69.

[540] Vgl. Walther, J. B. (1995), S. 186. Keine Führungskraft setzt eine Telefonkonferenz an, um mit einem Mitarbeiter zu plaudern, wie es sich in einer informellen spontanen Situation z.B. in der Kaffee-Ecke ereignet. Im traditionellen Unternehmensverbund ergeben sich zahlreiche Optionen zur informellen Kommunikation respektive zum Small Talk in der Kaffee-Ecke oder bei einem gemeinsamen Essen in der Kantine.

[541] Vgl. Kubicek, H./Rolf, A. (1986), S. 265.

[542] Vgl. Fulk, J./Schmitz, J./Steinfield, Ch. W. (1990), S. 117ff.

[543] Vgl. Kraut, R./Steinfield, Ch./Chan, A./Butler, B./Hoag, A. (1998), S. 9.

Medium / Zielvereinbarungsphasen	Face-to-face	Video-konferenz	Voice Mail	E-Mail	Online Konferenz / Intranet	Betriebssoftware
1. Phase						
Anbahnung / Vorbereitung der Zieldefinition		Team-meetings		X	X	Dokumentation
2. Phase						
Zielvereinbarung		X		X	X	Dokumentation
Festlegen der Bewertungsstandards		X		X	X	Dokumentation
3. Phase						
Informationen durch Führungskraft			X	X		X (Abfrage des Soll-Ist)
Updates durch Mitarbeiter				X	X	X (Abfrage des Soll-Ist)
Anpassung der Ziele		negative Anpassung		positive Anpassung		X
Anpassung der Bewertungsstandards		negative Anpassung		positive Anpassung	X (in Verbindung)	X
4. Phase						
Soll-Ist-Vergleich				X		X
Beurteilungsgespräch						
- Positives Ergebnis				X (mehrere Rezipienten)		Dokumentation
- Negatives Ergebnis	X	X			X	Dokumentation

Tabelle 12:   Medieneinsatz im Zielvereinbarungsprozess

Anzunehmen ist, dass erst der kommunikationsaufgabenadäquate Einsatz[544] der IuK-Technologien entsprechend der Abbildung zu einem erfolgreichen IT-gestützten Interaktionsprozess zwischen Führungskraft und Mitarbeiter führt.

---

[544]   Vgl. Reichwald, R. (1993), S. 457.

IT-Unterstützung des Zielvereinbarungsprozesses – Anforderungen an die Kommunikation und Medieneinsatz –				
Phasen der Zielvereinbarung	Genauigkeit	Schnelligkeit/ Bequemlichkeit	Vertraulichkeit	Komplexität
Führungsbeziehung als Kontext	Schnelle Informationsübermittlung		Vertrauensbildung Entstehen von Sympathie Herausbilden persönlicher Bezugspunkte Ausbau des Beziehungskontextes Leitbilder, Visionen, Kultur	
Zielanbahnung	Zielvorstellung d. Mitarbeiters Zielvorstellung d. Führungskraft bilaterale Formulierung der Zielvorstellungen und Bewertungsstandards			
Zielvereinbarung	Terminvereinbarung Dokumentation der Ziele und Bewertungsstandards		Diskussion und Festlegen der Ziele und Bewertungsstandards	
Zielrevision	autonomes Einholen von Informationen über Zielerreichungsgrad positive Zielmodifikation Informationen über Zielerreichungsgrad bei planmäßigem Verlauf kontinuierliche generelle und aufgabenspezifische Informationen, Kontaktvermittlung, Integration		negative Zielmodifikation informelle Gespräche, kohäsive Aspekte bei Fehlentwicklung lösen von Konflikten	
Soll/Ist-Vergleich und Beurteilung	Feststellen des Zielerreichungsgrades Terminvereinbarung Einordnen des Soll/Ist-Vergleichs in Bewertungskontext Positives Feedback Dokumentation, Nachhaltigkeit von Lob, Einbinden weiterer Rezipienten		negatives Feedback Ursachenanalyse kohäsive Gespräche	

Grad der Aufgabenstrukturierung				Bedarf nach sozialer Präsenz	
SAP Software	E-Mail	Voice Mail	Online-Konferenz	Videokonferenz	Face-to-face
Reichhaltigkeit der Medien					
gering		mittel		hoch	maximal

Abbildung 27: IT-Unterstützung des Zielvereinbarungsprozesses vor dem Hintergrund des aufgabenorientierten Kommunikationsmodells[545]

---

[545]   In Anlehnung an Reichwald, R. (1993), S. 457.

Dies bedeutet, dass trotz mediatisierter Kommunikation Commitment geschaffen und erhalten wird und es simultan dazu gelingt, die Effizienzkriterien der IuK-Technologien zu realisieren. Die Technologien können eingesetzt werden, um die Informations- und Kommunikationskosten in der Anbahnungs-, Vereinbarungs-, Anpassungs- und Beurteilungsphase zu reduzieren. Daraus resultiert ein effizientes IuK-gestütztes Zielvereinbarungssystem, sofern die situativen Kontextbedingungen der Interaktion auf den IT-Einsatz abgestimmt sind. Diese Aussage wird nachfolgend in Hypothesen bezüglich des Einsatzes von Kommunikationstechnologien in Zielvereinbarungssystemen formuliert, um sie im Zusammenhang mit den situativen Kontextfaktoren einer praxisorientierten Betrachtung zu unterziehen.

3.5 Annahmen zu kommunikationstechnologisch gestützten Zielvereinbarungssystemen

Die Ableitung der Hypothesen zu kommunikationstechnologisch gestützten Zielvereinbarungssystemen folgt den Phasen des Zielvereinbarungszyklus Anbahnung, Vereinbarung, Anpassung sowie Soll/Ist-Vergleich und Beurteilung. Zur Hypothesengenerierung wird auf die vorangehenden Ausarbeitungen zu IT-gestützten Interaktionsprozessen in Zielvereinbarungen sowie ihrer Einordnung in das aufgabenorientierte Kommunikationsmodell rekurriert. Vorab werden Annahmen bezüglich der Einflussfaktoren der IT-gestützten Interaktion zwischen Führungskraft und Mitarbeiter getroffen, die sich auf den situativen Kontext, gemeinsam geteilte Werte sowie auf die individuellen Einstellungen der am Interaktionsprozess Beteiligten beziehen.

1. Der Einsatz von IuK-Technologien führt zur effizienten führungspolitischen Interaktion, sofern die Einflussfaktoren auf den IuK-Einsatz abgestimmt sind.
2. Eine die IuK-Technologien integrierende Kommunikations- und Unternehmenskultur unterstützt den aufgabenspezifischen IuK-Einsatz in führungspolitischen Interaktionsprozessen.

Tabelle 13: Hypothesen bezüglich der situativen Einflussfaktoren der IT-gestützten Interaktion

Phasenübergreifend konnten die folgenden Annahmen abgeleitet werden (vgl. hierzu die Ausführungen in Kapitel 3.4.3):

3. Der Einsatz von IuK-Technologien fördert ein Management-by-Information und unterstützt somit die Erfüllung der Motivations- und Integrationsfunktion.

4. Die Möglichkeit der technologisch gestützten Informationsbeschaffung reduziert die Kosten des Ausgleichs der Informationsasymmetrie in einer Führungsbeziehung.

5. Der Einsatz von IuK-Technologien dient trotz Delokalisierung des Mitarbeiters der Einbindung der Führungskraft in Entscheidungen und reduziert somit die Koordinations- und Kontrollkosten.

6. Ein kohäsiver Beziehungskontext der Kommunikation zwischen Führungskraft und Mitarbeiter kann unabhängig von einem unmittelbaren Zielvereinbarungszyklus geschaffen werden.

7. Risiken der IuK-gestützten Kommunikation, die auf die nicht aufgabenadäquate Anwendung der neuen Technologien zurückzuführen sind, können langfristig durch Maßnahmen der Personalentwicklung reduziert werden.

8. Risiken der IuK-gestützten Kommunikation, die durch den Transfer von in hierarchischen Unternehmen gewachsenen Kommunikationsnormen bedingt sind, können langfristig durch den Wandel der Unternehmens- und Kommunikationskultur reduziert werden.

Tabelle 14:   Hypothesen bezüglich des phasenübergreifenden IuK-Einsatzes in Zielvereinbarungssystemen

Der Einsatz von gering reichhaltigen Medien gestaltet die Informationsbeschaffung, -verarbeitung und -weitergabe schnell und zu niedrigen Kosten, so dass die Informationsasymmetrie im Führungsprozess eher reduziert werden kann, als dies ohne den Technologieeinsatz möglich wäre. Generell wirkt sich der IuK-Einsatz allein aus diesem Grund effizienzsteigernd auf ein Zielvereinbarungssystem aus. Der extensive Handlungsspielraum des delokalisierten Mitarbeiters lässt sich angesichts eines potenziellen Opportunismusrisikos durch eine IT-gestützte obligatorische Einbindung der Führungskraft einschränken. Die Risiken, die aus dem Einsatz von IuK-Technologien in der Führungsbeziehung erwachsen, resultieren vorwiegend aus mangelhaftem Wissen, Erfahrungen und kulturellen sowie normativen Bezügen im Umgang mit neuen Technologien. Hier können nur langfristige Maßnahmen als erfolgswirksam angesehen werden. Das Schaffen von Kontakt- und Kommunikationsplattformen im IuK-Kontext kann der Integration der Unternehmensmitglieder führen. Im Rahmen außerorganisatorischer gemeinsamer Aktivitäten entstehen im Zuge eines offenen kohäsiv geprägten Austauschs persönliche Kontakte, die die Basis für spätere IT-gestützte Interaktionsprozesse liefern.

Erfolgt die Kommunikation und Dokumentation der Zielvorstellungen von Führungskraft und Mitarbeiter im Sinne einer Vorbereitung auf den eigentlichen Aushandlungsprozess anhand gering reichhaltiger Medien, lassen sich hierdurch die Kosten in der Anbahnungsphase von Zielvereinbarungen erheblich senken (vgl. Tabelle 5, Seite 145 und Tabelle 6, Seite 148). Die voneinander unabhängige Formulierung der Vorstellungen der Zielvereinbarung wird der Rolle des Mitarbeiters als eigenverantwortlichem Experten gerecht, sichert Raum zur Integration individueller Bedürfnisse und erhöht somit dessen Commitment.

---

9. Der Einsatz eines Medien-Mixes wenig reichhaltiger IuK-Technologien reduzieren die Informations- und Kommunikationskosten in der Phase der Vertragsanbahnung.

10. Die IT-gestützte Vorbereitung im Vorfeld der Vereinbarung reduziert die Komplexität des Vereinbarungsgegenstandes und führt anschließend zu einem effizienten Verhandlungsprozess.

Tabelle 15:   Hypothesen bezüglich des IuK-Einsatzes in der Phase der Zielanbahnung

Die Transparenz die im Zuge einer beidseitigen Vorbereitung bezüglich des Vereinbarungssachverhalts entsteht, reduziert die Komplexität und erleichtert eine objektive effiziente Interaktion. Da dadurch vorab wesentliche Sachverhalte von Führungskraft und Mitarbeiter gegenseitig erörtert werden, ist eine präzise auf das Wesentliche beschränkte Kommunikation möglich. Die Dokumentation der vereinbarten Ziele mittels eines gering reichhaltigen Mediums bzw. in einem gemeinsam zugänglichen Betriebsystem steigert die Verbindlichkeit, Überprüfbarkeit und Nachhaltigkeit des Leistungsvertrages. Daher können trotz Komplexität und Vertraulichkeit der Kommunikation in der Phase der Vereinbarung selbst Medien mittlerer Reichhaltigkeit angewandt und somit die Kosten erheblich reduziert werden. Das Problem der hidden characteristics, welches häufig einen effizienten Vertragsabschluss verhindert, wird zum einen durch die Präzision und Transparenz des Verhandlungsprozesses sowie der Möglichkeit zur effizienten Informationsbeschaffung durch die Führungskraft eingeschränkt (vgl. Hypothese 4). Zum anderen kommt an dieser Stelle der durch Vertrauen und Commitment gekennzeichnete Beziehungskontext der Kommunikation zwischen Führungskraft und Mitarbeiter zum Tragen, dessen Gewicht durch die in

Kapitel 3.3.2 erarbeiteten Prämissen der Berücksichtigung der Mitarbeiterbedürfnisse, Eigenverantwortung und der Aktivierung der intrinsischen Motivation
hervorgehoben wurde. Die Notwendigkeit einer face-to-face Kommunikation
bzw. Kommunikation anhand reichhaltiger Medien fällt trotz Komplexität und
Vertraulichkeit der Interaktion in der Vereinbarungsphase weg.[546]

---

11. Der Einsatz von Medien mittlerer Reichhaltigkeit reduziert die Informations-
und Kommunikationskosten des Verhandlungsprozesses.

12. Die IuK-Technologien tragen zur Reduzierung der Principal-Agent-Problematik
bei der Vereinbarung bei.

13. Das Festlegen der vereinbarten Ziele und Bewertungsstandards in einem gemeinsam zugänglichen Betriebssystem stellt die Grundlage eines IT-gestützten
Zielvereinbarungssystems dar.

Tabelle 16:   Hypothesen bezüglich des IuK-Einsatzes in der Phase der Zielvereinbarung

Bei der Vertragsanpassung ist zwischen einer positiven und negativen Modifikation zu differenzieren. Im Falle einer positiven Zielanpassung senken gering
reichhaltige Medien, die vorwiegend Dokumentations- und Mitteilungscharakter
aufweisen, die hohen Informations- und Kommunikationskosten der Anpassung.
Handelt es sich um eine negative Anpassung ist im Rahmen einer Ursachenanalyse die Kommunikation anhand Medien mittlerer Reichhaltigkeit erforderlich. Die Quantität der verfügbaren Informationen, der dokumentierte Zielerrei-
chungsverlauf sowie Präzision und Transparenz vorausgegangener IT-gestützter
Austauschprozesse tragen zur effizienten Analyse des Sachverhalts bei. Gegebenenfalls ist die negative Anpassung dem Leistungsverhalten des Mitarbeiters
zuzuschreiben oder als eine aus den Veränderungen der externen Rahmenbedingungen resultierende Notwendigkeit zu identifizieren (vgl. hierzu Tabelle 8,
Seite 152 und Tabelle 9, Seite 153).

---

[546]   Vgl. hierzu die Annahmen des aufgabenorientierten Kommunikationsmodells, Kapitel 2.3 und
2.4.

14. Der Einsatz gering reichhaltiger Medien reduziert die Informations- und Kommunikationskosten bei einer positiven Vertragsanpassung.

15. Im Falle einer negativen Vertragsanpassung dient der Einsatz von Medien mittlerer Reichhaltigkeit einer präzisen, transparenten und objektiven Ursachenanalyse.

Tabelle 17:   Hypothesen bezüglich des IuK-Einsatzes in der Phase der Zielanpassung

Der Einsatz gering reichhaltiger Medien reduziert die Informations- und Kommunikationskosten des Soll-Ist-Vergleichs. Der Einsatz von Medien, die die effiziente Einbindung weiterer Rezipienten sowie die Schnelligkeit der Übertragung von Lob und dessen Dokumentierbarkeit ermöglichen, maximiert die Wirkung eines positiven Feedbacks. Hierdurch lässt sich die motivationale Wirkung einer persönlichen Kommunikationssituation partiell ausgleichen. Anhand der Dokumentation gelingt das Schaffen von Nachhaltigkeit des Feedback. Im Falle eines negativen Feedback lässt sich die Ursachenanalyse wie auch im Zuge der Phase der Zielmodifikation durch IuK-Technologien effizient unterstützen. Die Zielsetzung der Kommunikation zwischen Führungskraft und Mitarbeiter im Rahmen eines negativen Feedback erfordert allerdings den Einsatz reichhaltiger Medien, weniger der Komplexität des Diskussionsgegenstandes wegen, als um eine Verständnisgrundlage auf beiden Seiten zu schaffen. Die Interaktion in der Beurteilungsphase kennzeichnet sich aufgrund der durch die in der mediatisierten Kommunikation betonten lokomotiven Aspekte stark durch Objektivität. Hierdurch lassen sich Beurteilungsfehler reduzieren und die Einhaltung der Gütekriterien unterstützen. Die IuK-gestützte Beurteilung bedingt die Ausrichtung an den Zielerreichungsergebnissen unter weit gehender Ausblendung weiterer Leistungsdimensionen (vgl. hierzu Tabelle 10, Seite 156 und Tabelle 11, Seite 159).[547] Um den dadurch entstehenden Risiken der einseitigen Bewertung entgegenzuwirken, können durch die Einbindung von Kollegen oder Kunden sowie Projektleitern als weitere Beurteiler weitere Leistungsdimension eingebracht werden.

---

[547]   Zu den Gefahren einer auf ausschließlich Zielerreichungsergebnissen basierenden Beurteilung in Form einer Überbewertung quantitativer Größen und der Vernachlässigung weiterer Leistungsdimensionen sowie die Maßnahmen zur Reduzierung derselbigen.

16. Der Einsatz gering reichhaltiger Medien reduziert die Informations- und Kommunikationskosten des Soll-Ist-Vergleichs der Zielerreichung.

17. Der Einsatz von gering reichhaltigen Medien, die die Einbindung weiterer Rezipienten in der IT-gestützten Kommunikation ermöglichen, unterstützt die Wirkung eines positiven Feedback.

18. Die Vermittlung von negativem Feedback erfordert den Einsatz reichhaltiger Medien, um eine gemeinsame Verständigungsgrundlage zu schaffen.

19. Der Einsatz von mittel reichhaltigen Medien lässt eine detaillierte Ursachenanalyse zu.

20. Der Einsatz der IuK-Technologien reduziert die Beurteilungstendenzen in der zielorientierten Leistungsbeurteilung und unterstützt die Gütekriterien.

Tabelle 18:   Hypothesen bezüglich des IuK-Einsatzes in der Phase des Soll-Ist-Vergleichs und der Beurteilung

Resümierend ist zu verzeichnen, dass sich die Austausch- und Einflussprozesse zwischen Führungskraft und Mitarbeiter durch den IuK-technologischen Einsatz in Zielvereinbarungssystemen zu einem wesentlichen Teil effizienter gestalten lassen. Die Risiken, die aus dem Einsatz wenig reichhaltiger Medien für die Kohäsion in der Führung erwachsen, sind durch ihren adäquaten Einsatz sowie die Pflege des Beziehungskontextes im Rahmen gemeinsamer Aktivitäten mit Freizeitcharakter entgegenzuwirken.

Um den Aussagegehalt der theoretisch generierten Hypothesen mit einer praxisorientierten Perspektive anzureichern, wird im nächsten Kapitel eine bei den Unternehmen SAP AG und BASF AG durchgeführte Expertenbefragung dargestellt.

4 Praxisorientierte Perspektive kommunikationstechnologisch gestützter Zielvereinbarungssysteme

Mit der nachfolgenden Untersuchung wird das Ziel verfolgt, die Handlungsmatrix zum Einsatz von Kommunikationstechnologien in Zielvereinbarungen sowie die Chancen, Risiken und Erfolgsfaktoren der IT-Unterstützung praxisrelevant auszugestalten. Ferner sind die Annahmen aus Kapitel 3.5 zu überprüfen. Der Fokus der Untersuchung liegt, aufgrund der häufig durch Delokalisierung gekennzeichneten IT-gestützten Führungsbeziehung und der daraus erwachsenden Informations- und Kommunikationkosten, auf der Principal-Agent-theoretischen Betrachtung mit Blick auf potenzielles opportunistisches Verhalten des Mitarbeiters. Hierzu wurde in Form von Fallstudien die kommunikationstechnologische Unterstützung von Zielvereinbarungen in zwei Unternehmen untersucht, die sich bezüglich ihrer Organisationsformen jeweils auf unterschiedlichen Entwicklungsstufen befinden. Während die SAP AG deutlich Merkmale eines Unternehmens der neuen Organisationsformen aufweist, sieht sich die BASF AG schwerpunktmäßig mit den Herausforderungen der zentralen Steuerung und Kontrolle der dezentralen Aktivitäten der Unternehmenseinheiten und Mitarbeiter konfrontiert. Im Anschluss an die Erläuterung der Vorgehensweise erfolgt die Darlegung und Interpretation des erhobenen Materials.

4.1 Methodische Vorgehensweise

Das Gebiet der kommunikationstechnologischen Unterstützung von Austausch- und Einflussprozessen – insbesondere in der Führung – ist bisher in geringem Ausmaß erforscht. Darüber hinaus sind in der Praxis lediglich wenige Unternehmen zu identifizieren, die gezielt innovative Kommunikationstechnologien im Führungsbereich und im Speziellen im Zielvereinbarungsprozess implementiert haben. Angesichts dieser Umstände, ist hier die qualitative Vorgehensweise zu präferieren, um erste Aussagen hinsichtlich IT-unterstützter Führungsprozesse explorativ zu gewinnen.[548] Die explorative Vorgehensweise[549] bietet sich zum Vordringen in schwer zugängliche Gegenstandsfelder, in diesem Falle die Führung, an, die stark von der subjektiven Wahrnehmung der Beteiligten geprägt sind. Die Exploration eignet sich insbesondere bei neuen Forschungsthemen dazu, eine theoriegeleitete Untersuchung durch Erfahrungen aus der Praxis anzureichern,[550] so dass das Ziel der vorliegenden Untersuchung daher lediglich

---

548 Vgl. Sydow, J./Windeler, A. (1994), S. 2 ff.

549 Vgl. Stier, W. (1999), S. 235ff.; vgl. hierzu grundsätzlich Lamnek, S. (1995).

550 Vgl. Müller-Böling, D. (1992), Sp. 1495, sowie Kromrey, H. (2002), S. 202ff.

die Ergänzung der theoriegeleiteten Aussagen bezüglich technologisch gestützter Zielvereinbarungssysteme durch Tendenzen in der Praxis sein kann. Die Formulierung der Fragestellung der Exploration leitet sich aus dem zugrunde liegenden Kontext der ergebnisorientierten Interaktionsbeziehung im Rahmen von Zielvereinbarungssystemen ab. Konkret handelt es sich hierbei um die im Folgenden ausgeführten Untersuchungsfragen, die bereits in Kapitel 1.1 als Ausgangspunkt für die theoretische Bearbeitung angeführt wurden:

1. Kann die die Erfüllung der Führungsfunktionen IuK-gestützt erfolgen?
2. Inwieweit kann der Einsatz von IuK-Technologien in Zielvereinbarungen als Leistungsbeurteilungsverfahren die Principal-Agent-Problematik reduzieren?
3. Unter welchen situativen Bedingungen kann eine solche IuK-technologische Unterstützung im Zielvereinbarungsprozess erfolgen?
4. Welche Chancen und Risiken sind mit dem Einsatz von Kommunikationstechnologien bei der Durchführung von Zielvereinbarungen verbunden?

Die Auswahl der Unternehmen ist nach Relevanz und Eignung zu rechtfertigen, da die Strategie zur Auswahl relevanter Fälle nicht standardisiert erfolgen kann,[551] wie dies bei stichprobentheoretisch abgesicherten, repräsentativen Auswahlverfahren der Fall ist.[552] Die vor dem erläuterten konzeptionellen Hintergrund abzuleitenden zwingenden Selektionskriterien, die von den untersuchten Fällen zu erfüllen sind, betreffen das Praktizieren von Zielvereinbarungen als Führungs- bzw. Leistungsbeurteilungskonzept, die Organisationsgröße und die globale Ausrichtung des Unternehmens.[553] In Anbetracht der in Kapitel 3.4.1 erörterten Bedeutung der Einflussfaktoren der Interaktion, wie Organisationsstrategie und –struktur sowie Unternehmens- und Kommunikationskultur die als Determinanten eines erfolgreichen kommunikationstechnologischen Einsatzes gelten, sind hier zwei der Größe nach vergleichbare Unternehmen zu wählen, die bezüglich der soeben genannten Faktoren die unterschiedlichen Pole eines Kontinuums darstellen.

Gewählt wurden hier das Softwareunternehmen SAP AG, Hauptsitz in Walldorf, Baden-Württemberg, sowie der Chemiekonzern BASF AG in Ludwigshafen, Rheinland-Pfalz, die in einer vergleichenden Fallanalyse bezüglich des Einsatzes von Medien im Zielvereinbarungsprozess gegenübergestellt werden. Für die Fälle spielt für die Wahl der SAP und BASF die in beiden Unternehmen bevor-

---

[551]   Vgl. Boss, M. (1993), S. 39f.
[552]   Vgl. Arnold, D. O. (1970), S. 147f.
[553]   Vgl. Sieber, P. (1998), S. 65.

stehende Implementierung eines kommunikationstechnologisch gestützten Zielvereinbarungsverfahrens eine Rolle, in welchem explizit die Medien E-Mail, Intranet bzw. MSS- und ESS-Szenarien zur Anwendung kommen sowie die Datenbankunterstützung anhand einer Betriebssoftware[554] vorgesehen ist. Bei der SAP fand im Jahre 2004 die Pilotierung des technologisch gestützten Zielvereinbarungsprozesses statt. Bei der BASF ist diese bis Ende des Jahres 2005 vorgesehen. Bis 2005 bzw. 2006 soll die kommunikationstechnologische Unterstützung von Zielvereinbarungen sowohl bei SAP als auch bei der BASF unternehmensweit ausgerollt werden. Dadurch ist hinsichtlich der Thematik der technologisch gestützten Durchführung von Zielvereinbarungen ein umfangreiches Wissen vorhanden. Darüber hinaus ist insbesondere auf die Integration der Expertenmeinung der Softwareentwickler der SAP R/3-Funktionalität des Moduls ‚Personalbeurteilung' hinzuweisen. Die Software-Entwickler beschäftigen sich seit ca. 4 Jahren teils theoretisch fundiert, teils an den Bedürfnissen der Unternehmenspraxis orientiert, mit dieser Thematik.

Um die internen Erfolgsfaktoren des jeweiligen Unternehmens zu identifizieren und das Untersuchungsfeld abstecken zu können, ist zunächst eine Dokumentenanalyse im Rahmen der Sekundärforschung durchzuführen.[555] Hierbei können bspw. Organigramme, Geschäftsberichte, festgeschriebene Führungsgrundsätze etc. analysiert werden, um Aufschluss über Hierarchie, Organisations-, Führungs- sowie Kommunikationsstruktur des jeweiligen Unternehmens zu gewinnen. Im Zuge der Dokumentenanalyse ist das Forschungsfeld zu charakterisieren, vor dessen Hintergrund die Leitfäden erstellt und die Interviews durchgeführt werden und in das die anschließende Interpretation des Datenmaterials eingebettet wird.

Auf der Basis des im Zuge der Dokumentenanalyse charakterisierten Untersuchungsfeldes schließen sich Experteninterviews mit Human Resource Fachleuten sowie IT-Fachleuten aus den in die Untersuchung einbezogenen Unternehmen an. Als Experten können demnach solche Personen bezeichnet werden, die in irgendeiner Weise Verantwortung tragen für den Entwurf, die Entwicklung und Implementierung sowie die Kontrolle einer Problemlösung oder über einen privilegierten Zugang zu Informationen über bestimmte Personengruppen oder Entscheidungsprozesse verfügen.[556] In diesem Sinne sind zum einen Personen,

---

554   Hierbei handelt es sich um das SAP R/3-Modul „Personalbeurteilung" des Release 4.7, Enterprise, Extension 2.0.

555   Vgl. Schnell, R./Hill, P. B./Esser, E. (1999), S. 238ff.

556   Vgl. Meuser, N./Nagel, U. (1991), S. 444. Im Mittelpunkt der Experteninterviews stehen die mit den bestimmten Tätigkeiten und Zuständigkeiten verknüpften gewonnenen Erfahrungen und Wissensbestände der Experten, die als Funktionsträger innerhalb eines organisatorischen Kontexts fungieren. Bei den zu befragenden Personen handelt es sich oft nicht um die höchste Hierarchieebene in einem Unternehmen, sondern eher um Verantwortliche der mittleren und

denen die Verantwortung hinsichtlich der Implementierung und Anwendung von Führungsinstrumenten obliegt, als Experten zu betrachten. Zum anderen können Entscheidungsträger im IuK-technologischen Bereich eines Unternehmens als Experten bezeichnet werden.[557]

Als Datenerhebungsmethode bietet sich das halbstrukturierte Interview anhand von offenen Fragen an (vgl. Anhang I zum Leitfaden).[558] Die offene Fragestellung ermöglicht dem Interviewer, auf die individuellen Bedürfnisse des Befragten einzugehen und je nach Gesprächssituation flexibel Fragen entsprechend des Kontextes einzubinden. Gleichzeitig bleibt dem Rezipienten ausreichend Raum zur gedanklichen Entfaltung, da der Leitfaden nicht als zwingendes Ablaufmodell des Diskurses gilt.[559] Der Interviewleitfaden, der als Orientierungshilfe für den Interviewer dient sowie die Ausdifferenzierung der Erzählsequenzen des Befragten unterstützt, ist auf der Grundlage der theoretischen Vorarbeiten bezüglich der IT-gestützten ergebnisorientierten Interaktion, der Funktionen der Führung in den neuen Organisationsformen sowie anhand des entwickelten Konzepts des Einsatzes von Kommunikationstechnologien in der Zielvereinbarung zu erstellen.[560]

Der Leitfaden umfasst drei Fragenkomplexe (vgl. Anhang I), die sich zum einen auf die Einflussfaktoren IT-gestützter Interaktion beziehen. Zum anderen umfasst der Leitfaden Fragen zu den Chancen und Risiken von IT-gestützter Interaktion im Rahmen der Führungsfunktionen. Hierbei wird auf die Funktionen der Integration, Motivation, Koordination und Kontrolle rekurriert. Im dritten Fragenkomplex geht es darum, einerseits den Ist-Stand der Durchführung von Zielvereinbarungen des spezifischen Unternehmens anhand der Vorlage des in Kapitel 3.2 abgebildeten Zielvereinbarungskreislaufs (vgl. Abbildung 14) festzustellen. Andererseits soll ein hypothetischer Soll-Zustand eines technologisch gestützten Zielvereinbarungsprozess entwickelt werden. Hierbei wird eine von dem aktuellen Ist-Zustand abstrahierende Transferleistung von dem Interviewten gefordert, da weder bei der BASF noch bei der SAP Zielvereinbarungen in der Vergangenheit technologische Unterstützung erfahren haben.

---

unteren Hierarchieebene, da hier in der Regel die Entscheidungen vorbereitet und durchgesetzt werden und weil hier das detaillierteste und fundierteste Wissen über interne Prozesse, Strukturen und Ereignisse zu erwarten ist. Dies verdeutlicht, dass der Expertenstatus in gewisser Weise vom Forscher zugewiesen wird.

[557]   Vgl. Meuser, N./Nagel, U. (1991), S. 449.

[558]   Vgl. Schnell, R./Hill, P. B./Esser, E. (1999), S. 299ff.

[559]   Vgl. Martin, A. (1994), S. 184f.

[560]   Vgl. Meuser, N./Nagel, U. (1991), S. 452. Trotz der gezielten Einschränkung des Forschungsobjekts aufgrund des Einfließens der theoretischen Vorüberlegungen bietet diese Gesprächsituation die Möglichkeit, die Offenheit der Herangehensweise an den Untersuchungsgegenstand zu wahren.

4.2 Untersuchung bei der SAP AG und der BASF AG

Die Auswertung der Dokumentenanalyse sowie der Interviews erfolgt anhand der qualitativen Inhaltsanalyse.[561] Über die reine Dekodierung der in dem Text enthaltenen Informationen hinaus, ist die jeweilige Information mit dem organisatorischen Kontext des Interviewpartners in Verbindung zu bringen. Die Auswertung der Dokumentenanalyse sowie der Interviews orientiert sich an thematischen Einheiten, an inhaltlich zusammenhängenden, über die Texte verteilten Passagen. Der gemeinsam geteilte institutionell-organisatorische Rahmen der Experten sowie die leitfadenorientierte Interviewführung gewährleisten die Vergleichbarkeit der Interviewtexte.[562] Die thematischen Schwerpunkte des Leitfadens stellen Vorformulierungen der theorierelevanten Kategorien dar, die in der Auswertung aufgenommen werden. Ferner umfasst die Auswertung eine wechselseitige Prüfung von Textinterpretationen und theoretischem Wissensstand, der in Kapitel 2 und Kapitel 3 dieser Arbeit dargelegt wurde. Im nachfolgenden Abschnitt werden die Ergebnisse der Auswertung der Dokumentenanalyse und der Experteninterviews zusammengeführt und im Hinblick auf die Fragestellung dieser Arbeit interpretiert. Die Auswertung der Ergebnisse der Dokumente sowie der Experteninterviews wurden entsprechend den folgenden Themenblöcken klassifiziert:

1	Einflussfaktoren technologisch gestützter Interaktion
2	IT-Unterstützung der Interaktion im Rahmen der Führungsfunktionen
3	IT-Unterstützung von Zielvereinbarungen
4	Chancen, Risiken und Erfolgsfaktoren der technologisch gestützten Zielvereinbarung

Abbildung 28: Themenblöcke der Auswertung

Bei der BASF AG wurden insgesamt fünf Experten aus den Bereichen HR/IT-Beratung, HR-Kommunikation, Personalentwicklung sowie ein dezentraler Personalstellenleiter befragt. Äquivalent dazu fanden bei der SAP AG sechs Experteninterviews mit Personen der HR/IT-Beratung, der Personalentwicklung, dem Personalbereich sowie den Software-Entwicklern der SAP R/3-

---

561   Vgl. Kromrey, H. (2002), S. 279ff.

562   Vgl. Meuser, N./Nagel, U. (1991), S. 464f.

Funktionalität ‚Beurteilung' statt.[563] Im Vorfeld der eigentlichen Befragung wurde ein Pretest mit Human-Resource-Verantwortlichen der BASF und SAP durchgeführt. Im Anschluss daran wurde die Fragestellung praxisorientierter formuliert.

4.2.1 SAP AG

4.2.1.1 Beschreibung des Unternehmens und der Einflussfaktoren IT-gestützter Interaktion

Der rasante Fortschritt der Informationstechnologien führte zu stark ansteigenden Umsatzzahlen und Gewinnen der Unternehmen der Software-Branche. Trotz der in den letzten Jahren eingetretenen Konsolidierung der Märkte, konnte sich SAP sehr gut gegenüber den Wettbewerbern behaupten. Als drittgrößter unabhängiger Softwarelieferant der Welt entwickelt das im Jahre 1972 gegründete Unternehmen SAP mit weltweit ca. 30.000 Mitarbeitern Unternehmenslösungen für globale Kunden. Das Geschäft der SAP-Niederlassungen in mehr als 50 Ländern konzentrierte sich bislang auf die vier Bereiche der Software, Wartung, Beratung und Schulung, womit im Geschäftsjahr 2002 ein Umsatz von 7,41 Milliarden Euro erzielt wurde.[564] Die Aufbauorganisation des Unternehmens zeichnet sich entsprechend der globalen Aktivitäten durch eine starke Dezentralisierung aus. Im Vordergrund stehen dabei sowohl operative Einheiten in den einzelnen Ländern, die insbesondere für Beratung und Vertrieb lokaler Kunden verantwortlich sind, als auch unternehmensübergreifende Einheiten, wie bspw. die Produktentwicklungslaboratorien. Die Verantwortung für das operative Geschäft wird dabei weit gehend an die operativen Einheiten delegiert. Das Unternehmen weist relativ flache Hierarchien auf, die sich in ca. 4-5 Ebenen konkretisieren. Weite Teile der Organisation sind in Form einer virtuellen Matrixstruktur aufgebaut oder bestehen aus temporären Projektorganisationen über Ländergrenzen hinweg. Das durch die rasante technologische Entwicklung sehr schnell gewachsene Unternehmen verfügt in Relation zu Unternehmen mit vergleichbarer Größe über eine relativ gering elaborierte Infrastruktur. Durch den damit verbundenen extensiven Handlungsspielraum der Mitarbeiter wird eine dynamische Aufbau- und Ablaufstruktur möglich. Dies gestattet dem Unternehmen, auf den für die Software-Branche repräsentativen dynamischen Märkten technische und infrastrukturelle Innovationen hervorzubringen sowie individuelle Kundenanforderungen flexibel zu erfüllen. Im Zuge der Charakterisie-

[563] Da einer der Experten nicht mit Namen genannt werden will, wird, um die Konsistenz zu wahren, insgesamt auf die Veröffentlichung der Namen verzichtet. Der Anhang beinhaltet daher nur den Vermerk der Funktionen der Experten in dem jeweiligen Unternehmen.

[564] Vgl. o.V. (2003), SAP Umsatz.

rung des Unternehmens wird deutlich, dass SAP die wesentlichen Merkmale eines Unternehmens der neuen Organisationsformen aufweist.

Die Abstimmung und Kontrolle der dezentralen Aktivitäten erfolgt ergebnisorientiert. Die Ziele der Organisationseinheiten, der Abteilungen sowie der individuellen Mitarbeiter werden aus den übergeordneten Unternehmenszielen abgeleitet und erhalten somit ihre strategische Ausrichtung. Die IuK-Strategie formiert eine Teilstrategie, die aus der Unternehmens- und Führungsstrategie abgeleitet ist, so dass eine Integration der IuK-Technologien in den Unternehmensalltag statt findet. Die Verfügbarkeit von Medien und der Umgang mit diesen können daher zum Arbeitsalltag eines SAP-Mitarbeiters gehörig gesehen werden. Sämtliche Führungsprozesse werden unternehmensweit standardisiert und kommunikationstechnologisch unterstützt (Recruitment, Personalentwicklung, Administration, Gehaltsmanagement, Zeiterfassung am System, Urlaubsantrag und -genehmigung via ESS, E-Mail zur Weiterleitung sämtlicher Informationen bottom-up sowie top-down). Mit der IuK-technologischen Unterstützung wird ihre effiziente Gestaltung angestrebt. Die IT-basierten Qualifikations- und Anforderungsprofile (,Skill-Database' sowie ,Job Catalogue') stellen den Ausgangspunkt für sämtliche darauf aufbauenden Instrumente dar (systematische Integration der einzelnen HR-Instrumente). Kommunikationstechnologien, wie bspw. E-Mail und Videokonferenz, werden regelmäßig in virtuellen Projektteams und in dezentralen Führungsbeziehungen als Kommunikationsmittel genutzt.

Im Rahmen der durch Werte wie Loyalität und Vertraulichkeit charakterisierten Unternehmenskultur[565] stehen den Mitarbeitern extensive Freiräume für das Entwickeln eigener Ideen und individueller Initiative.[566] Die Unternehmenskultur kennzeichnet sich somit durch Begriffe wie Innovation, Erfolg und Kreativität und ist stark durch eine homogene Mitarbeiterstruktur geprägt, die zu 95% aus Akademikern besteht.[567] Die Kommunikation bei SAP erfolgt hierarchieübergreifend entsprechend der persönlichen Beziehungen und Machtverhältnisse im Unternehmen.[568] Die Kommunikation wird als gleichberechtigt und durch

---

[565] Vgl. o.V. (2003), Geschäftsgrundsätze für Mitarbeiter bei der SAP AG.

[566] Vgl. hierzu sämtliche Internetseiten der SAP AG, o.V. (2003), Jobs. Die Unternehmenskultur zielt darauf ab, dem Mitarbeiter genau den "Support" zur Verfügung zu stellen, den dieser zur Selbstentfaltung benötigt.

[567] Vgl. zur Funktionalität des Manager's Desktop und zu weiteren Portalen o.V. (2004), SAP Portale. Innovative Portale für Mitarbeiter und Führungskräfte mit mySAP HR, vgl. o.V. (2003), SAP Portale – mySAP HR.

[568] Dies wird bspw. unterstützt durch die Anrede mit „du" über sämtliche Hierarchieebenen hinweg.

eine Vertrauensbeziehung zwischen Führungskraft und Mitarbeiter geprägt, dargestellt.[569]

4.2.1.2 IT-gestützte Interaktion im Rahmen der Führungsfunktionen

Im Folgenden werden die Ergebnisse der Befragung der Experten hinsichtlich der Möglichkeiten der kommunikationstechnologisch gestützten Interaktion im Rahmen der Führungsfunktionen dargestellt. Den Befragten wurden dabei als Anhaltspunkte die Motivations-, Integrations-, Koordinations- und Kontrollfunktion der Führung vorgegeben.

Die Befragung ergab, dass die Erfüllung der Funktionen der Führung bei der SAP bereits zu einem wesentlichen Teil kommunikationstechnologisch unterstützt vollzogen wird, um die Effizienzpotenziale der IuK-Technologien zu realisieren. Bezüglich der Motivationsfunktion wird von den Experten einstimmig die Voraussetzung einer „offenen und ehrlichen Kommunikation und eine vertrauensvolle Führungsbeziehung" zwischen Führungskraft und Mitarbeiter genannt, die durch den IT-Einsatz die Interaktion beschleunigt und Transparenz schafft. Als ausschlaggebend für das Entstehen der Motivation im Zuge der Kommunikation zwischen Führungskraft und Mitarbeiter wurde die Nutzung eines Mediums genannt, welches die „Möglichkeit zum Blickkontakt", die „unmittelbare Beobachtbarkeit der Reaktionen" und den „Transfer nonverbaler Elemente" ermöglicht, um einer Anonymisierung der Führungsbeziehung vorzubeugen. Die Videokonferenz galt dabei als „Substitut der face-to-face-Kommunikation". Besonders erfolgreich wurde die kommunikationstechnologisch gestützte Erfüllung der Motivationsfunktion im Zusammenhang mit dem „in regelmäßigen Zeitabständen arrangierten persönlichen Kontakt zwischen Führungskraft und Mitarbeiter" angeführt, z.B. im Rahmen eines „gemeinsamen Events". Von zwei Experten wurde geäußert, dass im Falle einer persönlichen Antipathie zwischen Führungskraft und Mitarbeiter mediatisierte Kommunikation zu einer objektiveren Kommunikation und zu geringeren Motivationsproblemen führen kann, indem persönliche Attribute, wie bspw. Äußerlichkeiten, in den Hintergrund treten.

Einstimmig wurde von den Befragten die Realisierung der Effizienzpotenziale hinsichtlich einer bequemen, effizienten und schnellen Informationsvermittlung durch die IuK-Technologien und die damit verbundene Integrationsmöglichkeit des Mitarbeiters in das Unternehmensgeschehen angeführt. Bezüglich der sozialen Integration wurden hingegen Bedenken geäußert; allerdings betrachten die Experten die soziale Integration via IuK-Technologien als grundsätzlich durch-

---

[569]   Vgl. o.V. (2003), Unternehmenskultur der SAP AG.

führbar, sofern sich die Kommunikationsinhalte betont mitarbeiterorientiert gestalten. Integration entsteht laut Expertenaussagen vorwiegend durch „offene Kommunikation und einen vertrauensvollen top-down- resp. bottom-up-Informationsfluss", der gerade durch den Einsatz von IuK-Technologien bzw. der problemlosen Weiterleitung zeitnaher Informationen für Führungskraft und Mitarbeiter erleichtert wird. Die Weiterleitung von vertraulichen E-Mails durch die Führungskraft dient ebenso der Integration wie die generelle Unternehmensinformation via E-Mail durch den Vorstand. Laut Experten ermöglicht der IuK-Einsatz ein gezieltes Informationsmanagement dem Mitarbeiter gegenüber.

Die schnelle, präzise und bequeme Informationsvermittlung wurde von den Befragten ferner als Koordinationsmittel hervorgehoben. Beispielhaft wurde die E-Mail-Kommunikation angeführt, die das Versenden von Dokumenten, Bildern und Links zulässt, um mit geringem Aufwand, eine umfassendere Informationsbasis zum Treffen von Entscheidungen zu gewährleisten. Die Möglichkeit zur asynchronen Kommunikation erleichtert auch bei Abwesenheit der Führungskraft eine Koordination der Aktivitäten der Mitarbeiter. Die Experten nannten als Erfolgsfaktoren der technologisch gestützten Koordination die „Definition transparenter Spielregeln", wie bspw. die verpflichtende beidseitige Vorbereitung der Kommunikationspartner vor einer Telefon- oder Videokonferenz oder das pünktliche Einhalten von virtuellen Besprechungsterminen. Erwähnt wurde allerdings, „dass eine IT-gestützte Koordination einen höheren Koordinations- und Zeitaufwand hervorruft, da es viele potenzielle Quellen für Missverständnisse gibt".

Die Befragten konstatierten, dass „Kontrolle in den meisten Führungsbeziehungen heute nur über Leistungsergebnisse" erfolgen kann. Als Grund hierfür wurden die dezentralen Arbeits- und Führungsbeziehungen sowie die zunehmende Spezialisierung der Mitarbeiter und die oft großen Leitungsspannen der Führungskräfte genannt. Die Grundlage einer solchen Ergebniskontrolle stellt, so die befragten Experten, die „Vertrauensbeziehung zwischen Führungskraft und Mitarbeiter" dar. Bedingen externe Einflüsse ein schlechtes Leistungsergebnis, hat der Mitarbeiter die Führungskraft frühzeitig zu informieren, was durch den Einsatz von Kommunikationstechnologien erleichtert wird. Darüber hinaus wird die Verhaltenskontrolle durch bspw. Kollegen als impliziter Kontrollmechanismus angeführt.

Kontrollprozesse können, so die Befragten, anhand von Technologien effizient gestaltet werden. Informationen, die der Mitarbeiter an die Führungskraft weiterleitet, können im Zuge der effizienteren Informationsbeschaffung durch die Nutzung der modernen Technologien zeitnah und mit geringem Kostenaufwand geprüft werden als bisher. Die durch die Befragten konstatierte „vereinfachte Möglichkeit zur Blendung der Führungskraft aufgrund einer tendenziell anonymen technologisch gestützten Kommunikationssituation" verspricht daher lediglich kurzfristig einen Erfolg. Resümierend wird von den Befragten festgestellt, dass sich die Kommunikationstechnologien insgesamt bewusst zu politischen Zwecken einsetzen lassen (bspw. Informationsvermittlung an einen speziellen Verteiler durch ‚CC'- oder ‚Blind-Copy'-Funktion von E-Mail) und somit ein strategisches Mittel im Rahmen der Erfüllung der Führungsfunktionen darstellen. Die Erläuterungen der Experten bezüglich der Chancen und Risiken der kommunikationstechnologisch gestützten Führung sind in der nachstehenden Tabelle zusammengefasst.

Kommunikationstechnologische Unterstützung der Führung Chancen – Risiken SAP AG		
Funktionen	Chancen	Risiken
Integration	◻ Transparenz durch effiziente Informationsdistribution ◻ Quantität der verfügbaren Information	◻ Soziale Integration bedingt regelmäßige soziale Kontakte
Motivation	◻ Vertraulicher Informationsfluss vornehmlich durch E-Mail ◻ Förderung von Selbstorganisation und Selbstmanagement ◻ Unterstützung durch erhöhte Kommunikationsfrequenz ◻ Ausblendung von Antipathien ◻ Uneingeschränkte Erreichbarkeit	◻ Anonymisierung des Führungsverhältnisses
Koordination	◻ Bei temporärer Nichterreichbarkeit der Kommunikationspartner möglich ◻ Bei räumlicher und zeitlicher Distanz ◻ Umfassende, schnelle und bequeme Verarbeitung/Weiterleitung von Informationen	◻ Steigende Wahrscheinlichkeit von Missverständnissen ◻ Erhöhter Zeitaufwand
Kontrolle	◻ Reporting im System ◻ Effiziente und weiträumige Informationsbeschaffungsmöglichkeit ◻ Präzision der Kommunikation ◻ Transparenz des Informationsflusses ◻ Objektivität der Ergebniskontrolle	◻ Verstärkte Möglichkeiten zur Blendung der Führungskraft

Tabelle 19:   Erfüllung der Funktionen der Führung mittels technologisch gestützter Kommunikation – SAP AG

4.2.1.3 Technologisch gestützte Zielvereinbarungen bei der SAP AG

Nachfolgend wird die IT-Unterstützung des Leistungsbeurteilungsverfahrens ‚Performance Feedback'[570] auf der dezentralen Unternehmensebene der SAP untersucht. Hierzu wurden die Experten über das im Jahre 2004 pilotierte Konzept des kommunikationstechnologisch unterstützten Zielvereinbarungsverfahrens befragt (vgl. Anhang II, Abbildungen der Web-basierten SAP R/3-Lösung). Angesichts der fortschreitenden Technologisierung entstehen zunehmend virtuelle Führungsbeziehungen, so dass der Einsatz von Kommunikationstechnologien unabdingbar wird. Ferner wird durch den IuK-Einsatz eine Effizienzsteigerung der Zielvereinbarungen angestrebt. Als Effizienzkriterien werden die Schnelligkeit der Informationsübertragung sowie die Überbrückung von räumlichen Distanzen angeführt. Zudem werden die Möglichkeiten der Standardisierung und Archivierung als die die Effizienz des Zielvereinbarungsprozesses steigernden Determinanten genannt. Das Kriterium der Objektivität wird insbesondere mit Blick auf das Instrument Leistungsbeurteilung erwähnt.

Effizienzkriterien des IuK-Einsatzes in Zielvereinbarungen

– Schnelligkeit

– Überbrückung von Distanzen

– Standardisierung

– Administrierbarkeit

– Objektivität

Generell wurde dabei von den Befragten auf den im Zielvereinbarungsprozess institutionalisierten Einsatz der Medien E-Mail, webbasierte ESS-Szenarien, Videokonferenz sowie Betriebs-Software verwiesen. Der systembasierte Prozess sieht vor, dass der Mitarbeiter das Zielvereinbarungsdokument zunächst mittels eines ESS-Szenarios im SAP R/3-System vorbereitet und optional in Absprache mit der Führungskraft einen Teilbeurteiler festlegt. Auf der Grundlage der durch den Mitarbeiter vorgeschlagenen und in das System eingegebenen Ziele bereitet sich die Führungskraft ihrerseits auf die persönliche Zielaushandlung vor. Die Führungskraft initiiert das Zielvereinbarungsgespräch. Von den Befragten werden hier die Medien E-Mail und Voice Mail empfohlen. Auf der Grundlage des vorbereiteten Dokuments, sind die vom Mitarbeiter vorgeschlagenen Ziele zu

---

[570] Der Begriff des Performance Feedback repräsentiert die unternehmensspezifische Terminologie der Zielvereinbarung bei SAP AG.

diskutieren und im Rahmen eines Verhandlungsprozesses festzulegen. Die durch Führungskraft und Mitarbeiter beschlossenen Ziele, sind im Rahmen des Meetings im System einzutragen wobei auch nach Abschluss der Zielvereinbarung bis zur abschließenden Beurteilung am Ende des Zielvereinbarungszyklus Veränderungen möglich sind. Die Experten erwähnten, dass die persönliche Kommunikation im Rahmen der Zielaushandlung auch durch eine Video- bzw. Telefonkonferenz in Verbindung mit einem NetMeeting substituiert werden kann. Die Experten unterscheiden zwischen qualitativen und quantitativen Zielen. Bei quantitativen Zielen, die aus den heruntergebrochenen Unternehmens- und Abteilungszielen abgeleitet werden, handelt es sich vorwiegend um Zielvorgaben. Um hier trotzdem das Commitment des Mitarbeiters im Sinne eines ‚Abholens' durch die Führungskraft zu erlangen, bedürfen solche Ziele der detaillierten Darlegung von Zusammenhängen.

Die unterjährige Zielanpassung ist optional. Der Mitarbeiter verfügt durch das Anstarten eines Workflows im SAP R/3-System über die Möglichkeit, ein ‚Review'-Gespräch zu initiieren. Findet eine Zielüberprüfung und -anpassung statt, entspricht die Vorgehensweise jener, die auch im Rahmen der Zielvereinbarung dargelegt wurde – mit dem Unterschied, dass separate Felder zum Eintrag der Zwischenbewertung zur Verfügung stehen. Ferner sind die Felder, in welche zu Beginn der Zielvereinbarungsperiode die gemeinsam definierten Ziele eingegeben wurden, für Veränderungen weiterhin eingabebereit. Dies soll der Dynamik der Aufgabenstellung Rechnung tragen, die sich im Laufe des Beurteilungszeitraums häufig verändert. Die Eingabe findet mit Hilfe von webbasierten ESS-Szenarien statt. Die Einträge in die Datenbank sind für die andere Partei, wie bspw. einer hierarchiehöheren Führungskraft, einseh- aber nicht veränderbar. „Bei quantitativen Zielen vollzieht sich die unterjährige Zielerreichungsüberprüfung als ein vorwiegend inhaltlicher Prozess, der mithilfe mediatisierter Kommunikation durchgeführt werden kann", so die Experten. Handelt es sich um qualitative Ziele, kann sich die Kommunikation nur bedingt IT-gestützt vollziehen. Die Befragten konstatieren, dass sie hierzu Medien bevorzugen, „die Emotionen und Sprache transportieren". Führungskraft und Mitarbeiter können während des gesamten Zyklus auf das Beurteilungsdokument im Anzeige-Modus zugreifen. Der Mitarbeiter trägt die Verantwortung, den Status des Dokuments von der ‚Planungsphase der Ziele' auf den Status ‚Phase der Endbeurteilung' zu verändern. Nach Veränderung des Status des Beurteilungsdokuments sind die Felder für die Definition der Ziele und der Zwischenbewertungen sowohl für Führungskraft als auch für Mitarbeiter für Veränderungen gesperrt.

In der Phase der abschließenden Bewertung, sind die einzelnen Teilbeurteilungen der jeweils am Beurteilungsprozess Beteiligten durchzuführen. Sofern ein weiterer Teilbeurteiler festgelegt wurde, wird diesem Workflow-unterstützt eine E-Mail zugestellt, mit der Aufforderung, seine Teilbeurteilung abzugeben. Simultan führt der Mitarbeiter seine Selbstbeurteilung durch. In diesem Schritt ist, gemäß der Befragten, keine persönliche Kommunikation zwischen den einzelnen Parteien erforderlich, und er kann daher separat von Führungskraft und Mitarbeiter vollzogen werden. Die einzelnen Teilbeurteilungen in Betracht ziehend, kann die Führungskraft im Anschluss an ein Beurteilungsgespräch mit dem Mitarbeiter, die abschließende Gesamtbewertung durchführen.

Das Beurteilungsgespräch, d.h. die Interpretation der Zielerreichung vor dem Hintergrund der Beurteilungsstandards, sollte mit Blick auf die motivationale Feedbackfunktion generell anhand von Medien, die eine Simulation der persönlichen Kommunikation zulassen, erfolgen. Dabei ist nach Expertenaussagen zwischen positivem und negativem Feedback zu differenzieren. Ein negatives Feedback sollte dem Mitarbeiter persönlich mitgeteilt werden, da nur so die Wirkung bei dem Mitarbeiter abschätzbar ist und entsprechend auf den Mitarbeiter eingegangen werden kann. Als wesentlich wurden von den Befragten nonverbale Elemente wie Mimik oder die Betonung der Wörter genannt. Handelt es sich um ein positives Feedback, können durchaus Kommunikationstechnologien und schriftliche Kommunikation herangezogen werden. Hierbei stellen die Experten auf die Nachhaltigkeit der Kommunikation ab. Der Mitarbeiter wird aufgefordert, seine Beurteilung mittels einer digitalen Unterschrift zu genehmigen oder gegebenenfalls zurückzuweisen. Wird keine Einigung zwischen Führungskraft und Mitarbeiter bezüglich der Gesamtbewertung erzielt, ist ein persönliches Gespräch bzw. die Videokonferenz vorzuziehen. In dieser Phase ist die Beurteilung nicht mehr modifizierbar. Der Prozess sieht eine Workflow-Unterstützung vor, der die einzelnen in den Prozess involvierten Personen jeweils terminspezifisch über ihre Aufgaben informiert.

Die nachstehende Tabelle veranschaulicht die Aussagen der befragten Experten zu den Medien, die in den einzelnen Phasen des Zielvereinbarungsprozesses zur Kommunikation herangezogen werden können.

SAP AG	Face-to-face	Video-kon-ferenz	Telefon-konfe-renz	Voice Mail	E-Mail	Online-Con-ferencing	Datenbank-System (in Verbindung mit weiteren IT)
1. Verein-barung							
Vorbereitung				Termin-abspra-che	Termin-abspra-che		Vorbereitung durch Mitar-beiter
Zielfestle-gung		X	X			X	gemeinsam am System
2. Review							
Anpassung der Ziele und Bewertungs-standards		negative Anpas-sung	positive Anpas-sung		positive Anpas-sung		Dokumentati-on
3. Beurtei-lung							
Soll/Ist Ver-gleich					-Termin-abspra-che -Ist-Stand		-Soll-Ist-Vergleich
Beurteilungs-gespräch	(negati-ves Feed-back)	negatives Feedback	positives Feedback		positives Feed-back		Dokumentati-on

Tabelle 20:   Kommunikationstechnologisch gestützte Zielvereinbarung bei der SAP AG

4.2.1.4   Chancen, Risiken und Erfolgsfaktoren der kommunikations-technologisch gestützten Zielvereinbarung

Zunächst wird von den Befragten einstimmig die Notwendigkeit des Einsatzes von Kommunikationstechnologien in der Zielvereinbarung im Hinblick auf die im Zuge der fortschreitenden Dezentralisierung zunehmenden IT-gestützten Führungsbeziehungen genannt. Darüber hinaus wurden die nachstehenden Chancen der technologisch unterstützen Zielvereinbarung angeführt: Zunächst wurde von den Experten konstatiert, dass die systembasierte technologische Unterstützung von Zielvereinbarungen die Selbstständigkeit und Eigenverant-wortung des Mitarbeiters unterstützt. Indem der Mitarbeiter seine Beurteilung eigenständig administriert, nach Bedarf seine Ziele oder Beurteilungsergebnisse abrufen und die Aktualität der Zielsetzungen überprüfen kann, gewinnt dieser Kontrolle über den eigenen Beurteilungsprozess. Sind die Ziele nicht mehr re-präsentativ, kann der Mitarbeiter die Führungskraft „zwingen", einen Termin zu vereinbaren, um eine Anpassung der Zielvereinbarung vorzunehmen. Somit reduziert sich die Abhängigkeit des Mitarbeiters von der Führungskraft. Die

Vereinbarung der Ziele wird angesichts der Effizienzkriterien der IuK-Technologien präzise, objektiv und transparent.

Als ein weiterer Vorteil der systembasierten Lösung wurde die vereinfachte Integration mehrerer Beurteiler, wie z.B. eines Projektleiters oder Kunden, in den Beurteilungsprozess angeführt. In diesem Zusammenhang wurde von den Experten generell die zunehmende Bedeutung von solchen zusätzlichen Teilbeurteilern festgestellt. Diese institutionalisierte Einbindung von zusätzlichen Beurteilern soll die Zielvereinbarung und die anschließende Beurteilung des Mitarbeiters transparenter und objektiver gestalten. Ferner ermöglicht die Softwareunterstützung von Zielvereinbarungen im Zusammenhang mit einer integrativen Schnittstelle zu weiteren Datenbanken, wie bspw. des SEM-Strategic Enterprise Management oder der Balanced Scorecard, die transparente Darstellung des Zusammenhangs der individuellen Ziele, der Ziele der Führungskraft und der Abteilungsziele zu den übergeordneten Unternehmenszielen. Eine Workflowbasierte Anbindung von Personalentwicklungsmaßnahmen oder des Gehaltsmanagements kann die gezieltere Ausschöpfung der Mitarbeiterpotenziale fördern. Werden die Beurteilungsdaten digital archiviert, können die Informationen über die Mitarbeiterleistung auch bei einem Führungskräftewechsel erhalten und weitergegeben werden. Die Dokumentation bereits gezeigter Leistungen des Mitarbeiters geht hierdurch nicht verloren. Von den Befragten wird darüber hinaus festgestellt, dass die technologisch gestützte Kommunikation im Rahmen der Zielvereinbarung die Beteiligten dazu zwingt, sich vor dem Gespräch mit der Beurteilung und der Leistungseinschätzung auseinanderzusetzen, so dass sich der gesamte Kommunikationsprozess präzise und effizient gestaltet. Damit verbunden ist die sorgfältige und transparente Verfassung der Kommunikationsbeiträge der Beteiligten, nicht zuletzt aufgrund der technologischen Protokollierbarkeit der Kommunikation. Dadurch sinkt auch der Interpretationsspielraum und somit der Raum für opportunistisches Verhalten seitens des Mitarbeiters.

Ferner dient die technologische Unterstützung der erhöhten Akzeptanz der Führungsaufgabe ‚Leistungsbeurteilung' bei der Führungskraft. Da ein Großteil der Mitarbeiter direkt im Softwarebereich beschäftigt ist, wird von den Befragten einstimmig vermutet, dass die Akzeptanz von kommunikationstechnologisch basierten HR-Prozessen steigt. Mit den weitgreifenden IuK-technologischen Möglichkeiten verringert sich das Machtmonopol der Führungskraft. Die Möglichkeit zum ‚information hiding' der Führungskraft sinkt, da der Mitarbeiter unter Nutzung der Technologien über ähnliche Informationsbeschaffungsmöglichkeiten verfügt: „Informationen stellen kein Privileg der Führungsebene mehr dar." Hierdurch werden von den Interviewten potenziell Reaktanzpotenziale bei Führungskräften hinsichtlich des Einsatzes von Kommunikationstechnologien im Beurteilungsprozess antizipiert. Letztlich erhoffen sich die Experten durch die technologisch gestützte Zielvereinbarung eine steigende Objektivität der

Beurteilung, da bspw. Sympathien bei mediatisierter Kommunikation eine geringere Rolle spielen. Insgesamt basieren die antizipierten Chancen und Risiken der IT-Unterstützung auf den mit dem Einsatz von IuK-Technologien in Verbindung gebrachten Effizienzkriterien, die im vorangehenden Kapitel aufgelistet wurden.

Chancen und Risiken der technologisch gestützten Zielvereinbarung aufgrund der Effizienzkriterien der IuK-Technologien SAP AG	
Chancen	Risiken
▢ Überwindung räumlicher und zeitlicher Distanz ▢ Informationsfluss ▢ Reduktion der Friktionen ▢ Effiziente Administration und Systematisierung der Daten ▢ Standardisierung von Formular und Prozess ▢ Stärkung von Selbstmanagement und Selbstorganisation ▢ Maximierung der Erreichbarkeit ▢ Hinzuziehen von Teilbeurteilern ▢ Reduktion der Macht der Führungskraft (information hiding) ▢ Zieltransparenz ▢ Reduktion opportunistischen Verhaltens ▢ Objektivierung der Leistungsbeurteilung ▢ Erstarken der Führungsaufgabe ▢ Archivieren der Leistungshistorie	▢ Keine Berücksichtigung der impliziten Mitarbeiterbedürfnisse ▢ Vermeidung von persönlicher Kommunikation unter Zeitdruck ▢ Vermeidung von Kommunikation bei negativen Kommunikationsinhalten ▢ Vernachlässigung der Führungsaufgabe ▢ Akzeptanzproblem bei negativer Kritik ▢ Erhöhte Wahrscheinlichkeit des Entstehens von Missverständnissen ▢ Kontext-unabhängiges Reporting über negative Leistungsergebnisse (Missbrauch) ▢ Erhöhung des Koordinations-, Kontroll- und Kommunikationsaufwandes

Tabelle 21:   Chancen und Risiken der technologisch gestützten Zielvereinbarung - SAP AG

Wie in Tabelle 21 dargestellt, wurden von den Befragten neben den Vorteilen einer technologisch gestützten Kommunikation im Zielvereinbarungsprozess gleichfalls potenzielle Risiken identifiziert, die die Ausschöpfung der Effizienzpotenziale vermindern können. Gestaltet sich die Kommunikation im Rahmen des Zielvereinbarungsprozesses vorwiegend mediengestützt, besteht die Gefahr, dass sich die informelle Kommunikation zwischen Führungskraft und Mitarbeiter verliert, die als notwendig erachtet wird, um eine persönliche Vertrauensbeziehung zu schaffen bzw. aufrecht zu erhalten. In Verbindung damit wird befürchtet, dass kein real offener Aushandlungsprozess der Ziele zustande kommt und die von der Führungskraft vorgeschlagenen Ziele aufgrund der entsprechenden hierarchischen Machtstellung vom Mitarbeiter zwangsweise übernommen werden. Im Zuge der Diskussion dieser Problematik wird von den Befragten angeführt, dass die Möglichkeit der Führungskraft eingeschränkt wird, nonverbale Elemente im Verhalten des Mitarbeiters zu erkennen um daraus Unzufriedenheit mit den Zielen und der Bewertung zu antizipieren. Dies hätte sinkende Loyalität und Commitment zur Zielerreichung des Mitarbeiters zur Folge. Dabei wird von den Befragten die Bedeutung von Sprache und nonverbalen Elementen hervorgehoben. Es verlangt eine höhere Sensibilität der Führungskraft, via mediatisierter Kommunikation auf den Mitarbeiter einzugehen. Darüber hinaus wird von den Experten bedacht, dass die Kommunikationstechnologien u.U. von den Führungskräften dahingehend genutzt werden könnten, dass bei der Erfordernis eines Problemgesprächs mit dem Mitarbeiter die persönliche Kommunikationssituation umgangen wird. Ebenso könnte die Führungskraft unter starkem Zeitdruck zunehmend zu Mitteln der effizienteren Gestaltung der Kommunikation greifen, obgleich die Situation die persönliche Kommunikation erfordern würde. Darüber hinaus wurden von den IT-Experten Aussagen bezüglich eines potenziellen Missbrauchs der Beurteilungsdaten getroffen, der sich ergeben könnte, sofern die in Datenbanken abgespeicherten Beurteilungsergebnisse losgelöst vom individuellen Kontext ausgewertet werden sollten. Auf die Frage nach kritischen Erfolgsfaktoren zur Realisierung der Effizienzpotenziale der technologisch gestützten Zielvereinbarung wurden weiche Faktoren, wie Mitarbeiterorientierung, Vertrauensbeziehung, offene Kommunikation sowie Zieltransparenz genannt (vgl. Tabelle 22).

Erfolgsfaktoren kommunikationstechnologisch gestützter Zielvereinbarungen SAP AG
◻ Motivation durch Anerkennung und Wertschätzung ◻ Berücksichtigung der Mitarbeiterbedürfnisse ◻ ‚Sell and Buy' durch Transparenz bezüglich Zielkaskadierung ◻ offener top-down- und bottum-up-Informationsfluss ◻ Vertrauensvolle Führungsbeziehung ◻ Ersichtlicher Nutzen des Einsatzes von Kommunikationstechnologien ◻ Sensibilisierung der Anwender von Kommunikationstechnologien ◻ Kommunikation von ‚Best Practice' ◻ Regelmäßiger persönlicher Kontakt (Event, out-door)

Tabelle 22:   Erfolgsfaktoren kommunikationstechnologisch gestützter Zielvereinbarungen – SAP AG

Die Bindung bzw. die Motivation, ein Ziel zu erreichen oder ein Projekt erfolgreich abzuschließen, beruht hauptsächlich auf Anerkennung und Wertschätzung der Leistung durch die direkte oder nächsthöhere Führungskraft und/oder eines Kunden. Die Voraussetzung für die motivierende Wirkung der sozialen Anerkennung jedoch ist das Bestehen sozialer Kontakte. Diese stehen im engen Zusammenhang mit der Zielbindung, die im Zuge des Aushandlungsprozesses der Zielvereinbarung geschaffen wird bzw. durch die Berücksichtigung der Mitarbeiterbedürfnisse entsteht. Vertrauen, Offenheit und Ehrlichkeit in der Führungsbeziehung stellen hierbei die essentiellen Voraussetzungen dar. Führungskräfte und Mitarbeiter sind in diesem Zusammenhang für die Vor- und Nachteile der technisch gestützten Kommunikation zu sensibilisieren. In Verbindung damit, ist eine ‚Best Practice' der kommunikationstechnologisch gestützten Zielvereinbarung durch den zentralen Personalbereich zur Verfügung zu stellen und zu kommunizieren. Anhand einer systembasierten Integration von Unternehmens- und Teamzielen gelingt das Herstellen einer transparenten Zielkaskadierung, wodurch Verständnis beim Mitarbeiter für vorgegebene Ziele geschaffen werden kann. Als entscheidend wird von den Befragten die „ganzheitliche Wahrnehmung der individuellen Persönlichkeit des Mitarbeiters durch die Führungskraft" angeführt. Der ersichtliche Nutzen sowohl für SAP als Organisation als auch für Führungskräfte und Mitarbeiter wirkt sich wesentlich auf den Erfolg des Einsatzes von Kommunikationstechnologien im Führungsprozess generell bzw. in der Zielvereinbarung im Speziellen aus.

4.2.2 BASF AG

4.2.2.1 Beschreibung des Unternehmens und Einflussfaktoren IT-gestützter Interaktion

Die Ausprägung der externen und internen Einflussfaktoren der Führung gestaltet sich bei der BASF folgendermaßen: Bei der BASF handelt es sich mit einem Umsatz von 32.216 Millionen Euro im Jahr 2002 um das führende Chemieunternehmen auf dem Weltmarkt.[571] Die BASF ist an ca. 170 Standorten weltweit vertreten,[572] so dass die ca. 89.000 Mitarbeiter über nationale Grenzen hinweg kooperieren. Die BASF verfolgt damit eine weltweite Wachstumsstrategie mit dem Ziel, in den Wachstumsregionen Europa, Nordamerika und Asien stark vertreten zu sein. Das vorrangige Interesse dabei ist die Effizienzsteigerung sowie die Erhöhung der Rentabilität, um damit im globalen Vergleich nachhaltig wettbewerbsfähig zu bleiben.[573] Hierzu wird mehr Verantwortung in die über die erforderliche Kundennähe verfügenden Einheiten delegiert. Dies

---

[571] Vgl. o.V. (2003), Geschäftsbericht der BASF AG. Zu den umsatzstärksten Segmenten zählen Kunststoffe und Fasern, dicht gefolgt von Veredelungsprodukten, Chemikalien, Pflanzenschutz und Ernährung sowie Öl und Gas.

[572] Vgl. o.V. (2003), Umsatz der BASF AG.

[573] Vgl. o.V. (2003), Grundwerte der BASF AG sowie o.V. (2003), Personalpolitik bei der BASF AG.

befähigt die dezentralen Unternehmenseinheiten und ihre Mitarbeiter, Entscheidungen schneller treffen und am Markt flexibler agieren zu können. Die im Jahre 2001 eingeführte marktorientierte Organisationsstruktur unterstützt die verstärkte Kundenorientierung und das Unternehmertum der weltweiten Geschäftsstellen.

Bisher fand keine Berücksichtigung einer in die Unternehmens- und Führungsstrategie integrierten Technologisierungsstratgie statt, so dass eine IuK-Unterstützung von Unternehmensprozessen lediglich Insellösungen darstellen. In den dezentralen Geschäftsbereichen existieren individuelle Lösungen, wie z.B. eine selbstständige kommunikationstechnologische Unterstützung der Führungsinstrumente durch Access-Datenbanken, Excel-Lösungen, Lotus Notes, partiell auch SAP-Software, um die operative Führungsarbeit zu unterstützen.[574] Die Organisationsstruktur der BASF besteht aus sieben bis acht Hierarchieebenen, so dass vornehmlich eine der in Kapitel 2.1.1 beschriebene Y-Struktur entsprechende Kommunikationsstruktur anzutreffen ist. Hierfür ist nicht zuletzt die heterogene Mitarbeiterstruktur ausschlaggebend, die sich zum einen aus AT-Mitarbeitern (außertariflichen) und gewerblichen Mitarbeitern zusammensetzt, zum anderen durch nach Tarif bezahlte Mitarbeiter aus den unterschiedlichsten (bspw. den naturwissenschaftlichen oder betriebswissenschaftlichen) Fachrichtungen geprägt ist. Die mitarbeiterorientierte Unternehmenskultur, die bei der BASF im Rahmen der Grundwerte eine explizite Einbindung in die Führung erfährt.[575] Der Einsatz von IuK-Technologien dient bisher lediglich der zentralen Administration und nicht zur Unterstützung der unmittelbaren Interaktion.

4.2.2.2 IT-gestützte Interaktion im Rahmen der Führungsfunktionen

Die Expertenbefragung hinsichtlich der kommunikationstechnologischen Unterstützung der Führung ergab, dass sich die Nutzung von modernen Kommunikationstechnologien zur Kommunikation in der Führungsbeziehung weit gehend auf das Medium E-Mail beschränkt, mit dem Ziel, Termine abzustimmen oder die Delegation einfach strukturierter Aufgaben vorzunehmen. Darüber hinaus erfolgt Führung, wie ausdrücklich vom Personalbereich kommuniziert, lediglich auf der Basis persönlicher Gespräche. Eine Chance zur Optimierung von Führungsprozessen aufgrund des Einsatzes von IuK-Technologien wurde nicht erkannt. Davon ausgehend wurden die Befragten aufgefordert, antizipativ zur

---

[574]   Im oberen Führungskräfte-Bereich wird die Software ‚Executive Track' besonders für die Personalentwicklung eingesetzt. Hierbei handelt es sich um eine Software, die den Führungskräften, bezüglich ihrer eigenen Personalentwicklung ebenso wie der ihrer Mitarbeiter, systembasierte Unterstützung liefert.

[575]   Vgl. o.V. (2003), Grundwerte der BASF AG.

kommunikationstechnologisch gestützten Erfüllung der Führungsfunktionen Motivation, Integration, Koordination und Kontrolle Stellung zu nehmen. Einstimmig wurde von den Experten festgestellt, dass die Motivations- und Integrationsfunktion ausschließlich durch persönliche Kommunikation zwischen Führungskraft und Mitarbeiter, bzw. u.U. anhand von Videokonferenzen als Substitut der face-to-face-Kommunikation, stattfinden kann. Im Falle einer für die BASF untypischen Situation einer längerfristigen dezentralen Führungsbeziehung wird die Verantwortung für die Erfüllung der Funktionen der Führung vorübergehend auf eine andere „Bezugsperson vor Ort" übertragen. Als Grund hierfür wird die Notwendigkeit von Vertrauen und sozialer Nähe zwischen Führungskraft und Mitarbeiter genannt („Vorbildfunktion"), die vornehmlich in persönlichen Kommunikationssituationen entsteht. Die fachliche Integration hingegen wird von den Experten durchaus als mediatisiert vermittelbar eingeschätzt. Bezüglich der Kontrollfunktion der Führung argumentieren die Befragten, dass mittels technologischer Unterstützung ein effizienter Kontrollprozess möglich wird, den die Führungskräfte auf Kosten der Motivation und der Handlungsspielräume der Mitarbeiter zu missbrauchen versucht wären. Als Beispiel wird angeführt, dass E-Mail dazu benutzt werden könnte, den Mitarbeiter dahingehend zu überwachen, dass dieser bei sämtlichen Entscheidungen die Führungskraft durch die Aktivierung der ‚copy'-Funktion von Microsoft-Outlook zu integrieren hat. Nach Auffassung der Experten sollte eine Führungsbeziehung allerdings durch Vertrauen gekennzeichnet sein, so dass der Einsatz dieser Kontrollmittel nicht erforderlich sei. Die Ausübung der Koordinationsfunktion wird durch die befragten Experten als technologisch gestützt durchführbar bewertet. Vermutet wird allerdings, dass aufgrund potenzieller Missverständnisse ein höherer Kommunikations- und damit Zeitaufwand erforderlich wird. Allgemein werden die Effizienzpotenziale des technologischen Einsatzes anerkannt. Gerade mit Blick auf die Motivations- und Integrationsfunktion, überwiegt in der Führung, so die Experten, die Notwendigkeit der Betonung der Mitarbeiterorientierung, so dass keine Substitution der face-to-face Kommunikation durch Technologien langfristig möglich ist.

Kommunikationstechnologische Unterstützung der Führung Chancen – Risiken BASF AG		
Funktionen	Chancen	Risiken
Integration	Hier wurden von den Befragten keine Chancen identifiziert.	◻ Soziale Integration bedingt soziale Kontakte ◻ Kein Kontextwissen ◻ Alternative Bezugsperson
Motivation	Hier wurden von den Befragten keine Chancen identifiziert.	◻ Mangelnde emotionale Komponente ◻ keine Vorbildfunktion möglich
Koordination	◻ Bei temporärer räumlicher und zeitlicher Distanz ◻ Schnelligkeit der Informationsvermittlung	◻ Erhöhter Zeitaufwand ◻ Steigende Wahrscheinlichkeit von Missverständnissen
Kontrolle	◻ Systembedingte Parameter wie Einwahlzeiten ◻ Statuskontrolle via E-Mail	◻ Einschränkung der Handlungsspielräume

Tabelle 23: Erfüllung der Funktionen der Führung mittels technologisch gestützter Kommunikation – BASF AG

4.2.2.3 Technologisch gestützte Zielvereinbarungen bei der BASF AG

Nachfolgend ist das Konzept des geplanten technologisch gestützten Leistungs-beurteilungsverfahrens ,Zielvereinbarung' auf der dezentralen Ebene zu unter-suchen, das bisher auf der Grundlage eines im Intranet hinterlegten Zielverein-barungsformulars erfolgt (vgl. Anhang III). Im Hinblick auf die geplante Imp-lementierung des kommunikationstechnologisch gestützten Zielvereinbarungs-verfahrens wird von den Befragten grundsätzlich auf die Anwendung der SAP R/3-Betriebssoftware verwiesen, welche die Medien E-Mail, webbasierte ESS-Szenarien sowie Workflows umfasst. Hierzu wird die Anpassung des SAP R/3-Systems auf die BASF-spezifischen Bedürfnisse vorgenommen.

Auf die Frage, bezüglich der Effizienzpotenziale, die durch den IuK-technologischen Einsatz realisiert werden sollen, wurde zum einen einstimmig die Schnelligkeit der Informationsübertragung sowie die Administrierbarkeit mittels der Medien genannt. Die effiziente Überwachung der dezentralen Akti-vitäten sowie die Standardisierung von Prozessen und Instrumenten stellen für die BASF-Experten gleichfalls wesentliche Effizienzkriterien dar. Ferner be-deutet die Quantität der zu transferierenden Informationen sowie die Vielzahl der Rezipienten ein weiteres Effizienzkriterium. Abgeleitet aus den IT-spezifischen Effizienzpotenzialen sind im folgenden Kapitel die Chancen, Risi-

189

ken und Erfolgsfaktoren der IT-gestützten ergebnisorientierten Interaktion dargelegt.

Effizienzkriterien des IuK-Einsatzes in Zielvereinbarungen
– Schnelligkeit
– Überwachung
– Standardisierung
– Administrierbarkeit

Zunächst ist vorgesehen, dass Ziele jeweils getrennt voneinander durch Mitarbeiter und Führungskraft ins SAP R/3-System einzugeben sind, zunächst ohne die Vorgabe der Führungskraft zu kennen, seine Zielvorstellung artikuliert. Dies soll gewährleisten, dass der Mitarbeiter trotz Hierarchiegefälle und Autoritätsstatus der Führungskraft seine individuellen Wünsche kommuniziert. Danach findet ein durch E-Mail initiiertes persönliches Zielvereinbarungsgespräch statt, in welchem die Ziele unter Berücksichtigung der Mitarbeiterwünsche gemeinsam festgelegt werden. Es ist vorgesehen, dass die während des persönlichen Gesprächs handschriftlich vorgenommene Aufzeichnung der Ziele und Bewertungsstandards ins System übertragen werden. Als entscheidend wird von den Befragten die Möglichkeit zur Übertragung verbaler Elemente in der Kommunikation angeführt. Für die gewerblichen Mitarbeiter sieht der Prozess den Zugriff auf die Beurteilungsdokumente anhand von ESS-Szenarien an ‚Mitarbeiter-Kiosken' vor. Solche Mitarbeiter-Kioske bestehen aus zentralen Rechnern, die an allgemein zugänglichen Orten aufgestellt sind, und an denen bereits implementierte ESS-Szenarien, wie bspw. im Zusammenhang mit Urlaubsanträgen, von den gewerblichen Mitarbeitern bedient werden.

Die unterjährige Zielanpassung sowie das auf Motivation abzielende Gespräch zwischen Führungskraft und Mitarbeiter sind persönlich vorzunehmen, zumindest in einer Videokonferenz, durch welche die persönliche Kommunikationssituation am ehesten simuliert werden kann. In der Anpassungsphase steigt die Bedeutung der persönlichen Kommunikation im Vergleich zur Zielvereinbarungsphase insofern, als dass sich der Inhalt der Kommunikation nicht nur auf die Aussonderung hinfällig gewordener Ziele, sondern ebenso auf die motivationale Funktion eines Teil-Feedback abzielt. „Wo steht der Mitarbeiter? Besteht die Aussicht auf die Zielerfüllung entsprechend der Vereinbarung, wenn nein, warum nicht?" Bezüglich der Verwendung eines spezifischen Mediums wird hier eine Differenzierung zwischen positivem und negativem Feedback vorgenommen. Sind Probleme erkennbar, ist die persönliche Kommunikation erforderlich. Sofern der Zwischenstatus der Zielerreichung positiv ist, kann die Kommunikation, so die Befragten, auch telefonisch erfolgen. Im Hinblick auf die Motivationswirkung von Feedback ist allerdings die persönliche Kommunikation bzw. Videokonferenz von Vorteil, da bspw. E-Mail diesbezüglich eine geringe Wirkung entfaltet.

Die Beurteilungsphase kennzeichnet sich noch stärker als die Anpassungsphase durch das Feedback-Element, wodurch die Notwendigkeit zur persönlichen Kommunikation steigt. Hier geht es um die Klärung von Problemen sowie das Herausarbeiten von Verbesserungschancen im Zusammenhang mit potenziellen Personalentwicklungsmaßnahmen. Als Vorbereitung für ein persönliches Gespräch ist die separate Formulierung der Leistungseinschätzung durch Führungskraft und Mitarbeiter erforderlich. Die jeweiligen Beurteilungen sind im SAP R/3-System vorzunehmen. Entsprechend der Zielvereinbarungsphase kann E-Mail zur Terminvereinbarung für die face-to-face-Kommunikation genutzt werden. Kritische Sachverhalte sind persönlich zu klären, „da die Quelle für Missverständnisse im Rahmen der mediatisierten Kommunikation groß ist". Lob und Anerkennung können demgegenüber anhand von E-Mail oder Telefonkonferenz übermittelt werden. Der zentrale Personalbereich wird anhand eines Workflows über das Abschließen der individuellen Zielvereinbarungsdokumente informiert und kann mittels eines entsprechenden Reportinginstrumentariums die dezentrale Durchführung des Zielvereinbarungsprozesses systemunterstützt kontrollieren. Von den Befragten wird das abschließende Beurteilungsgespräch als Schwerpunkt des gesamten Prozesses herausgestellt. Dies resultiert nicht zuletzt aus der Relevanz der Beurteilungsergebnisse für das Gehalt des Mitarbeiters. Die folgende Tabelle fasst die Ausführungen der Experten zur technologisch gestützten Zielvereinbarung in Rahmen der einzelnen Phasen zusammen.

BASF AG	Face-to-Face	Video-konferenz	Telefon-konferenz	Voice Mail	E-Mail	Online-Konfe-renz	Datenbank-System (in Verbindung mit weiteren IT)
1. Vereinbarung							
Vorbereitung					Termin-absprache		Vorbereitung durch Mitarbeiter und Führungskraft separat
Zielfestlegung		X					Dateneingabe nach Gespräch
2. Anpassung							
Anpassung der Ziele und Bewertungsstandards	negative An-passung		positive An-passung				Dokumentation
3. Beurteilung							
Soll-Ist-Vergleich					X		Vorbereitung durch Mitarbeiter und Führungskraft separat
Beurteilungsgespräch	negative Beurteilung		positive Beurteilung		Positive Beurteilung		Dokumentation

Tabelle 24:   Idealtypisch kommunikationstechnologisch gestützte Zielvereinbarung bei der BASF AG

Werden die IuK-Technolgien gemäß dieser Tabelle im Zielvereinbarungsprozess eingesetzt, so lassen sich, entsprechend den Expertenaussagen, aufgrund der IuK-Unterstützung die oben beschriebenen Effizienzkriterien realisieren.

4.2.2.4   Chancen, Risiken und Erfolgsfaktoren der kommunikationstechnologisch gestützten Zielvereinbarung

Die Experten nannten die Systematisierung und Standardisierung der Daten, die effiziente Gestaltung der administrativen Prozesse, die IT-gestützte Delegation von einfach strukturierten Aufgaben sowie die Dokumentierbarkeit und die damit verbundene Transparenz des Informationsflusses als wesentliche Vorteile des kommunikationstechnologisch gestützten Zielvereinbarungsverfahrens.

Durch die Software-Unterstützung der Zielvereinbarungen versprechen sich die Befragten langfristig eine Verankerung der (bisher mangelhaften) Feedbackkultur. Zum einen soll die unternehmensweite systembasierte Standardisierung die Institutionalisierung der Zielvereinbarungen begründen. Zum anderen kann mittels der Kontrollmöglichkeit der Durchführung der Zielvereinbarungen durch den zentralen Personalbereich zumindest annähernd eine Gleichbehandlung der Mitarbeiter bezüglich eines Feedbacks gewährleistet werden. Die technologisch gestützte Durchführung der Zielvereinbarungen kann im Sinne eines Zielvereinbarungs-Controlling fungieren, um dem Mitarbeiter das ihm zustehende Feedback bezüglich seiner Leistung zu gewähren.[576] Die kommunikationstechnologische Unterstützung dient weiterhin dazu, simultane voreinander verborgene Zielformulierungen durchzuführen, so dass die Zielvorstellungen des Mitarbeiters trotz abweichender Vorstellungen der Führungskraft Berücksichtigung finden. Ferner kann durch einen kommunikationstechnologisch gestützten, bequemen und schnellen Informationsfluss wie z.B. E-Mail oder Voice Mail verstärkt der Eindruck der Unterstützung durch die Führungskraft beim Mitarbeiter während der Zielperiode entstehen.

Gegenüber diesen Vorteilen führten die Experten die folgenden Risikoschwerpunkte an (vgl. Tabelle 25): Da nonverbale Kommunikationselemente in der mediatisierten Kommunikation weit gehend wegfallen, wird es der Führungskraft erschwert, die Reaktionen des Mitarbeiters auf ein negatives oder positives Feedback in der Beurteilungsphase festzustellen und angemessen zu reagieren. Ferner begünstigt die mediatisierte Kommunikationssituation das Entstehen von Missverständnissen, die nicht sofort erkannt und ausgeräumt werden können. Darüber hinaus läuft die Kommunikation im Zielvereinbarungsprozess, sofern sie mediatisiert erfolgt, Gefahr, unpersönlich zu werden. Von den Befragten wird angeführt, dass sich in diesem Falle die Führungskraft gedanklich nicht ausreichend mit dem Mitarbeiter befasst und das Zielvereinbarungs- oder Feedbackgespräch u.U. nachlässiger durchgeführt würde, als dies in einer persönlichen Kommunikationssituation der Fall wäre. Dies hätte, so die Experten, mangelndes Engagement des Mitarbeiters zur Folge. Ferner wird von den Experten der Wegfall der bei der BASF praktizierten optionalen Zielvereinbarungsklausur durch den kommunikationstechnologischen Einsatz erwähnt. Innerhalb der Zielvereinbarungsklausur legt der Vorgesetzte in einem Abteilungsmeeting seine eigenen Ziele bzw. die daraus abzuleitenden Abteilungsziele für die Mitarbeiter dar. Auf dieser Basis wird eine Grobverteilung der Aufgaben innerhalb der Ab-

---

[576] Anhand eines Workflows kann von der zentralen Personalabteilung kontrolliert werden, ob die Führungskraft die Zielvereinbarung durchgeführt hat (Ablösen der Strichliste des dezentralen Personalstellenleiters durch zentrale Systemkontrolle).

teilung bzw. des Teams vorgenommen, die im individuellen Dialog zwischen Führungskraft und Mitarbeiter spezifiziert werden.

Chancen und Risiken der technologisch gestützten Zielvereinbarung aufgrund der Effizienzkriterien der IuK-Technologien BASF AG	
Chancen	Risiken
□ Effiziente Gestaltung administrativer HR-Prozesse □ Effiziente Administration und Systematisierung der Daten □ Standardisierung von Formular und Prozess □ KT-gestützte Delegation von einfach strukturierten Aufgaben □ Verpflichtung zum Feedback □ Zentrale Kontrolle □ Gleichbehandlung von Mitarbeitern □ Signalisierung von Unterstützung	□ Defizitärer Kommunikationsstil □ Vermeidung von persönlicher Kommunikation unter Zeitdruck □ Vermeidung von Kommunikation bei negativen Kommunikationsinhalten □ Vernachlässigung der Führungsaufgabe □ Geringes Ziel-Commitment beim Mitarbeiter □ Akzeptanzproblem bei negativer Kritik □ Abnahme der motivierenden Funktion von Feedback □ Erhöhung des Koordinations- und Kommunikationsaufwandes □ Verlust der Zielvereinbarungsklausur □ Gefährdung ganzheitlicher Bewertung des Mitarbeiters

Tabelle 25:   Chancen und Risiken der technologisch gestützten Zielvereinbarung – BASF AG

Abschließend konstatierten die Experten, dass die Beurteilung alleine anhand der Ergebnisbewertung der Gesamtleistung des Mitarbeiters nicht gerecht werden kann. Über das Leistungsergebnis hinaus, sind Informationen über die Art und Weise der Zielerreichung des Mitarbeiters in die Leistungsbeurteilung zu integrieren. Daher kann eine systembasierte Leistungsbeurteilung in Führungsbeziehungen auf Distanz zwar als Ergänzung betrachtet werden, die Verhaltenskontrolle jedoch nicht vollständig substituieren.[577] Die Experten betonten einstimmig, dass Führung bei der BASF als „Menschensache" tituliert wird, d.h., „um Führung nicht zu einem weiteren administrativen Prozess auf der Agenda der Führungskräfte degradieren zu lassen", sind E-Mail, Telefonkonferenzen und Datenbanken etc. lediglich als Ergänzung und nicht als Ersatz der persönlichen Kommunikation zu sehen. Führung hat sich daher, laut den Befragten, im

---

[577]   Im Rahmen der Zielvereinbarungen werden die Kerntätigkeiten festgelegt und bewertet. Da in der BASF mit Blick auf die strategische Ausrichtung der Führung den sozialen Kompetenzen (Kompetenzmodell) ein erheblicher Wert beigemessen wird, ist das „wie" der Zielerreichung mitentscheidend für die Bewertung.

Wesentlichen im interaktionellen Austauschprozess zwischen Führungskraft und Mitarbeiter zu vollziehen.

Ferner wurde von den Befragten eine Akzeptanzproblematik diskutiert, sofern der Mitarbeiter eine von seinen individuellen Einschätzungen abweichende Beurteilung erhält, im Sinne von: „Woher soll der wissen, was ich leiste und wie ich bin!" Bei positivem Feedback, welches via Technologien kommuniziert wird, besteht hingegen die Gefahr des Verlusts oder zumindest der Abschwächung der motivationalen Wirkung. Die Ausführungen werden in Tabelle 25 zusammengefasst. Dort werden die Expertenaussagen bezüglich der antizipierten Chancen und Risiken von kommunikationstechnologisch gestützten Zielvereinbarungen in Stichpunkten systematisiert.

Erfolgsfaktoren kommunikationstechnologisch gestützter Zielvereinbarungen
BASF AG
<ul><li>Vertrauensvolle Führungsbeziehung</li><li>Persönliche Kommunikation (vorher, nachher, begleitend)</li><li>Sorgfältige Kommunikation via technologischer Unterstützung</li><li>Qualifikationen im Umgang mit Kommunikationstechnologien</li><li>Kommunikationsmix</li><li>Sensibilisierung der Anwender von Kommunikationstechnologien</li></ul>

Tabelle 26:   Erfolgsfaktoren kommunikationstechnologisch gestützter Zielvereinbarungen – BASF AG

Wie ersichtlich, beziehen sich die von den Experten genannten, den Erfolg der kommunikationstechnologisch gestützten Zielvereinbarung beeinflussenden Faktoren auf folgende Gesichtspunkte: Der Aufbau einer Vertrauensbeziehung wurde als essentielles Erfolgskriterium der mediatisierten Kommunikation genannt. Existiert eine vertrauensvolle Führungsbeziehung, wird es von den Experten als durchaus realistisch angesehen, diese aufrecht erhalten zu können, wenn Führungskraft und Mitarbeiter über einen absehbaren Zeitraum hinweg auf die Kommunikation via IuK-Technologien angewiesen sind. Ist die persönliche Kommunikation im Vorfeld einer mediatisierten Kommunikationsbeziehung nicht möglich, „gestaltet sich der Aufbau einer Vertrauensbeziehung anhand von Kommunikationsmedien wesentlich zeit- und kommunikationsintensiv". Ferner wiesen die Befragten aufgrund der Gefahr des Entstehens von Missverständnissen auf die Anforderung einer sorgfältigen Formulierung der Kommunikationsinhalte hin.

Letztlich betrachteten die Experten die Verfügbarkeit eines Medien-Mix im Rahmen des Zielvereinbarungsprozesses als essentiell, da dadurch ein der Kommunikationssituation adäquates Medium gewählt werden kann. Hierfür wurden allerdings die Qualifikationen bei den Anwendern im Umgang mit den neuen Technologien als erfolgskritisch für die Effizienzsteigerung des Zielvereinbarungssystems angesehen. Tabelle 26 repräsentiert die von den Befragten als kritisch identifizierten Erfolgsfaktoren des Einsatzes von Kommunikationstechnologien in der Zielvereinbarung.

4.2.3 Überprüfung der theoriegeleiteten Annahmen: kommunikationstechnologische Unterstützung von Führung

Nachstehend werden die Ergebnisse der Untersuchung bei SAP und BASF einander gegenübergestellt, verglichen und zur Überprüfung der in Kapitel 3.5 theoretisch abgeleiteten Hypothesen in den theoretischen Kontext der Arbeit eingeordnet.

4.2.3.1 Einflussfaktoren der IT-gestützten Interaktion

Die Gegenüberstellung der externen und internen Rahmenbedingungen der Unternehmen zeigt, dass sowohl SAP als auch BASF branchenunabhängig mit der dynamischen Entwicklung der externen Einflussfaktoren, wie der Intensivierung des Wettbewerbs, der Technologisierung und der Globalisierung der Märkte gleichermaßen konfrontiert sind (vgl. Abbildung 29).

	BASF AG	SAP AG
Umweltzustand	Globalisierung, , Technologisierung, Ökonomisierung aufgrund gestiegenen Wettbewerbs und Kostendruck, Individualisierung der Gesellschaft	
Unternehmensinterne Einflussfaktoren der Interaktion	Zentralisierung bei simultaner Dezentralisierung, Selbstorganisatorische Prozesse	Neue Organisationsformen: Modulare, fraktale Strukturen, Virtualisierungsstrategie
Mitarbeiterbild	commitment model	commitment model ergänzt durch Annahmen des REMM
Konzentration der Führung auf	Führung durch Unterstützung und Beratung/Zielvereinbarungen	Führung anhand von Leistungsverträgen
Kommunikationsformen	persönliche Kommunikation, administrative Tätigkeiten erfolgen IT-gestützt	Einsatz von IuK-Technologien, mediatisierte Kommunikation

Abbildung 29: Vergleich der externen und internen Rahmenbedingungen bei der SAP AG und der BASF AG

In beiden Unternehmen sind Reaktionen auf den Wandel der externen Umwelt-faktoren zu verzeichnen. Während die BASF vordergründig eine Strategie des Wachstums und der Innovation verfolgt, steht im Rahmen des Produkt-Markt-Konzepts der SAP die flexible Erfüllung der Kundenwünsche bzw. die absolute Ausrichtung an den Kundenwünschen im Vordergrund. Organisationsstrukturell sind zwischen den Unternehmen ebenfalls Differenzen zu vermerken: SAP weist eine auf temporären Projektstrukturen basierende dezentrale sich je nach Kun-denanforderungen dynamisch konfigurierende Organisationsstruktur mit weit gehender Autonomie der Einheiten auf, die eine netzartige Kommunikations-struktur sowie die damit einhergehende offene informelle Kommunikationskul-tur bedingt. Die Unternehmenskultur wird durch das extrem dynamische Umfeld und die damit in Verbindung stehende Anforderung an Flexibilität, Innovativität und Kreativität der Mitarbeiter geprägt. Die rasante Entwicklung der Technolo-gien nimmt hier zum einen als Enabler, zum anderen als Treiber explizit Ein-fluss auf das Unternehmen. Die strategischen, strukturellen und kulturellen De-terminanten weisen demzufolge deutliche Merkmale räumlich dezentralisierter Leistungserstellungsprozesse auf. Für die SAP leitet sich daraus die herausra-gende Bedeutung der Technologisierung auf der zentralen Unternehmensebene ab, die zur Realisierung der verfolgten Strategie innerhalb der bestehenden fle-xiblen Struktur unabdingbar ist. Die Organisation der BASF ist eher durch hie-rarchische Strukturen gekennzeichnet, die die Einhaltung von vertikalen Kom-munikationswegen bedingt und damit eine konventionelle, tendenziell formale und autoritäre Unternehmens- und Kommunikationskultur begründet. Bei der Analyse der internen Rahmenbedingungen der BASF wird offensichtlich, dass im Gegensatz zur SAP, die IuK-Technologien eine geringe Rolle im Unterneh-mensalltag spielen. Im Vordergrund steht das Erreichen von zentraler Steuerung und Kontrolle bei Dezentralisierung der Aktivitäten. Es findet eine strategische und operative Dezentralisierung statt, allerdings sind keine Anhaltspunkte bei der BASF in Richtung Virtualisierung von Führungsbeziehungen hin zu identi-fizieren.

Die Unternehmensführung in beiden Unternehmen weist ein ergebnisorientiertes Führungskonzept in Form von auf Profit-Center-Basis gesteuerten Organisati-onseinheiten auf. Angesichts der zunehmenden Delegation von Kompetenzen in die einzelnen Geschäftsbereiche, lässt sich entsprechend den in der Theorie her-ausgearbeiteten Implikationen des Kontraktmanagement die notwendige Flexi-bilität für Markt- und Kundenorientierung erreichen. Ferner besteht die Mög-lichkeit der zentralen Steuerung durch die Vorgabe eines Finanzrahmens. Die Forderung einer stringenten Kaskadierung der Unternehmensziele wird insofern eingehalten, als parallel zu der ergebnisorientierten Führung von dezentralen Organisationseinheiten und Abteilungen im Sinne eines Kontraktmanagement, Leistungsvereinbarungen auf der Ebene der unmittelbaren Interaktion zwischen

Führungskraft und Mitarbeiter durchgeführt werden. Bei SAP nehmen die Zielvereinbarungen den Charakter von Leistungsverträgen zwischen Führungskraft und Mitarbeiter an, die als charakteristisch für IT-gestützte Führungsbeziehungen gelten. Im Gegensatz dazu stellen die Zielvereinbarungen bei der BASF einen zwar essentiellen Teil der Führung dar, werden aber auch durch Elemente wie bspw. Leistungsverhalten und aus der Stellenbeschreibung abgeleitete Kernaufgaben ergänzt.

4.2.3.2   IT-gestützte Interaktion im Rahmen der Führungsfunktionen

Vor dem Hintergrund der Rahmenbedingungen der Interaktion sind die Experteneinschätzungen der SAP und BASF bezüglich der kommunikationstechnologischen Unterstützung der Führungsfunktionen einander gegenüberzustellen. Als relevant wurden der Befragung die im theoretischen Teil herausgearbeiteten Motivations-, Integrations-, Koordinations- und Kontrollfunktion der Führung zugrunde gelegt. Bezüglich der Chancen und Risiken der IT-gestützten Erfüllung der Funktionen der Führung bzw. der Substitution der persönlichen Kommunikation, mit Blick auf die Realisierung der Effizienzpotenziale, kristallisieren sich wesentliche Unterschiede zwischen den Unternehmen heraus. Während bei der SAP durchaus Möglichkeiten gesehen werden, der Integrations- und Motivationsfunktion der Führung technologisch gestützt Rechnung zu tragen, erscheint diese Option für die BASF als nicht realisierbar.

Bei der Betrachtung der Rahmenbedingungen des jeweiligen Unternehmens bestätigt diese differierende Bewertung des Einsatzes von Kommunikationstechnologien, die im Theorieteil erarbeiteten Annahmen den erforderlichen internen fit der Einflussfaktoren. Entsprechend dem situativen Kontext sowie den individuellen und kollektiven Einstellungen und IuK-technologisch spezifischen Erfahrungen gilt der IuK-technologische Einsatz in der Führung als effizienzsteigernd. In der SAP bietet sich aufgrund der bestehenden projektspezifischen Organisationsstruktur und der daraus erwachsenden virtuellen Führungsbeziehungen keine Alternative zu der technologisch gestützten Kommunikation in der Führung; die Technologien werden gezwungenermaßen auf intuitiver Basis eingesetzt. Im Laufe dieser strategischen und strukturellen Unternehmensentwicklung der SAP wurden kollektiv Erfahrungen im Umgang mit den Technologien gesammelt und neue Kommunikationsmuster generiert, auf welche im Zuge der IT-gestützten Interaktion zurückgegriffen wird. Daraus folgt, dass bei SAP Führungsprozesse mittels der Ausschöpfung der Effizienzkriterien der Kommunikationstechnologien, wie Schnelligkeit, Transparenz, Präzision, Quantität der Informationen sowie Objektivität des Kommunikationsprozesses, optimiert werden können. Bei der BASF hingegen ist die virtuelle Zusammenarbeit bislang nicht die Realität, so dass die mediatisierte Führung, mangels eines kollektiven

Erfahrungsschatzes und fehlenden Know-hows bezüglich der technologischen Möglichkeiten, abgelehnt wird. Als unüberwindbar gelten hier die Restriktionen der Medien bezüglich der Vermittlung von emotionalen und informellen Elementen bzw. im Hinblick auf die soziale Präsenz. Gemäß den theoretischen Vorüberlegungen ist anzunehmen, dass die Bewertung durch die Experten in diesem Unternehmen im Hinblick auf eine potenzielle Substitution der persönlichen Kommunikation durch moderne Medien deutlich schlechter ausfällt, was sich auch in der Exploration bestätigt. Bei der BASF als Unternehmen, das zunächst die zentrale Kontrolle bei fortsetzender Dezentralisierung anstrebt, werden die Kommunikationstechnologien zur Unterstützung administrativer Prozesse eingesetzt, so dass im Zuge dessen Schnelligkeit, Transparenz und Quantität der Informationsvermittlung der IuK-Technologien in den Vordergrund rücken. Dieses Ergebnis bestätigt die in Kapitel 3.5 formulierten Hypothesen 1 und 2, die sich auf den situativen Kontext des Interaktionsprozesses beziehen. Die differierenden Expertenaussagen zur kommunikationstechnologisch gestützten Führung sind in den Tabellen 27 und 28 zusammengefasst.

Kommunikationstechnologische Unterstützung der Führung		
Chancen		
Funktionen	SAP	BASF
Integration	⬜ Transparenz durch effiziente Informationsdistribution	hier werden von den Befragten keine Chancen identifiziert
Motivation	⬜ Vertraulicher Informationsfluss ⬜ Förderung von Selbstorganisation und Selbstmanagement ⬜ Unterstützung durch erhöhte Kommunikationsfrequenz ⬜ Ausblendung von Antipathien	hier werden von den Befragten keine Chancen identifiziert
Koordination	⬜ Bei temporärer Nichterreichbarkeit der Kommunikationspartner möglich ⬜ Überwindung geographischer und zeitlicher Distanz ⬜ umfassende Weiterleitung von Informationen	⬜ Überwindung geographischer und zeitlicher Distanz
Kontrolle	⬜ Reporting im System ⬜ Effiziente und weiträumige Informationsbeschaffungsmöglichkeit	⬜ Systembedingte Parameter wie Einwahlzeiten ⬜ Statuskontrolle via E-Mail

Tabelle 27:   Chancen der kommunikationstechnologischen Unterstützung der Führung: SAP AG und BASF AG im Vergleich

Sowohl hinsichtlich der sozialen Integrationsfunktion als auch der Motivationsfunktion zeichnet sich bei der SAP deutlich die essentielle Rolle des ‚Management-by-Information' ab. Dadurch bestätigt sich Hypothese 3, die im Rahmen
der phasenübergreifenden Annahmen aufgestellt wurde (vgl. Kapitel 3.5). Zum
einen dienen Informationen der Selbstorganisation des Mitarbeiters und betonen
dessen Selbstständigkeit, was die in der SAP vorherrschende Unternehmenskultur und das positive Mitarbeiterbild repräsentiert. Zum anderen stellt die Motivationsfunktion stark auf die extensiven Entscheidungsspielräume eines jeden
Mitarbeiters ab, durch welche intrinsische Motivation aktiviert werden soll.
Hierdurch bestätigt sich die im theoretischen Teil herausgearbeitete essentielle
Rolle von Information in der Führung in den neuen Organisationsformen, die
gerade in Anbetracht der restriktiven Bedingungen für den Einsatz von strukturellen und interaktionellen Führungsinstrumenten an Bedeutung gewinnt.

Die Kontrollfunktion wird sowohl in der BASF als auch in der SAP als nicht
wesentlich identifiziert. Dies zeigt, dass Führung anhand von Zielvereinbarungen in Verbindung mit ‚Management-by-commitment'[578] erfolgt, so dass die
Kontrollfunktion innerhalb der Führung in den Hintergrund tritt. Dies geht mit
den Annahmen über die gesellschaftlichen Entwicklungen und dem damit verbundenen, der jeweiligen Führungssituation zugrunde gelegtes Mitarbeiterbild
konform.

Kommunikationstechnologische Unterstützung der Führung Risiken		
Funktionen	SAP	BASF
Integration	☐ Soziale Integration bedingt soziale Kontakte in Zeitabständen	☐ Soziale Integration bedingt regelmä-ßige soziale Kontakte ☐ Kein Kontextwissen ☐ Alternative Bezugsperson
Motivation	☐ Anonymisierung des Führungsverhält-nisse ☐	☐ Mangelnde emotionale Komponente ☐ keine Vorbildfunktion möglich
Koordination	☐ Steigende Wahrscheinlichkeit von Missverständnissen ☐ Erhöhter Zeitaufwand	☐ Steigende Wahrscheinlichkeit von Missverständnissen ☐ Erhöhter Zeitaufwand
Kontrolle	☐ Verstärkte Möglichkeiten zur Blendung der Führungskraft	

Tabelle 28: Risiken der kommunikationstechnologischen Unterstützung der Führung: SAP AG
und BASF AG im Vergleich

---

[578] Vgl. Oechsler, W. A. (2000b), S 395.

Bezüglich der Koordinationsfunktion der Führung wurde von den Experten die sachliche bzw. aufgabenorientierte Dimension der Kommunikation erkannt und es wurden zur ihrer Erfüllung weniger reichhaltige Medien einstimmig als adäquat identifiziert. Beiderseits wird jedoch der damit einhergehende intensive Zeitaufwand erwähnt, um Sachverhalte einvernehmlich zu klären (vgl. Tabelle 28). Diese Expertenaussage führt dazu, dass die Hypothesen 10 und 11 (vgl. hierzu Seite 165 und Seite 166) zurückgewiesen werden. Es wurde keine Effizienzsteigerung in der Vereinbarungsphase angenommen, die auf eine präzise, transparente und zielgerichtete IT-gestützte Zielanbahnung zurückzuführen wäre. Ferner kann Hypothese 9 nicht explizit bestätigt werden. Zwar bestätigen die Interviewergebnisse, dass generell ein effizienterer Informationstransfer möglich wird. Dass sich hierdurch allerdings die Informations- und Kommunikationskosten in der Führung reduzieren, ist nicht direkt ableitbar. Bezüglich der effizienten Reduktion der Informationsasymmetrie bestätigt sich Hypothese 4. Die IuK-Technologien unterstützen eine effiziente Informationsbeschaffung sowie den Informationsfluss im Unternehmen. Hypothese 5 kann gleichfalls bejaht werden. Allerdings tritt hierbei die Koordinationsfunktion vor die Kontrollfunktion.

Die soeben erfolgte Analyse des situativen Kontextes der Interaktionsbeziehung bietet die Grundlage für die Interpretation der Expertenaussagen bezüglich der technologischen Unterstützung der Zielvereinbarungen sowie der Überprüfung der in diesem Zusammenhang aufgestellten theoriegeleiteten Hypothesen.

4.2.3.3 Kommunikationstechnologische Unterstützung von Zielvereinbarungen

Im Zusammenhang mit der Implementierung des Konzepts der kommunikationstechnologischen Unterstützung von Zielvereinbarungen sowie der Diskussion potenzieller Chancen, Risiken und Erfolgsfaktoren zeichnen sich Differenzen zwischen den Unternehmen ab. Bei SAP werden IuK-Technologien zunehmend im Zusammenhang mit den wachsenden Leitungsspannen und den ansteigenden virtuellen Kommunikations- und Führungsbeziehungen eingesetzt. Sämtliche Führungsprozesse sind dort auf die regelmäßige Nutzung von IuK-Technologien angewiesen, so dass die systemtechnische Unterstützung von Zielvereinbarungen lediglich eine konsequente Fortführung der bereits Einzug haltenden Technologisierung der Führung bedeutet. Allerdings existieren bislang keine expliziten Gestaltungsempfehlungen, die Führungskraft und Mitarbeiter hinsichtlich des Einsatzes von Kommunikationstechnologien in der interaktionellen Führungsbeziehung unterstützen. Die Ausführungen in Kapitel 4.2.1.1 zeigen eine optimale Voraussetzung für den Einsatz der modernen Technologien bei der SAP auf.

Bei der BASF hingegen liegt das Interesse der Implementierung vorwiegend auf der effizienten Datenverarbeitung, Administration und Datenarchivierung, da nicht direkt die Notwendigkeit der technologischen Unterstützung der interaktionellen Führungsbeziehung vorliegt (vgl. Kapitel 4.2.2.1). Aufgrund der Schlüsselfunktion der Leistungsbeurteilung ist es das Ziel der BASF, diese zentral zu steuern und ihre Durchführung auf der Basis einer ‚Best Practice' unternehmensweit sicherzustellen. Die SAP R/3-Unterstützung bedeutet für die BASF in erster Linie eine Möglichkeit zur strategieorientierten zentralen Führung der weltweiten dezentralen Aktivitäten. Der Technologieeinsatz dient hierbei der Qualitätssicherung im Führungsprozess, und nicht der Optimierung der Führungsprozesse mittels des Einsatzes von IuK-Technologien (vgl. hierzu auch Hypothesen 1 und 2 in Kapitel 3.5).

Trotz der identifizierten Unterschiede bezüglich der situativen Kontextfaktoren der beiden Unternehmen herrscht zwischen den Unternehmen bezüglich der Einschätzung einer idealtypischen Gestaltung IT-gestützter Zielvereinbarungen weitestgehend Übereinstimmung. Sämtliche Terminabsprachen können anhand von E-Mail oder Voice Mail schnell und unter Einbindung einer Vielzahl von Rezipienten erfolgen. Die Zielvereinbarung sollte, so die Experten beider Unternehmen, sofern sie nicht im Rahmen der persönlichen Kommunikation erfolgen kann, anhand eines möglichst reichhaltigen Mediums stattzufinden, um beim Mitarbeiter Commitment zu wecken. Die Experten der SAP führen an dieser Stelle die Substituierbarkeit der persönlichen Kommunikation durch eine Videokonferenz sowie die Möglichkeit der Zielvereinbarung mittels einer Telefonkonferenz in Verbindung mit einem Netmeeting bzw. von Online-Konferenzen an. Den Experten zufolge ist die Schaffung von Commitment im mediatisierten Zielvereinbarungsprozess durchaus realisierbar, sofern der Medieneinsatz bewusst auf informelle und kohäsive Elemente in der Kommunikation abstellt. Dies unterstützt die Hypothesen, die den Einsatz von gering bis mittel reichhaltigen Medien auch unter dem Aspekt des Schaffens von Commitment befürworten (vgl. Kapitel 3.5). Auf die Vereinbarung der Ziele hin erfolgt bei der SAP ‚online'[579], d.h. unmittelbar während des Gesprächs zwischen Führungskraft und Mitarbeiter der Eintrag der Ziele in das System, wodurch sich die integrative Verknüpfung der mediatisierten Kommunikation mit der persönlichen Kommunikation zeigt. Bei der BASF geschieht dies ‚offline'[580] im Anschluss an

---

[579]   Das heißt, sowohl Führungskraft als auch Mitarbeiter befinden sich im Gespräch und sind am System angemeldet.

[580]   Dies bedeutet, dass die Kommunikationssituation zwischen Führungskraft und Mitarbeiter bereits beendet ist. Hier meldet sich einer der Kommunikationspartner am System an und nimmt die Übertragung der handschriftlichen Vorlage vor.

das Gespräch, was den administrativen Charakter der Softwarenutzung repräsentiert. Die aufgabenspezifische Medienwahl wird in beiden Unternehmen betont. Sowohl bei der BASF als auch bei der SAP findet eine Differenzierung zwischen den einzelnen Phasen und den darin eingesetzten Medien, der Kommunikation eines negativen und positiven Feedback (vgl. Hypothesen 14-16 und 18) sowie hinsichtlich qualitativer und quantitativer Ziele statt. Im Zusammenhang mit einer negativen Bewertung wird ein reichhaltigeres Medium, sogar das persönliche Gespräch als notwendig erachtet. Ein weniger reichhaltiges Medium erscheint hingegen bei einer positiven Zielanpassung als ausreichend, was insbesondere Hypothese 14 und 16 untermauert (vgl. hierzu Seite 167 und 168).

Das Ergebnis der Expertenbefragung der BASF ergibt, dass das persönliche Gespräch im Zielvereinbarungsprozess im Hinblick auf die Erzeugung von Commitment als nicht vollständig ersetzbar gilt, selbst nicht durch reichhaltige Medien, wie bspw. die Videokonferenz. Bei der SAP hingegen wird durchaus die Substituierbarkeit der persönlichen Kommunikation im Zielvereinbarungsprozess angenommen - dies jedoch unter der Annahme, dass in regelmäßigen Zeitabständen ein persönliches Ereignis bspw. in außerorganisatorischem Rahmen, wie ein gemeinsames Dinner etc., zwischen Führungskraft und Mitarbeitern statt findet. Die Aussagen der Experten diesbezüglich bestätigen die Hypothese 6. Der Einsatz von Technologien als Grund für verstärkt opportunistische Verhaltensweisen beim Mitarbeiter wird zurückgewiesen. Gleichfalls dienen, laut den Experten, IuK-Technologien nur sehr bedingt zur Reduzierung der Principal-Agent-Problematik. Dies widerspricht der Hypothese 12, die mittels des IuK-Einsatzes eine Reduzierung der Opportunismusproblematik konstatiert. Sollte ein solches Vertrauensproblem auftreten, ist, so die Befragten, der Grund hierfür nicht technologisch begründeter Natur. Dies reflektiert Hypothesen 6-8 in Kapitel 3.5, die nicht den Technologieeinsatz als solches für Kommunikationsprobleme in der Führung als verantwortlich deklarieren, sondern die Adäquanz der Medienwahl in Abhängigkeit des normativen Kontextes, der Erfahrung mit mediatisierter Kommunikation des Nutzers sowie mit der Kommunikationsaufgabe in den Vordergrund stellen.

4.2.3.4 Chancen, Risiken und Erfolgsfaktoren der kommunikationstechnologischen Unterstützung von Zielvereinbarungen

Die Differenzen der Expertenaussagen hinsichtlich der Chancen und Risiken sind zusammenfassend in Tabelle 29 dargelegt und einander unternehmensbezogen gegenübergestellt. Die von den Experten aufgezählten Chancen der technologischen Unterstützung von Zielvereinbarungen geben in erster Linie die differierenden Zielsetzungen wider, mit denen die jeweilige systemtechnische Implementierung der SAP R/3-Funktionalität vorgenommen wird.

Chancen und Risiken der technologisch gestützten Zielvereinbarung Differenzen: SAP AG & BASF AG	
SAP AG	BASF AG
Chancen: ☐ Informationsfluss ☐ Stärkung von Selbstmanagement und Selbstorganisation ☐ Reduktion der Macht der Führungskraft (information hiding) ☐ Reduktion opportunistischen Verhaltens ☐ Objektivierung der Leistungsbeurteilung	☐ technologisch gestützte Delegation von einfach strukturierten Aufgaben ☐ Verankerung der Feedback-Funktion ☐ Gleichbehandlung von Mitarbeitern ☐ Zentrale Kontrolle
Risiken: ☐ Keine Berücksichtigung der impliziten Mitarbeiterbedürfnisse ☐ Erhöhung kurzfristiger Blendungsmöglichkeit ☐ Bevorzugen von Mitarbeitern ☐ Kontext-unabhängiges Reporting über negative Leistungsergebnisse (Missbrauch)	☐ Kein Entstehen einer Vertrauensbeziehung ☐ Gefährdung der Ganzheitlichkeit der Bewertung des Mitarbeiters ☐ Geringes Engagement beim Mitarbeiter ☐ Abnahme der motivierenden Funktion von Feedback ☐ Verlust der Zielvereinbarungsklausur

Tabelle 29:   Differenzen zwischen SAP AG und BASF AG bezüglich Chancen und Risiken kommunikationstechnologisch gestützter Zielvereinbarungen

Dabei verdeutlichen die Aussagen der Experteninterviews bei der SAP, dass die Kommunikationstechnologien zur expliziten Unterstützung der Kommunikation im Rahmen der Leistungsbeurteilung bestimmt sind. Der Einsatz der Betriebssoftware wird bei SAP dazu genutzt, den Prozess der Zielvereinbarung partiell neu zu definieren und die durch die Technologien gebotenen Optionen auszuschöpfen. Bei der BASF hingegen findet aufgrund ihrer strukturellen und strategischen Entwicklung die Kommunikationstechnologie zum einen als Instrument der Datenadministration Anwendung. Zum anderen setzt die BASF die Technologien mit dem Ziel ein, anhand von standardisierten Instrumenten eine zentrale Kontrolle bei simultan dezentralen Freiräumen der Einheiten sicherzustellen.

Entgegen den theoretischen Annahmen, die die Vermutung zuließen, dass erhebliche Differenzen in der Einschätzung sowohl von Chancen als auch von Risiken aufgrund der differierenden situativen Kontextfaktoren der Unternehmen resultieren (vgl. Hypothesen 1 und 2), kristallisieren sich gerade im Hinblick auf die Risiken vergleichbare Aspekte heraus: Als ein wesentliches Risiko wird die Gefahr der Vernachlässigung von kohäsiven Aspekten in der Kommunikation zwischen Führungskraft und Mitarbeiter angeführt. Von beiden Unternehmen wird einstimmig konstatiert, dass sich die Kommunikationstechnologien aufgrund ihrer Charakteristika weniger eignen, emotionale Botschaften zu vermitteln. Bei der SAP wird in diesem Zusammenhang allerdings darauf hingewiesen, dass die Art der Einbindung der Technologien in den Austausch- und Einflussprozess sowie das Nutzerverhalten im Umgang mit den Technologien ausschlaggebend für die Vermittlung von Kohäsion ist, wodurch sich die Aussage von Hypothese 6 festigt (vgl. Kapitel 3.5). Konstatiert wird, dass eine Führungskraft, die sich generell mitarbeiterorientiert verhält, dies auch unter Anwendung der Technologien beibehält. Steht bei einer Führungskraft hingegen prinzipiell die Aufgabenorientierung im Vordergrund, so wird sich dieses Verhalten auch in der mediatisierten Kommunikation durchsetzen („Die Muster wiederholen sich"). Den Aussagen der SAP-Experten zufolge können die angeführten Risiken, die mit dem Einsatz von Kommunikationstechnologien verbunden sind, zum einen durch einen adäquaten Medieneinsatz im Sinne eines Medien-Mix, zum anderen durch festgeschriebene Kommunikationsregeln und -muster sowie mittels eines angemessenen Nutzungsstils überwunden werden. Dies deckt sich mit den Hypothesen 7 und 8. Bei der BASF hingegen wird das Erreichen einer der persönlichen Kommunikation äquivalenten Situation mittels Technologien prinzipiell verneint. Demzufolge wird dort befürchtet, dass eine ausschließliche Nutzung der Technologien zur Kommunikation fehlendes Vertrauen, die Anonymisierung der Führungsbeziehung und somit ein sinkendes Commitment des Mitarbeiters zur Folge haben könnte.

Ferner ist in Bezug auf die genannten differierenden Risiken auffällig, dass gerade von den Softwareentwicklern der SAP der Einsatz von modernen Technologien Assoziationen bezüglich eines potenziellen Missbrauchs der mediatisierten Führungsinstrumente sowohl auf Unternehmens- als auch auf Mitarbeiterseite auslöst. Angeführt wird, dass unabhängig vom persönlichen Kontext des Mitarbeiters Auswertungen über Leistungsergebnisse durchgeführt werden könnten, die eine Fehlinterpretation und als Resultat unangemessene Konsequenzen nach sich ziehen würden. Anzunehmen ist, dass, da diese Argumentation bei der BASF keine Berücksichtigung fand, die Bedenken hinsichtlich eines potenziellen Datenmissbrauchs auf eine detaillierte Auseinandersetzung mit Software generell zurückzuführen ist. Da 70 % der SAP-Mitarbeiter im Produktbereich tätig ist, besteht im Vergleich zur BASF eine besondere Sensibilisierung, was den Zugriff auf und den Gebrauch von Daten anbelangt. Ferner wird angesichts der räumlichen Trennung zwischen Führungskraft und Mitarbeiter, aufgrund der anonymeren Situation in der mediatisierten Kommunikation, zumindest kurzfristig die Täuschung der Führungskraft erleichtert. Zur Reduktion dieses in der Principal-Agent-Problematik verhafteten Problems werden generell Ansatzpunkte bei der Motivations- und Integrationsfunktion der Führung gesehen. Durch die Etablierung einer vertrauensvollen Führungsbeziehung und eines offenen Kommunikationsflusses können solche Gefahren reduziert werden. Dadurch bestätigt sich die Aussage hinsichtlich des Einflusses eines positiven Mitarbeiterbildes, der nach Selbstverwirklichung strebt und dessen potenziell opportunistische Verhaltensweisen durch Commitment weit gehend ausgeschlossen werden können. Dass die Bedenken hinsichtlich möglicher Täuschungsversuche durch den Mitarbeiter von SAP-Experten thematisiert wurden, lässt die Vermutung zu, dass das commitment model durch Annahmen möglicher nutzenmaximierender Verhaltensweisen ergänzt wird.

Qualifikationen hinsichtlich des Medieneinsatzes sowie die Verfügbarkeit diverser Kommunikationsmedien gelten bei der BASF als wesentliche Erfolgskriterien (vgl. Tabelle 30). Im Vergleich dazu gilt es bei der SAP als selbstverständlich, dass jeder Mitarbeiter über die erforderliche Hard- und Software, um Online-Konferenzen, Netmeeting etc. vom eigenen PC aus starten zu können, verfügt. Entsprechende Räume zur Durchführung von Videokonferenzen sind uneingeschränkt via ESS-Szenario buchbar. Hierin spiegeln sich deutlich die situativen Einflussfaktoren zum einen der Branchenkultur, zum anderen der bereits eingesetzten Technologien wider: Der Umgang mit modernen Technologien in der Technologie- und Softwarebranche und somit auch die Einstellung gegenüber diesen, sind, wie auch in der theoretischen Ausarbeitung erwähnt (vgl. Kapitel 3.4.1), feste Bestandteile des Arbeitsalltags. Zusätzlich hemmt die heterogene Mitarbeiterstruktur der BASF die technologische Entwicklung des Unternehmens, aufgrund dessen, dass gewerbliche Mitarbeiter in der Regel nicht über einen eigenen PC bzw. Internet- oder Intranetzugang verfügen. Während die SAP über einen weitaus größeren Erfahrungsschatz bezüglich des kommunikationstechnologischen Umgangs verfügt, betritt BASF diesbezüglich Neuland, wodurch Hypothesen 1 und 3 erneut unterstützt werden.

Erfolgsfaktoren kommunikationstechnologisch gestützter Zielvereinbarungen
Gemeinsamkeiten:
▫ Vertrauensvolle Führungsbeziehung ▫ ,Sell and Buy' durch Transparenz bezüglich Zielkaskadierung ▫ Aufgabenspezifischer Einsatz von Kommunikationstechnologien ▫ Sensibilisierung der Anwender von Kommunikationstechnologien (Risiken, Missverständnisse)

Differenzen:	
SAP AG	BASF AG
▫ Motivation durch Anerkennung und Wertschätzung ▫ Berücksichtigung der Mitarbeiterbedürfnisse ▫ Ersichtlicher Nutzen des Einsatzes von Kommunikationstechnologien ▫ offener top-down- und bottom-up-Informationsfluss ▫ Kommunikation von ,Best Practice' ▫ Regelmäßiger persönlicher Kontakt (Event, out-door)	▫ Sorgfältige Kommunikation via technologischer Unterstützung ▫ Qualifikationen im Umgang mit Kommunikationstechnologien ▫ Persönliche Kommunikation (vorher, nachher, begleitend)

Tabelle 30: Erfolgsfaktoren kommunikationstechnologisch gestützter Zielvereinbarungen bei der SAP AG und der BASF AG

Einstimmigkeit der Experten bezüglich der Erfolgsfaktoren herrscht vornehmlich mit Blick auf vertrauensbildende Faktoren wie die Herstellung von Zieltransparenz und eine offene interaktionelle Führungsbeziehung, die gerade in Anbetracht eines potenziell opportunistischen Verhaltens des Mitarbeiters vor dem Hintergrund der Commitment-Diskussion als essentiell betrachtet werden muss. Wie auch die Expertenaussagen im Rahmen der Thematik der Erfüllung der Motivationsfunktion der Führung belegt haben, kann das Commitment des Mitarbeiters im Allgemeinen bzw. die Zielbindung im Speziellen als Prämisse für die kommunikationstechnologisch gestützte eigenverantwortliche Zusammenarbeit auf der Basis von Leistungsverträgen interpretiert werden. Neben weiteren Einflussfaktoren, wie bspw. dem Handlungsspielraum eines Mitarbeiters, steht eine vertrauens- und respektvolle Beziehung zwischen Führungskraft und Mitarbeiter im Vordergrund der Schaffung von Commitment. Wird ein adäquater aufgabenspezifischer Einsatz der Kommunikationstechnologien angenommen, ist es realistisch, dass trotz restriktiver Vermittlungsmöglichkeiten hinsichtlich emotionaler und informeller Elemente moderner Medien eine solche Beziehungsqualität erreicht werden kann.

Bezüglich der Substitution der face-to-face-Kommunikation im SAP-Umfeld lässt sich zusammenfassen, dass langfristig die persönliche Kommunikation im Führungsverhältnis erforderlich, jedoch nicht explizit an den Zielvereinbarungszyklus gebunden ist. Neben einer regelmäßigen mediatisierten Kommunikation, die bewusst auf die Vermittlung kohäsiver und informeller Werte abstellt, ist es erforderlich, dass sich Führungskraft und Mitarbeiter zumindest in großen Zeitabständen persönlich begegnen. Eine solche Begegnung kann auch durchaus losgelöst vom eigentlichen organisatorischen Kontext erfolgen. Ziel dieser Treffen ist es, eine informelle Basis für weitere persönliche Kommunikation zu etablieren. Als Fazit der Experteninterviews bei der BASF ist resümierend festzuhalten, dass die Kommunikationstechnologien im Rahmen der Zielvereinbarung zu administrativen und einfach strukturierten Aufgaben einzusetzen sind und dort erhebliche Effizienzpotenziale freisetzen. Allerdings wird die Substitution der persönlichen Kommunikation mittels moderner IuK-Technologien abgelehnt. Lediglich in Ausnahmefällen kann eine kurz- bis mittelfristige Überbrückung der persönlichen Kommunikationssituation in der Führungsbeziehung durch mediatisierte Kommunikation befürwortet werden. Werden die Expertenaussagen bezüglich der Effizienzkriterien der IuK-Technologien im Zielvereinbarungsprozess den theoretisch zugrunde gelegten Effizienzkriterien (vgl. hierzu Kapitel 2.2.2) gegenübergestellt, so resultiert Folgendes:

Effizienzkriterien der IuK-Unterstützung von Zielvereinbarungen	
Expertenaussagen von SAP und BASF	theoretisch abgeleitete Annahmen
◻ Schnelligkeit ◻ Standardisierung ◻ Administration ◻ Objektivität	◻ Schnelligkeit ◻ Transparenz ◻ Präzision ◻ Quantität ◻ Objektivität

Tabelle 31:   Expertenaussagen im Vergleich zu theoretischen Annahmen bezüglich der Effizienzkriterien der IuK-Technologien im Zielvereinbarungsprozess

Die Ausführungen der Experten hinsichtlich des Kriteriums der Standardisierung weist Parallelen zum theoretisch abgeleiteten Effizienzkriterium der Quantität auf. Hierbei geht es darum, Informationen standardisiert zu erfassen, zu verarbeiten und weiterzuleiten, was sich letztlich auch auf die Quantität der zu verarbeitenden Informationen sowie die Weiterleitung an eine Vielzahl von Rezipienten bezieht. Transparenz und Präzision gehen mit der von den Experten genannten Administrierbarkeit des Kommunikationsprozesses einher. Das Kriterium der Schnelligkeit der Informationsvermittlung durch IuK-Technologien ist unbestritten. Generell kann konstatiert werden, dass in der Unternehmenspraxis die Effizienzpotenziale der IuK-Technologien zur Unterstützung der Zielvereinbarung und somit für die IT-gestützte Führung erkannt worden sind und versucht wird, diese unter Berücksichtigung der Mitarbeiterorientierung auszuschöpfen.

Resümee

Die Gegenüberstellung der externen und unternehmensinternen Einflussfaktoren von SAP und BASF im Zusammenhang mit der jeweiligen Expertenbewertung des Einsatzes von IuK-Technologien bestätigt Hypothesen 1 und 2.

---

1. Der Einsatz von IuK-Technologien führt zur effizienten führungspolitischen Interaktion, sofern die Einflussfaktoren auf den IuK-Einsatz abgestimmt sind.

2. Eine die IuK-Technologien integrierende Kommunikations- und Unternehmenskultur unterstützt den aufgabenspezifischen IuK-Einsatz in führungspolitischen Interaktionsprozessen.

Im Hinblick auf die Annahmen, die bezüglich des phasenübergreifenden IuK-Einsatzes getroffen wurden, konnten Hypothesen 3 bis 8 mit Ausnahme Hypothese 6 für beide Fälle bestätigt werden. Lediglich bei SAP wurde es für möglich gehalten, einen Beziehungskontext der Kommunikation zwischen Führungskraft und Mitarbeiter losgelöst vom eigentlichen Zielvereinbarungsprozess zu schaffen. Hypothese 3 und 5 konnten ebenfalls durch die Expertenaussagen bestätigt werden. Allerdings sind, entgegen den ursprünglichen Annahmen, die Hypothesen für die Führungsbeziehung als Ganzes relevant. In Kapitel 3.5 wurden die Aussagen auf spezifische Phasen des Zielvereinbarungsprozesses bezogen. Die Hypothesen wurden daher umformuliert (vgl. Tabelle 14, Kapitel 3.5) und für die führungspolitische Interaktion generell als geltend erklärt.

3. Der Einsatz von IuK-Technologien unterstützt ein Management-by-Information.

4. Die Möglichkeit der technologisch gestützten Informationsbeschaffung reduziert die Kosten des Ausgleichs der Informationsasymmetrie in einer Führungsbeziehung.

5. Mittels der IuK-technologischen Unterstützung lässt sich trotz Delokalisierung des Mitarbeiters die Führungskraft in Entscheidungen einbinden.

6. Ein kohäsiver Beziehungskontext der Kommunikation zwischen Führungskraft und Mitarbeiter kann unabhängig von einem unmittelbaren Zielvereinbarungszyklus geschaffen werden, sofern die situativen Einflussfaktoren darauf abgestimmt sind.

7. Risiken der IuK-gestützten Kommunikation, die auf eine nicht aufgabenadäquate Anwendung der neuen Technologien zurückzuführen sind, können langfristig durch Maßnahmen der Personalentwicklung reduziert werden.

8. Risiken der IuK-gestützten Kommunikation, die durch den Transfer von in hierarchischen Unternehmen gewachsenen Kommunikationsnormen bedingt sind, können langfristig durch den Wandel der Unternehmens- und Kommunikationskultur reduziert werden.

Die Hypothesen 9 bis 11, welche die Effizienzsteigerung in der Anbahnungs- und Vereinbarungsphase aufgrund des IT-Einsatzes betreffen, konnten nicht bestätigt werden. Von den Befragten wurde hier einstimmig ein erhöhter Zeitaufwand für die Informations- und Kommunikationsprozesse im Zuge der Abstimmung konstatiert. Hypothese 12 (vgl. Seite 167), welche die Möglichkeit der Reduzierung der Principal-Agent-Problematik mittels des IuK-technologischen Einsatzes anführt, wurde ebenfalls zurückgewiesen. Die Vertrauensproblematik steht nicht, so die Experten, im Zusammenhang mit dem Einsatz von IuK-Technologien. Zwar könnten neue Technologien dazu missbraucht werden, um detaillierte Verhaltenskontrollen durchzuführen. Allerdings werde dies nicht angestrebt und stelle keine wünschenswerte Entwicklung dar.

Hypothese 13 konnte weder bestätigt noch zurückgewiesen werden. Generell gehen die Experten davon aus, dass die vereinbarten Ziele und bewerteten Zielerreichungsgrade dokumentiert und administriert werden. Daher wurde Hypothese 13 (vgl. hierzu Seite 166) wie folgt definiert:

13.

a) Die IuK-gestützte Dokumentation der vereinbarten Ziele und Bewertungsstandards reduziert die Principal-Agent-Problematik.

b) Die IuK-gestützte Dokumentation und Administration der bewerteten Zielerreichungsergebnisse reduziert die Principal-Agent-Problematik.

Die Ergebnisse der Fallstudien bestätigen den an Kommunikationsaufgaben orientierten Einsatz der IuK-Technologien, so dass sich die unter theoretischen Gesichtspunkten erarbeiteten Hypothesen zur Phase der Zielanpassung und der Feststellung des Soll-Ist-Vergleichs (Hypothesen 14 – 16) bestätigen. Allerdings wurde das Argument einer effizienten Ursachenanalyse aufgrund der IT-Unterstützung nicht unmittelbar angeführt, so dass Hypothese 19 wegfällt. Folgende Aussagen können festgehalten werden:

---

14. Der Einsatz gering reichhaltiger Medien reduziert die Informations- und Kommunikationskosten bei einer positiven Vertragsanpassung.

15. Im Falle einer negativen Vertragsanpassung dient der Einsatz von Medien mittlerer Reichhaltigkeit einer präzisen, transparenten und objektiven Ursachenanalyse.

16. Der Einsatz gering reichhaltiger Medien reduziert die Informations- und Kommunikationskosten des Soll-Ist-Vergleichs der Zielerreichung.

18. Die Vermittlung von negativem Feedback erfordert den Einsatz reichhaltiger Medien, um eine gemeinsame Verständigungsgrundlage zu schaffen.

20. Der Einsatz der IuK-Technologien reduziert die Beurteilungstendenzen in der zielorientierten Leistungsbeurteilung und unterstützt die Gütekriterien.

Hypothese 17, die sich auf die Einbindung weitere Rezipienten in die Kommunikation eines positiven Feedback bezieht, wurde nicht genannt. Daher kann diese Annahme weder verworfen noch bestätigt werden. Hypothese 20 wurde insbesondere von den SAP-Experten bestätigt, welche die Objektivität als Effizienzkriterium einer IT-gestützten Beurteilung nannten.

Über die Diskussion der theoriegeleiteten Annahmen hinaus wurden die Erfolgsfaktoren von IuK-gestützten führungspolitischen Austausch- und Einflussprozessen identifiziert. Als relevant gelten der aufgabenspezifische Einsatz der Medien, die Qualifikationen und die Sensibilisierung der Kommunikationspartner mit Blick auf den IuK-technologischen Einsatz sowie die uneingeschränkte Verfügbarkeit eines Medienpools. Insbesondere wird eine von Vertrauen geprägte Führungsbeziehung als kritischem Erfolgsfaktor von IuK-gestützten Interaktionsprozessen betont. Diese Aussage rückt die Thematik der Dualität der Führung in den Mittelpunkt der Betrachtung. Sowohl Lokomotion als auch Kohäsion in der Kommunikation stellen essentielle, gleichwertige Aspekte dar, zum einen für die Entwicklung eines Ziel-Commitment des Mitarbeiters, zum anderen für das Entstehen von Sympathie und Vertrauen. Letztlich ist eine weit gehende Übereinstimmung der Unternehmen im Hinblick auf die Gestaltung eines kommunikationstechnologisch gestützten Zielvereinbarungsverfahrens zu konstatieren, so dass in Verbindung mit den theoretischen Aussagen eine Handlungsmatrix im Sinne eines optimalen kommunikationstechnologisch gestützten Zielvereinbarungsprozesses abgeleitet werden kann (vgl. Abbildung 30). Werden die IuK-Technologien entsprechend dieser Matrix kommunikationsaufgabenspezifisch eingesetzt, kann die Ausschöpfung ihrer Effizienzpotenziale gewährleistet werden.

Im Zusammenhang mit der Diskussion um die unternehmensübergreifende Übertragung von generellen Konzepten ist, wie bereits in der Problemstellung Kapitel 1.1 erwähnt, ausdrücklich darauf hinzuweisen, dass die Annahmen und die damit verbundene, als optimal dargestellte Handlungsmatrix bezüglich des Einsatzes von Kommunikationstechnologien, nur unter den in dieser Arbeit erläuterten Einflussfaktoren der Interaktion Geltung erlangt.[581] Ferner ist zu dem gegenwärtigen Zeitpunkt keine ausreichend große Stichprobe vorhanden, auf die bei einer Evaluation zurückzugreifen wäre. Daher ist an dieser Stelle ausdrücklich eine Einschränkung der Aussagefähigkeit der Ergebnisse vorzunehmen.

---

[581] Vgl. zur Diskussion der Übertragung von Managementkonzepten von einem auf andere Unternehmen Kieser, A. (1998), S. 203f.

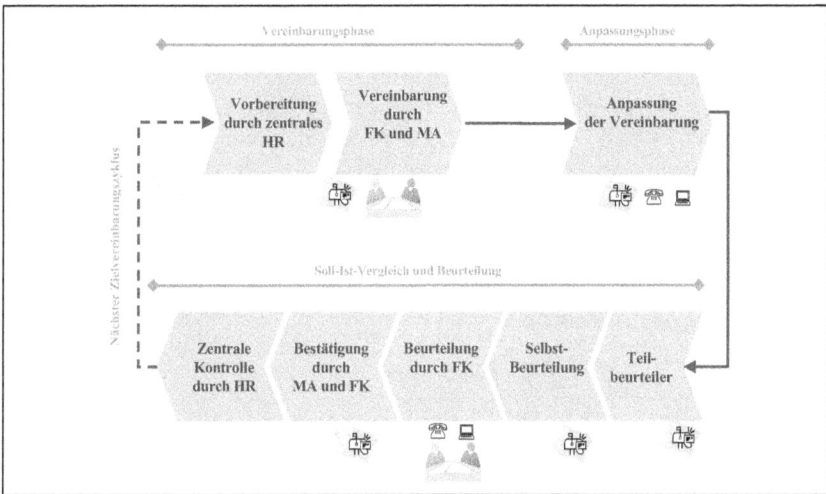

Abbildung 30: Prozess eines kommunikationstechnologisch gestützten Zielvereinbarungsverfahrens

Die ‚Vorbereitung durch HR' bezeichnet die systembasierte Generierung der standardisierten Zielvereinbarungsdokumente sowie die durch Workflow gestützte Benachrichtigung von Führungskraft und Mitarbeiter durch den zentralen Personalbereich. Auf der Grundlage dieser zentral erstellten standardisierten Dokumente können die Führungskräfte dezentral ihre Zielvereinbarung mit ihren Mitarbeitern durchführen. Bestehen Schnittstellen zu weiteren Datenbanken, wie bspw. zum SEM-(Strategic Enterprise Management-)Modul, können auf Basis dieser automatisch generierte Abteilungsziele, Führungskraft und Mitarbeiter dazu dienen, individuelle Leistungs- und Entwicklungsziele festzulegen. Nach der Terminvereinbarung via E-Mail und der separaten Vorbereitung des Vereinbarungsgesprächs durch die jeweiligen Kommunikationspartner, findet die Aushandlung des Leistungsvertrages anhand einer Videokonferenz unter Nutzung eines Mediums statt, das die Präzision und Transparenz der Kommunikation fördert. Die Anpassung der Ziele, generell nach Ablauf der Hälfte des Zielvereinbarungszyklus (ca. sechs Monate), erfolgt mittels der Medien E-Mail, Online-Konferenz und Telefon. Eventuelle Änderungen der Ziele und/oder der Bewertungsstandards werden nach Absprache zwischen Führungskraft und Mitarbeiter in dem jeweiligen Datenbanksystem hinterlegt. Die Phase der abschließenden Beurteilung wird mit der Durchführung der Teilbeurteilung durch den Teilbeurteiler, bspw. durch einen Projektleiter oder Kunden, eingeleitet. Die Unterrichtung der am Zielbeurteilungsprozess beteiligten Kommunikationspartner erfolgt systemgestützt via Workflow. Auf der Basis der einzelnen Teilbeur-

213

teilungen kann die Führungskraft die abschließende Beurteilung vornehmen und in der gemeinsamen Datenbank hinterlegen. Ist dies geschehen, treten Führungskraft und Mitarbeiter anhand eines reichhaltigeren Mediums in Kontakt. Je nachdem, ob die einzelnen Teilbeurteilungen stark voneinander abweichen, oder das Feedback negativ ausfällt, ist hier entweder die Video- oder Telefonkonferenz zu wählen. Abschließend ist sowohl dem Mitarbeiter als auch der Führungskraft die Möglichkeit zu geben, das Dokument mittels einer digitalen Unterschrift zu bestätigen. Nach Beendigung des Zielvereinbarungszyklus kann der zentrale Personalbereich zum einen eine Kontrolle bezüglich der durchgeführten Zielvereinbarungen, zum anderen Auswertungen bezüglich der Leistungsdaten vornehmen (vgl. Abbildung 30 sowie zu den einzusetzenden Medien Tabelle 32).

Medien / Phasen	Face-to-face	Video-konferenz	Telefon-konferenz	Voice Mail	E-Mail	Online Konferenz	Betriebssoftware (in Verbindung mit weiteren IT)
1. Anbahnung							
Anbahnung / Formulierung der Vorstellungen				Terminabsprache	Terminabsprache		Vorbereitung durch Mitarbeiter und Führungskraft separat
2. Vereinbarung							
Zielvereinbarung	X	X				X	Dateneingabe nach Gespräch
3. Anpassung							
Anpassung der Ziele und Bewertungsstandards		(negative Anpassung)	positive Anpassung[582]		positive Anpassung		Dokumentation
4. Beurteilung							
Soll-Ist-Vergleich					X		Vorbereitung durch Mitarbeiter und Führungskraft separat
Beurteilungsgespräch	negatives Ergebnis	positives Ergebnis[583]			positives Ergebnis	positives Ergebnis	Dokumentation

Tabelle 32:   Medieneinsatz im Zielvereinbarungsprozess auf Basis der theoretischen und explorativen Ergebnisse

Die Annahmen aus der Unternehmenspraxis bezüglich eines kommunikationstechnologisch gestützten Zielvereinbarungsverfahrens stimmen weit gehend mit den theoriegeleitet erarbeiteten Annahmen überein. Markante, aus der Exploration gewonnene Erkenntnisse stellen insbesondere die separate Zielformulierung durch Führungskraft und Mitarbeiter in der Vereinbarungsphase und die zunächst getrennte Bewertung in der Phase der Beurteilung dar. Eine besondere Betonung erfährt die Differenzierung der Kommunikation von positivem und negativem Feedback und der damit in Verbindung stehende unterschiedliche

---

[582]   Die Kommunikation anhand der Telefonkonferenz ist in Verbindung mit einem Medium, welches visuelle Elemente übertragen kann, zu sehen, so dass bspw. ein Dokument via E-Mail oder Online-Konferenz innerhalb der Telefonkonferenz besprochen werden kann.

[583]   Die Kommunikation zur Vermittlung eines positiven Feedback anhand der Videokonferenz wird im Zusammenhang mit einem zugrunde gelegten Dokument oder Datenbankeinträgen gesehen, da die Ergebnisse der Leistungsbeurteilung der Speicherung und Archivierung bedürfen.

Medieneinsatz. Insgesamt wird bei der SAP ein vielfältiger Medien-Mix im Alltag eingesetzt, so dass sich die Substitution der face-to-face-Kommunikation facettenreicher gestalten kann, als dies bei der BASF der Fall ist.

5   Resümee: kommunikationstechnologisch gestützte Zielvereinbarungssysteme

Das Unternehmensumfeld ist einem Wandel der externen Umweltbedingungen unterworfen, der entsprechende strategische, organisatorische und kommunikationsstrukturelle Reaktionen der Unternehmen im Sinne der neuen Unternehmensformen begründet. Aufgrund der damit häufig einhergehenden räumlichen Entfernung zwischen Führungskraft und Mitarbeiter ist der Einsatz von Kommunikationstechnologien sowohl auf der organisatorischen als auch auf der individuellen Ebene unabdingbar. Angesichts der Merkmale der Kommunikationstechnologien bietet ihr Einsatz zum einen die effiziente Unterstützung der Interaktionsprozesse und somit der Führung generell. Zum anderen erwachsen besondere Herausforderungen für die Kommunikation zwischen Führungskraft und Mitarbeiter. Für den Technologieeinsatz ist die Abstimmung zwischen den Kommunikationsaufgaben und den Charakteristika eines dafür einzusetzenden Mediums ausschlaggebend, um trotz restriktiver Möglichkeiten der technologisch gestützten Kommunikation, die Funktion der Kohäsion in der Führung erfüllen zu können. Dieser kommt gerade im Hinblick auf die zentrale Stellung von Commitment in IT-gestützten Austausch- und Einflussprozessen ein essentielles Gewicht zu.

Zur Diskussion der Problematik wurde Führung als wechselseitiger dynamischer Interaktionsprozess zwischen Führungskraft und Mitarbeiter interpretiert. Als konzeptionelle Grundlage wurde der interaktionstheoretische Ansatz im Zusammenhang mit der ergebnisorientierten Führung gewählt. Die ergebnisorientierte Führung wurde anhand eines Kontraktmanagement auf der Unternehmensebene sowie von Zielvereinbarungen auf der Mitarbeiterebene operationalisiert. In Anbetracht der historischen Entwicklung des Führungskonzepts ,Zielvereinbarungen' sowie im Zusammenhang mit den neuen Organisationsformen begründet sich die Interpretation der Zielvereinbarung als Leistungsvertrag, der unter Principal-Agent-theoretischen Gesichtspunkten entsprechende Kontrollmechanismen zur Vermeidung potenziell opportunistischen Verhaltens eines Vertragspartners – hier des Mitarbeiters – bedarf. Einen solchen Mechanismus kann das Leistungsbeurteilungsverfahren ,Zielvereinbarungen' liefern, als dessen kritisches Ereignis sich Commitment respektive Zielbindung des Mitarbeiters herausstellt. Commitment entsteht, wie mit Hilfe der Goal-Setting-Theorie dargelegt, sowohl als Resultante der strukturellen Maßnahmen der Führung, als auch im Zuge der durch lokomotive und kohäsive Aspekte geprägten Kommunikation zwischen Führungskraft und Mitarbeiter, die in neuen Organisationsformen die kommunikationstechnologische Unterstützung voraussetzt.

Um zu identifizieren, welche Medien im Zielvereinbarungsverfahren einzusetzen sind, um mit Blick auf das Erzeugen von Commitment eine Effizienzsteigerung der Führung zu erzielen, wurde vor dem Hintergrund des aufgabenorientierten Kommunikationsmodells ein optimaler Medien-Mix entwickelt. Hierbei wurden weniger reichhaltige mit reichhaltigen Medien kombiniert, um die Erfüllung von kohäsiven Führungsaufgaben in Verbindung mit der Realisierung der Effizienzpotenziale der Kommunikationstechnologien zu gewährleisten. Die Videokonferenz gilt dabei als Äquivalent zur persönlichen Kommunikation und ist hauptsächlich zur Klärung auftretender Probleme als Kommunikationsmedium heranzuziehen. Der persönliche Kontakt zwischen Führungskraft und Mitarbeiter ist allerdings langfristig als begleitendes Element einer kommunikationstechnologisch gestützten Führungsbeziehung in regelmäßigen Zeitabständen erforderlich. Um eine effiziente und vertrauensvolle Führungsbeziehung unter IuK-Einsatz zu schaffen und langfristig aufrecht zu erhalten, sind in regelmäßigen Zeitabständen persönliche Kommunikationssituationen zwischen Führungskraft und Mitarbeiter zu arrangieren, die durchaus vom eigentlichen organisatorischen und aufgabenspezifischen Kontext abstrahieren können. Allerdings konnte festgestellt werden, dass eine erfolgreiche IuK-technologische Unterstützung von Führung und die Realisierung der Effizienzpotenziale vom spezifischen Führungskontext abhängig sind.[584] Hierfür wurden die folgenden Voraussetzungen als gegeben angenommen:

– Abstimmung der unternehmensinternen Rahmenbedingungen untereinander sowie mit den externen Umweltfaktoren im Sinne eines externen und internen fit;

– Ableitung der Technologisierungsstrategie aus der Unternehmensstrategie, so dass die Abstimmung des Einsatzes von IuK-Technologien mit dem Führungskonzept gewährleistet ist;[585]

– Unternehmenskulturelle bzw. normative Unterstützung des IuK-Einsatzes in führungspolitischen Interaktionen.

– Ziel- und ergebnisorientierte Führung, die unter Berücksichtigung der adäquaten Wahl des Mediums auf das Schaffen von Commitment des Mitarbeiters ausgerichtet ist.

---

[584] Vgl. Kieser, A. (1998), S. 203f.; sowie Kieser, A. (1999b), S. 67. Eine pauschale Bewertung eines mediatisierten Kommunikationsprozesses, die von den Einflussfaktoren der Interaktion abstrahiert, besitzt lediglich eingeschränkt Gültigkeit, sofern sie von einem auf ein anderes Unternehmen übertragen wird.

[585] Dadurch werden die unternehmensweite Verfügbarkeit und der Zugang zu sämtlichen Medien gewährleistet. Ferner ist davon auszugehen, dass aufgrund der Integration der Technologien in das Führungskonzept langfristig das Know-how im Umgang mit den Medien im Unternehmen sichergestellt wird. Sind diese Bedingungen erfüllt, sind die Voraussetzungen für eine den IT-Einsatz fördernde Kommunikations- und Unternehmenskultur geschaffen.

Die theoretisch abgeleiteten Aussagen zur technologischen Unterstützung des Zielvereinbarungsprozesses sowie der entwickelte Medien-Mix konnten im Rahmen der Untersuchung in der Praxis weit gehend explorativ untermauert werden. Das Untersuchungsumfeld der Unternehmen SAP AG und BASF AG ermöglichte die Gegenüberstellung von zwei extremen Ausprägungen bezüglich der situativen Rahmenbedingungen des Einsatzes von Kommunikationstechnologien. Tendenziell weist die SAP AG dabei charakteristische Merkmale von Führungsbeziehungen in neuen Organisationsformen auf, während die BASF AG vorwiegend der zentralen Kontrolle und Steuerung bei simultaner Dezentralisierung der Aktivitäten verhaftet ist. Demgemäß differieren, wie vermutet, die Einschätzungen der Vertreter der jeweiligen Unternehmen bezüglich des IuK-Einsatzes in der Interaktion im Rahmen der Führungsfunktionen sowie in Zielvereinbarungsprozessen. Mit Blick auf die Interaktion im Rahmen der Führungsfunktionen wird bei der BASF AG generell die Substitution der persönlichen Kommunikation durch Medien abgelehnt, bei der SAP hingegen werden moderne Technologien bereits in erheblichem Ausmaß im führungspolitischen Austausch- und Einflussprozess eingesetzt. Ungeachtet der differierenden Ergebnisse bezüglich der IT-gestützten Erfüllung der Führungsfunktionen, resultiert eine Übereinstimmung bezüglich der Ausgestaltung eines kommunikationstechnologisch gestützten Zielvereinbarungsverfahrens. Diese aus den explorativ gewonnenen Untersuchungsergebnissen gewonnenen Aussagen zum spezifischen Einsatz von Medien in den einzelnen Phasen des Zielvereinbarungsprozesses stimmen mit dem theoretisch abgeleiteten Konzept weit gehend überein. Ferner kann eine wesentliche Effizienzsteigerung von Zielvereinbarungssystemen durch den Einsatz von IuK-Technologien bestätigt werden.

Es wurde dargelegt, inwiefern Kommunikationstechnologien in der Führung im Allgemeinen und in der Leistungsvereinbarung im Speziellen eingesetzt werden können, um eine Effizienzsteigerung der führungspolitischen Interaktion in Zielvereinbarungssystemen zu erzielen. Angesichts der eher geringen Reichhaltigkeit von Kommunikationstechnologien im Vergleich zur face-to-face-Kommunikation, bestimmt hauptsächlich die kommunikationsaufgabenspezifische Medienwahl sowie die situativen Einflussfaktoren des Interaktionsprozesses die Ausschöpfung der Effizienzpotenziale von IuK-Technologien. Hierbei besteht allerdings latent die Gefahr, dass das auf den innovativen Technologien aufbauende Wachstumskonzept technologiegestützte Führung und somit großteils die Substitution der face-to-face-Kommunikation zugrunde legt, ohne die situativen Rahmenbedingungen, die Erwartungen und Erfahrungen sowie die Qualifikationen der Unternehmensmitglieder einzubeziehen. Erst wenn eine strategische Abstimmung des IuK-Einsatzes mit der Führung auf der Unternehmensebene statt findet und somit die Voraussetzung für den operativen Einsatz eines Medien-Mix auf der Mitarbeiterebene gewährleistet ist, können die optimalen Kontextbedingungen für einen die Effizienz der Interaktion steigernden kommunikationstechnologischen Einsatz angenommen werden.

Im Rahmen der Bearbeitung der Fragestellung blieben in der vorliegenden Untersuchung die Themengebiete der Landeskultur sowie der rechtlichen Aspekte ausgeblendet. Die Komponente der Landeskultur stellt allerdings ein Teilthema bezüglich Führung,[586] Kommunikation und dementsprechend hinsichtlich des Einsatzes von Kommunikationstechnologien dar. Die Landeskultur konfiguriert einen wesentlichen situativen Kontextfaktor, der die Einstellungen und Werte und somit die Unternehmens- und Kommunikationskultur prägt.[587] Bislang existiert lediglich eine geringe Anzahl an Studien und wissenschaftlichen Erkenntnissen im Bereich des Einsatzes der Kommunikationstechnologie in der Führung, so dass die hier vorliegende Untersuchung des relativ unbekannten Forschungsfeldes, mit dem Ziel der Reduktion der Komplexität, zunächst auf einen homogenen Kulturkreis eingeschränkt wurde. Zu vermuten ist, dass sich die Kontextfaktoren durch beliebig viele weitere Faktoren ergänzen lassen und je nach Konstellation unterschiedliche Auswirkungen auf den optimalen Einsatz von Kommunikationstechnologien nehmen. Insbesondere in einem global agierenden Unternehmen, das vorwiegend auf virtuelle und somit häufig auch interkulturelle Zusammenarbeit über räumliche Distanzen hinweg vermittels der IuK-Technologien abzielt, erhalten die Ergebnisse der Arbeit zum einen nur eingeschränkt Gültigkeit. Zum anderen eröffnen sich weitere Problemfelder und Fragen, die bei der Ausgangsfragestellung zugunsten der Reduktion der Komplexität zurückgestellt wurden.[588]

Eng im Zusammenhang mit der Variablen der Landeskultur steht die arbeitsrechtliche Thematik. Arbeitsrechtliche Aspekte spielen über die Betrachtung der Durchführung von Zielvereinbarungen zur Leistungsbeurteilung hinaus eine kritische Rolle in Anbetracht des Einsatzes von Kommunikationstechnologien. Gerade im Personalbereich und in der Führung bzw. Leistungsbeurteilung geht es um die Erhebung, Verarbeitung und Speicherung hochsensibler Daten, deren Erfassung, Archivierung und Aufbereitung im Rahmen der Rechtssprechung Restriktionen unterworfen ist.[589] Da die vorliegende Arbeit die Untersuchung

---

[586] Vgl. Zielke, Ch. (2002), S. 50.

[587] Vgl. Kilian, W. (1997), S. 239ff.

[588] Vgl. Kieser, A. (1999b), S.67.

[589] Vgl. Burkert, H. (2002), S. 200f. Mittlerweile wird deutlich, dass neue rechtliche Regelungen sowie der Transfer der Rechtssprechung auf den die technologiebasierte Führungssituation dringend gefordert sind. Denn bisher lassen sich als Äquivalent zur Entwicklung der IuK-Technologie kaum rechtliche Grundregeln für den angemessenen Umgang mit Informationen in Unternehmen identifizieren. Bislang blieben die Reaktionen des Gesetzgebers im Hinblick darauf weit gehend aus.

der Adäquanz des Einsatzes diverser moderner Medien in der Führung und konkret Zielvereinbarung zum Ziel hat, wird erst in einem weiteren Schritt die arbeitsrechtliche Fragestellung relevant. Demzufolge wird deutlich, dass gerade in Anbetracht der Kulturheterogenität in virtuellen Unternehmen sowie der differierenden landesspezifischen Rechtsgrundlagen hinsichtlich des Einsatzes von Kommunikationstechnologien in der Führungs- und Personalarbeit dringender Forschungsbedarf besteht.

Anhang I: Leitfaden

Möglichkeiten und Grenzen kommunikationstechnologisch gestützter
Führungssysteme
- am Beispiel von Zielvereinbarungen -

Fragenkomplexe

A Einflussfaktoren der kommunikationstechnologisch gestützten Interaktion
B Kommunikationstechnologisch gestützte Interaktion im Rahmen der Führungsfunktionen
C Kommunikationstechnologien im Zielvereinbarungsprozess

A   Einflussfaktoren der kommunikationstechnologisch gestützten Interaktion

1. Erläutern Sie die externen Rahmenbedingungen des Unternehmens.

2. Erläutern Sie die internen Rahmenbedingungen (Strategie, Struktur, Führungssystem, etc.).

3. Findet eine kommunikationstechnologische Unterstützung der Interaktion zwischen Führungskraft und Mitarbeiter statt?

B   Kommunikationstechnologisch gestützte Interaktion im Rahmen der Führungsfunktionen

4. Erläutern Sie potenzielle Chancen und Risiken, die aufgrund der kommunikationstechnologischen Unterstützung für die Führung entstehen, anhand der Funktionen:
   - Integration
   - Motivation
   - Koordination
   - Kontrolle

5. Welche Interaktionsprozesse werden durch Kommunikationstechnologien unterstützt; durch welche Anwendungen?

6. Welche Ansatzpunkte können zur Ausnutzung der Chancen und zur Vermeidung der Probleme identifiziert werden?

7. Können Veränderungen in der Beziehung zwischen Führungskraft und Mitarbeiter durch den Einsatz der Kommunikationstechnologien identifiziert werden?

Kommunikationstechnologien im Zielvereinbarungsprozess

IST-Zielvereinbarungsprozess des Unternehmens

8. Wird der Zielvereinbarungsprozess kommunikationstechnologisch unterstützt?

   Wenn nein, warum nicht?

   Wenn ja, ...

9. In welchen Phasen findet eine Unterstützung statt und durch welche Medien?
   - Zielvereinbarung
   - Zielanpassung
   - Soll-Ist-Vergleich und Beurteilungsgespräch

   Vgl. hierzu folgende Abbildung:

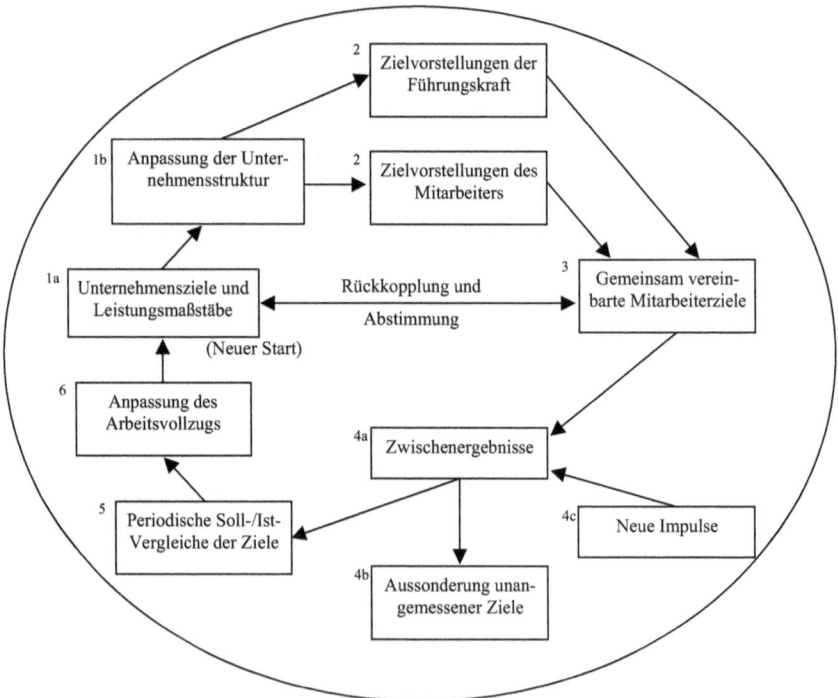

Idealtypischer Zielvereinbarungsprozess

10. Welche Effizienzkriterien bergen Technologien im Zielvereinbarungsprozess?

11. Welche Kommunikationsmedien könnten in den einzelnen Phasen des Zielvereinbarungsprozesses eingesetzt werden?

12. Erläutern Sie potenzielle Chancen und Risiken des Einsatzes von Kommunikationstechnologien in den einzelnen Phasen des Zielvereinbarungsprozesses in Abhängigkeit der Effizienzkriterien. Wie können potenzielle Probleme vermieden werden?

13. Wie ist die Kommunikation zwischen Führungskraft und Mitarbeiter im Zielvereinbarungsprozess zu gestalten, so dass Zielbindung beim Mitarbeiter entsteht und aufrechterhalten werden kann?

Anhang II: Zielvereinbarungen bei der SAP AG

File   Edit   View   Favorites   Tools   Help

Back ← → · ⊗ ☑ ☑ | ☑Search ☐Favorites ☐Media ☑ | ☑· ☑ ☑ · ☑

Address ☑ https://ipq.wdf.sap.corp/sap(bD1biZ9PTAwM5ZkPW1pbg==)/bc/bsp/sap/hap_document/start_session.htm?rpage=documents_received_open2.htm

Start Mid Year Review | Start Year End Review | Save appraisal | Exit | Action Log | Print | Change Header Data

Performance Objectives | Development Planning | Job Profiling sheet

Development Planning

Key Strengths (to be completed by manager in review phase)

Strength 1   Strength 3

Strength 2   Strength 4

Development needs:	Development Activities	Start Date / End Date	Year-End Review Self assessment	Year-End Review Manager assessment
BSP Application	Training	01.05.2004 31.12.2004		
ALE-Replication	On the job	01.05.2004 31.12.2004		

My long term objective is   Project Manager

Long Term Development Plan (development plan to be achieved over the next 12-36 months)   Assistant

As part of my long term aspirations, I am interested in pursuing:

Managerial Positions   No Value
Functional Expertise   yes
Project Management   yes

Overall Performance Rating

Overall Performance Rating(to be completed by Manager in review phase)   No Value   Talent Management   No Value

Comments on Overall Performance:

Feedback to your manager(optional):

Profiling Worksheet: Skills and Competencies

Professional Knowledge and Skills	Required	Actual	Competencies	Required	Actual
Product Knowledge: Talent Management	Advanced	No Value	Continuous Learning	Advanced	No Value
			Customer Focus	Proficient	No Value
Product Knowledge: Compensation Management	Advanced	No Value	Teamwork	Advanced	No Value
Web-Dynpro	Basic	No Value			
	No Value	No Value			

Complementary / Functional	Required	Actual
	No Value	No Value
	No Value	No Value
	No Value	No Value

Anhang III: Zielvereinbarungen bei der BASF AG

BASF Aktiengesellschaft

BASF

AT - Mitarbeitergespräch: Leistungsbeurteilung (vertraulich) /
Performance Appraisal Exempt Employees (confidential)

Mitarbeiter / *Employee*	PN	Gehaltsband / *Salary Band*
Führungskraft / *Manager*	Code	Beurteilungsjahr / *Performance Year*

Funktion / *Position*
Aufgaben und Zuständigkeiten (vgl. Funktionsjbeschreibung) / *Tasks and responsibilities (see position description)*

_____

_____

_____

Leistungseinschätzung / *Rating*
(Bitte kreuzen Sie das mittlere Kästchen an, wenn die Anforderungen in der einzelnen Kerntätigkeit/des jeweiligen Ziels in vollem Umfang erfüllt wurden / *Please tick the middle box, if the core responsibilities/objectives are fully achieved)*

Kerntätigkeiten (Konkretisierung der aktuellen Anforderungen der Funktion)
Core Responsibilities *(requirements of position at the moment)*

	++	+		-	--
	☐	☐	☐ ☐		☐
	☐	☐	☐	☐	☐
	☐	☐	☐	☐	☐
	☐	☐	☐	☐	☐
	☐	☐	☐	☐	☐

Ziele (vgl. Zielvereinbarung Vorjahr)
Objectives *(see objectives agreement previous year)*

	++	+		-	--
	☐	☐	☐ ☐		☐
	☐	☐	☐ ☐		☐
	☐	☐	☐ ☐		☐
	☐	☐	☐ ☐		☐
	☐	☐	☐	☐	☐

Bemerkungen

_____

_____

_____

besprochen am / discussed on
Unterschriften / Signatures

Unterschrift Mitarbeiter / *Signature of employee*   Unterschrift Führungskraft / *Signature of manager*

Ggf. Stellungnahme des Mitarbeiters / *comments of employee (optional)*

BASF Aktiengesellschaft   **BASF**

AT - Mitarbeitergespräch: Entwicklung und Zusammenarbeit / *Development Discussion*

Mitarbeiter / *Employee:*   Jahr / *Year:*
_____

Funktion / *Position:*
_____

Gesellschaft, Code / *Company, Code:*
_____

Führungskraft / *Manager:*
_____

Einschätzung zu Kompetenzen siehe beiliegendes Blatt / *Feedback on competencies see attached sheet*

Entwicklungsvorstellungen / *Development prospects and interests*

☐   Zur Zeit keine Änderungswünsche / *No changes desired at the moment*

☐   Vorstellungen und Interessen / *Changes desired as follows*

_____

_____

_____

Qualifizierungsplan / *Development plan*

Entwicklungsbedarf* *Development needs**	Qualifizierungsmaßnahmen *Action(s) required*	Zeitraum *Date*	Maßstab für Erfolg *Measurement for success*

Vereinbarungen zur Zusammenarbeit / *Agreement on future co-operation*

_____

_____

_____

_____

Kommentare und Bemerkungen Mitarbeiter / *Comments and additional remarks employee*
(ggf. seperates Blatt verwenden / *use additional sheet if necessary*)

_____

_____

_____

Datum, Unterschrift Mitarbeiter / *Date, Signature of employee*   Datum, Unterschrift Führungskraft / *Date, Signature of manager*

* einschließlich Entwicklungsbedarf für vorgesehene Funktionen / *including any development needs for future positions*

AT - Mitarbeitergespräch: Zielvereinbarung / Objectives Agreement

Mitarbeiter / Employee: _____

Funktion / Position: _____

Führungskraft / Manager: _____

Jahr / Year: _____

Datum der Vereinbarung / Date of Agreement: _____

Datum der Beurteilung / Date of Review _____

Ziele Objectives	Termin Date	Maßstab Measure	Mitwirkende In cooperation with	Zielerreichung / Bemerkungen Achievements / Comments

Datum, Unterschrift Mitarbeiter / Date, Signature of employee

Datum, Unterschrift Führungskraft / Date, Signature of manager

AT - Mitarbeitergespräch: Rückmeldung zu Kompetenzen / Feedback on Competencies

Mitarbeiter / Employee:

Jahr / Year:

Funktion / Position:

Datum der Vereinbarung / Date of Agreement:

Führungskraft / Manager:

Datum der Beurteilung / Date of Review

Bitte führen Sie die ca. 6 Kompetenzen auf, die für die derzeitige Position am wichtigsten sind und geben Sie die Rückmeldung zu dem beobachteten Verhalten im letzten Jahr (als Arbeitshilfe finden Sie beiliegend eine Kurzversion des Kompetenzrahmens).

Please list the 6 most important competencies that are needed for the current position and give feedback on the observed behavior during the past year (for your support attached a short version of the competency framework)

Kompetenzen Competencies	Erforderl. Stufe* Level required*	Beobacht. Stufe* Level observed*	Beobachtetes Verhalten (Beispiel)* Evidence of competency (Example)*

* Dokumentation optional / Documentation optional

Kurzversion Kompetenzrahmen

Kompetenzen beschreiben Verhaltensweisen, Fähigkeiten und Wissen, durch die sich herausragende Leistungen von normalen Leistungen unterscheiden lassen. Das BASF Kompetenzmodell umfasst 16 persönliche Kompetenzen in jeweils 3 Ausprägungsstufen. Neben den fachlichen Kompetenzen gibt die Führungskraft dem Mitarbeiter im Mitarbeitergespräch Rückmeldung zu 4 bis 6 persönlichen Kompetenzen. Daraus abgeleitet vereinbaren beiden einen Qualifizierungs- und Entwicklungsplan. Nähere Informationen zu den Kompetenzen, den jeweiligen Ausprägungsstufen und den Verhaltensbeispielen finden Sie im Intranet.

Fachliche Kompetenzen	Stufe 1	Stufe 2	Stufe 3
Allgemeine Fachkenntnisse **Funktionsspezifische Kenntnisse**	Fachliche Kompetenzen sind bereichsbezogen und beschreiben das Wissen und die Fertigkeiten von Mitarbeitern, die sie aufgrund von Ausbildung und Berufserfahrung erworben haben.		
Unternehmertum			
Unternehmerisches Handeln ist die Fähigkeit, Chancen oder Probleme zu identifizieren und diesbezüglich einen äußeren Anstoß Ziele zu formulieren, diese umzusetzen sowie Entscheidungen zu treffen. Dies beinhaltet, dass Projekte abgeschlossen und zukünftige Herausforderungen frühzeitig angegangen werden.	Geht Aufgaben ohne Zögern an und trifft rechtzeitig Entscheidungen	Handelt und entscheidet auch in zeitkritischen Situationen entschlossen	Sucht die Herausforderung und handelt vorausschauend
Veränderungsorientierung ist die Fähigkeit, offen für Neues zu sein und die Notwendigkeit von Veränderungen zu akzeptieren. Dazu gehört auch, das eigene Denken und Verhalten an ein sich veränderndes Umfeld, unterschiedliche Rollen und verschiedene Situationen anzupassen. In höherer Ausprägung ist darunter das aktive Voranbringen und Steuern von Veränderungsprozessen - ausgerichtet auf nachhaltigen wirtschaftlichen Erfolg - zu verstehen.	Akzeptiert Veränderungen	Unterstützt Veränderungen	Treibt Veränderungen voran
Analytisches Denken ist die Fähigkeit, aus einer Fülle von Informationen die wesentlichen Zusammenhänge, Muster und Wechselwirkungen zu erkennen. *Analytisches Denken* umfasst das systematische Sortieren und Vergleichen von Teilaspekten, das Setzen von Prioritäten auf rationaler Basis, das Identifizieren von Zeitabfolgen, Kausalzusammenhängen oder Herstellen von Wenn-Dann-Beziehungen.	Bearbeitet klar umrissene Problemstellungen	Sieht Vernetzungen	Erstellt komplexe Analysen und stellt einen Gesamtzusammenhang her
Strategisches Denken ist die Fähigkeit, in Szenarien zu denken und langfristige Zielsetzungen mit der täglichen Arbeit in Übereinstimmung zu bringen. Dies umfasst das Verständnis der Unternehmensziele und in einer höheren Ausprägung das Erkennen von zukünftigen, globalen Einflüssen auf und durch das Unternehmen.	Richtet das Tagesgeschäft an wirtschaftlichen und strategischen Zielen aus	Sieht den größeren Zusammenhang und entwickelt Handlungsalternativen	Denkt langfristig und handelt strategieorientiert
Kreativität ist die Fähigkeit, neue Entwicklungen zu initiieren oder aufzugreifen sowie innovativ und einfallsreich auf Problemstellungen bzw. neue Situationen zu reagieren.	Hat Interesse an Neuem und hinterfragt Zusammenhänge aktiv	Entwickelt innovative Ansätze oder Lösungen	Setzt Innovationen um und schafft eine kreativitätsfördernde Atmosphäre
Zielstrebigkeit und Leistungsorientierung ist die Fähigkeit, Verantwortung für die Lösung von Problemen und für das Liefern von Ergebnissen zu übernehmen, die zum Nutzen für das Gesamtunternehmen sind. Dies beinhaltet auch, dass man über die Beständigkeit und Belastbarkeit verfügt, um auch in schwierigen Situationen oder unter Druck zu einem erfolgreichen Ergebnis zu kommen.	Übernimmt Verantwortung für die eigene Leistung	Übernimmt Verantwortung für die Verbesserung von Leistungen	Zeigt Ausdauer und Beharrlichkeit bei der Zielerreichung
Arbeitsorganisation ist die Fähigkeit, seine Arbeit systematisch zu planen, zu priorisieren und zu organisieren sowie für einen angemessenen Ressourceneinsatz zu sorgen.	Organisiert eigenständig das Tagesgeschäft	Setzt kurzfristige Prioritäten	Berücksichtigt langfristige Prioritäten und Entwicklungen

Soziale Interaktion und Kooperation

Soziale Interaktion und Kooperation	Stufe 1	Stufe 2	Stufe 3
Kommunikation und Einfühlungsvermögen beschreibt das Interesse an und für Menschen und schließt den Willen ein, andere zu verstehen. Eine klare und präzise Kommunikationsweise ist die Voraussetzung für ein erfolgreiches Einfühlungsvermögen. Diese Kompetenz beschreibt darüber hinaus die Fähigkeit, unausgesprochene oder nur ansatzweise verbalisierte Gedanken, Gefühle und Vorstellungen anderer zu erkennen und zu verstehen. Außerdem bedeutet dies, in kritischen Situationen das richtige Kommunikationswerkzeug zu benutzen und so zu kommunizieren, dass alle die Sichtweisen und Gedanken der anderen verstehen.	Ist klar und präzise	Ist offen und sensibel	Berücksichtigt die Empfindungen anderer
Bewusstsein für die Organisation ist die Fähigkeit des Erkennens, Verstehens und Nutzens von Machtverhältnissen in der eigenen oder in anderen Organisationen (Kunden, Lieferanten etc.). Es beinhaltet das Verständnis der formalen Organisationsstruktur, die Fähigkeit, Meinungsbildner und Entscheidungsträger zu identifizieren sowie gezielt Kontakte aufzubauen und zu pflegen. Darüber hinaus beinhaltet es die Fähigkeit, vorhersehen zu können, welchen Einfluss neue Ereignisse oder Situationen auf Personen oder Personengruppen innerhalb der Organisation haben.	Versteht und nutzt die informellen Organisationsstrukturen	Versteht und nutzt Klima und Kultur der Organisation	Versteht die Machtverhältnisse innerhalb der Organisation
Argumentationskraft umfasst den Willen und die Fähigkeit, andere zu beeindrucken, zu überzeugen sowie umzustimmen. Diese Kompetenz beruht auf dem Wunsch, auf andere Einfluss zu nehmen und sie von den eigenen Vorstellungen zu überzeugen. Dies beinhaltet auch den Aufbau von Beziehungen zu Menschen, die bei der Zielerreichung hilfreich sein werden.	Verwendet eine einzige Strategie, um zu überzeugen	Bereitet sich auf andere Standpunkte vor und richtet seine Argumentation entsprechend aus	Überzeugende Argumentation auch bei komplexen Sachverhalten; Nutzung des persönl. Netzwerks, um Dinge voran zubringen
Konfliktmanagement ist die Bereitschaft, Probleme offen und objektiv anzusprechen, seine Meinung selbstbewusst zu vertreten sowie der Wille, Probleme sachlich und in konstruktiver Weise zu lösen. Dazu gehört auch, für die von anderen geäußerte Kritik zugänglich zu sein, Meinungen und neue Gedanken anderer erst zu nehmen und seine Meinung oder sein Verhalten auf der Basis von neuen Informationen zu ändern.	Erkennen von Konflikten und Bemühen um Klarheit	Konstruktive und offene Lösung von Konflikten	Flexible Anwendung verschiedener Konfliktlösungsstrategien
Kundenorientierung ist die Fähigkeit, aktiv Kontakte zu potenziellen Kunden aufzubauen und bereits existierende Beziehungen zum gegenseitigen Nutzen zu pflegen. Dies umfasst die Identifikation der Bedürfnisse und Aktivitäten der internen und externen Kunden, um dem Kunden das Gefühl des Verständnisses und der Akzeptanz zu vermitteln.	Pflegt einen positiven Umgang mit Kunden	Identifiziert und erfüllt Kundenerwartungen	Baut dauerhafte Kundenbeziehungen auf und übertrifft Kundenerwartungen
Interkulturelle Orientierung bedeutet, sich für unterschiedliche Kulturen und deren Gebräuche zu interessieren und die Bereitschaft, sich für andere Personen mit anderem kulturellem Hintergrund anzupassen. Es beinhaltet auch den Wunsch, kulturelle und sprachliche Barrieren dauerhaft zu überbrücken und die Fähigkeit, in einer anderen Kultur einen hohen Grad an Akzeptanz zu erreichen.	Hat Einfühlungsvermögen gegenüber kulturellen Unterschieden	Verhält sich in den verschiedensten Kulturen und Ländern angemessen	Nutzt sein Wissen über vielfältige Kulturen

Führung

Führung	Stufe 1	Stufe 2	Stufe 3
Führungsfähigkeit bedeutet mehr, als formale Führung. Diese Kompetenz beschreibt, wie eine Person sich selbst und ein Team führt, wobei sich das Wort „Team" auf eine Projektgruppe oder eine gesamte Organisation beziehen kann. Die Bandbreite des Verhaltens reicht vom Anwenden verschiedener Techniken bis hin zur charismatischen Führung.	Führt durch Information, Standards und Ziele	Zeigt positives Führungsverhalten und fordert gute Leistung	Schafft ein positives Klima und fördert die Motivation der Gruppe
Teamfähigkeit ist die Fähigkeit, mit anderen konstruktiv zusammenzuarbeiten und so gemeinsame Ziele zu erreichen.	Arbeitet mit direkten Kollegen gut zusammen	Ist ein proaktiver Teamplayer	Hat eine Schlüsselstellung in Zusammenarbeit mit anderen
Commitment (=Verpflichtung gegenüber dem Unternehmen) bezeichnet die Fähigkeit und Bereitschaft, das eigene Verhalten mit den Bedürfnissen, Prioritäten und Zielen der Organisation abzustimmen. Gleichzeitig ist es der aufrichtige Wille, mit anderen zusammenzuarbeiten und als Teil einer Gruppe gemeinsam die Erreichung der Unternehmensziele zu unterstützen.	Zeigt Loyalität	Unterstützt aktiv die BASF	Gibt den Unternehmensinteressen oberste Priorität

Bibliographie

Ackermann, K.-F. (2000), Balanced Scorecard für Personalmanagement und Führung, S. 11-45, in: K.-F. Ackermann (Hrsg.), Das Balanced Scorecard-Konzept – Grundlagen und Bedeutung für die Unternehmenspraxis, Wiesbaden, 2000.

Ackermann, K.-F. (1987), A Contingency Model of HRM-Strategy. Empirical Research Findings Rconsidered, S. 65-83, in: C. Lattmann (Hrsg.), Personalmanagement und Strategische Unternehmensführung, Heidelberg, 1987.

Ackermann, K.-F./Eisele, D. S./Festerling, S. (2002), Empirische Daten zur DV-gestützten Personalarbeit, S. 118-122, in: Führung, 6, 2002.

Arnold, D. O. (1970), Dimesional Sampling: An Approach for Studying a small number of cases, S. 147-150, in: The American Sociologist, University of California, Santa Barbara, 1970.

Arrow, K. J. (1985), The Economics of Agency, S. 37-51, in: J. Pratt/R. Zeckhauser (Hrsg.), Principals and Agents: The Structure of Business, Boston, 1985.

Arrow, K. J. (1974), Economic welfare and the allocation of resources for invention, S. 144-163, in: K. J. Arrow (Hrsg.), Essays in the theory of risk bearing, Amsterdam, 1974.

Austin, J. T./Bobko, P. (1985), Goal-Setting theory: Unexplored areas and future research needs, S. 289-308, in: Journal of Occupational Psychology, 1985.

Bachmann, R./Lane, Ch. (1997), Vertrauen und Macht in zwischenbetrieblichen Kooperationen – zur Kontrolle von Wirtschaftsrecht und Wirtschaftsverbänden in Deutschland und Großbritannien, S. 79-109, in: G. Schreyögg/J. Sydow (Hrsg.), Gestaltung von Organisationsgrenzen, Berlin, New York, 1997.

Baethge, M. (2001), Zwischen Individualisierung und Standardisierung: zur Qualifikationsentwicklung in den Dienstleistungsberufen, S. 27-44, in: W. Dostal/P. Kupka (Hrsg.), Globalisierung, veränderte Arbeitsorganisation und Berufswandel, Nürnberg, 2001.

Baldwin, F. Th./McVoy, D. St./Steinfield, Ch. (1996), Convergence: Integrating media, information and communication, Thousand Oaks, London, New Delhi, 1996.

Bales, R. F./Slater, P. E. (1969), Role Differentiation in Small Decision-Making Groups, in: C. A. Gibb (Hrsg.), Leadership, Hammondworth, 1969.

Barthel, E./Hein, H./Römer. H. (1991), Mitarbeiterbeurteilung als Instrument der Personalentwicklung, S. 81-90, in: H. Schuler (Hrsg.), Beurteilung und Förderung beruflicher Leistung, Stuttgart, 1991.

Bartölke, K./Grieger, J. (2004), Führung und Kommunikation, o.S, in: E. Gaugler (Hrsg.), Handwörterbuch des Personalwesens, 2004 [Noch nicht erschienen].

Becker, F. G. (2003), Grundlagen betrieblicher Leistungsbeurteilungen, 4., aktual. Aufl., Stuttgart, 2003.

Becker, M. (2002), Personalentwicklung: Bildung, Förderung und Organisationsentwicklung in Theorie und Praxis, 3., überarb. und erw. Aufl., Stuttgart, 2002.

Behme, R./Roth, A. (1997), Organisation und Steuerung von dezentralen Einheiten, S. 17-39, in: Organisation und Steuerung dezentraler Unternehmenseinheiten, Wiesbaden, 1997.

Berthel, J. (1992), Informationsbedarf, Sp. 872-886, in: E. Frese (Hrsg.), HWO, 3., Aufl., Stuttgart, 1992.

Berthel, J. (1975), Zielorientierte Unternehmungssteuerung. Die Formulierung operationaler Zielsysteme, Stuttgart, 1975.

Bisani, F. (1995), Personalwesen und Führung, 4., vollst. überarb. Aufl., Wiesbaden, 1995.

Bormann, E. G./Howell, W. S./Nichols, R. G./Shapiro, G. L. (1969), Kommunikation in Unternehmen und Verwaltung. Die interpersonelle Kommunikation in der modernen Organisation, aus dem amerikanischen von D. Bychowski/U. Bychowski, München, 1969.

Boss, M. (1993), Die Fallstudienmethodik, S. 33-46, in: F. G. Becker/A. Martin (Hrsg.), Empirische Personalforschung, Methoden und Beispiele, München, Mering, 1993.

Botta, V. (2000), Vom Cost-Center zum Profit-Center, S. 222-237, in: H. Meissner (Hrsg.), Center-Konzepte. Ein integrierter theoretischer Bezugsrahmen, Wiesbaden, 2000.

Breisig, Th. (2000), Entlohnen und Führen mit Zielvereinbarungen, Franfurt/Main, 2000.

Bromann, P./Piwinger, M. (1992), Gestaltung der Unternehmenskultur, Stuttgart, 1992.

Bronner, R. (1997), Kommunikationsbedingungen und Entscheidungseffizienz, S. 82-88, in: zfo, 2, 1997.

Bröckermann, R. (2000), Führung, Köln, 2000.

Bullinger, H.-J. (1994), Einführung in das Technologiemanagement, Stuttgart, 1994.

Bungard, W. (2000), Zielvereinbarungen – Renaissance eines „alten" Führungskonzepts auf Gruppen- und Organisationsebene, S. 16-30, in: W. Bundard/O. Kohnke (Hrsg.), Zielvereinbarungen erfolgreich umsetzen. Konzepte, Ideen und Praxisbeispiele auf Gruppen- und Organisationsebene, Wiesbaden, 2000.

Burgoon, J. K./Hale, J. L. (1984), The Fundamental Topoi of Relational Communication, S. 193-214, in: Communication Monographs, 51, 1984.

Burkart, R. (1998), Kommunikationswissenschaft, 3., erw. Aufl., Wien, Köln, Weimar, 1998.

Burkert, H. (2002), Digitales Recht, S. 185-204, in: S. Spoun/W. Wunderlich (Hrsg.), Medienkultur im digitalen Wandel; Prozesse, Potenziale, Perspektiven, Bern, Stuttgart, Wien, 2002.

Busch, K. Ch. (1997), Der Einfluss neuer Kommunikationstechnologien auf die Personalwirtschaft im Bereich der Mitarbeiterführung, Regensburg, 1997.

Büssing, A. (2000), Identität und Vertrauen durch Arbeit in virtuellen Organisationen?, S. 57-70, in: M. Boos/ K. J. Jonas/K. Sassenberg (Hrsg.), Computervermittelte Kommunikation in Organisationen, Göttingen et al., 2000.

Büssing, A./Moranz, C. (2003), The Role of Face-to-Face Communication in Business relations based on Tele-Collaboration, S. 28-34, in: Zeitschrift für Arbeitswissenschaft, Feb. 1, 57. Jhrg., 2003.

Carroll, Stephen J./Tosi, Henry L. (1973), Management by objectives: applications and research, New York, 1973.

Clark, H. H./Brennan, S. E. (1991), Grounding in Communication, S. 127-149, in: L. B. Resnick/J. M. Levine/S. D. Teasley (Hrsg.), Perspectives on Socially Shared Cognition, Washington DC, 1991.

Coase, R. H. (1988), The Firm, the Market and the Law, Chicago, London, 1988.

Creed, W. E. D./Raymond, E. M. (1996), Trust in Organizations, S. 16-38, in: R. M. Kramer/T. R. Tyler (Hrsg.), Trust in Organizations. Frontiers of Theory and Research, Stanford University, 1996.

Crisand, E./Stephan, P. (1992), Personalbeurteilungssysteme, Heidelberg, 1992.

Culnan, M. J./Markus, L. (1987), Information Technologies, S. 420-443, in: F. M. Jablin/L. L. Putnam/ K. H. Roberts/Porter, L. W. (Hrsg.), Handbook of Organizational Communication: An Interdisciplinary Perspective, Newbury Park, 1987.

Curth, M. A./Lang, B. (1991), Management der Personalbeurteilungen, München, Wien, 1991.

Daft, R. L. (1998), Essentials of organization theory and design, Cincinnati, Ohio, 1998.

Daft, R. L./Lengel, R. H. (1986), Organizational Information Requirements, Media Richness and Structural Design, S. 554-571, in: Management Science, Vol. 32, 5, Organization Design, May 1986.

Davidow, W. H./Malone, M. S. (1992), The virtual corporation: structuring and revitalizing the corporation for the 21st century, New York, 1992.

Deters, M./Helten, F. (1994), Kommunikationsweisen in normativ orientierten Unternehmen: Technikentwicklung als sozialer Prozess, S. 38-62, in: Th. Bungarten (Hrsg.), Kommunikationsprobleme in und von Unternehmen, Tostedt, 1994.

Devanna, M. A./Fombrun, C. J./Tichy, N. M. (1984), A Framework for Strategic Human Resource Management, S. 33-56, in: C. J. Fombrun/N. M. Tichy/M. A. Devanna (Hrsg.), Human Resource Management, New York et al., 1984.

Dietl, H. M. (1991), Institutionen und Zeit, Tübingen, 1991.

Döring, N. (1999), Sozialpsychologie des Internet. Die Bedeutung des Internet für Kommunikationsprozesse, Identitäten, soziale Beziehungen und Gruppen, Göttingen, Bern, 1999.

Dorsch, F./Häcker, H./Stapf, K. H. (1994), Psychologisches Wörterbuch, Bern et al., 1994.

Drucker, P. F. (1955). The Practice of Management, Oxford et al., 1955.

Drumm, H-J. (1996), Das Paradigma der Neuen Dezentralisation, S. 7-20, in: DBW 56, 1, 1996.

Dubrovsky, V. J./Kiesler, S./Sethna, B. N. (1991), The Equalization Phenomenon: Status Effects in Computer-Mediated and Face-to-face Decision Making Groups, S. 119-146, in: Human Computer Interaction, Vol. 6, 1991.

Ebers, M./Gotsch, W. (2002), Institutionenökonomische Theorien der Organisation, S. 199-251, in: A. Kieser (Hrsg.), Organisationstheorien, 5., unveränd. Aufl., Stuttgart, 2002.

Eigler, J. (1995), Transaktionskosten als Steuerungsinstrument für die Personalwirtschaft, Frankfurt/Main et al., 1995.

Ekkehard, C. (1998), Prinzipien der Führungsorganisation, Heidelberg, 1998.

Erez, M./Zidon, I. (1984), Effect of goal acceptance on the relationship of goal difficulty to performance, S. 79-84, in: Journal of Applied Psychology, Vol. 69, No. 1, 1984.

Ernst, B./Kieser, A. (1999), In search of explanations for the consulting explosion: a critical perspective on managers' decisions to contract a consultancy, Universität Mannheim, Sonderforschungsbereich 504, Mannheim, 1999.

Eurich, C. (1988), Die Megamaschine. Vom Sturm der Technik auf das Leben und Möglichkeiten des Widerstandes, Darmstadt, 1988.

Evans, P. (1987), The Context of Strategic Human Resource Management Policy in Complex Firms, S. 107-117, in: C. Lattmann (Hrsg.), Personalmanagement und Strategisches Unternehmensführung, Heidelberg, 1987.

Evans, Ph. B./Wurster, Th. S. (1997), Strategy and The New Economics of Information, S. 71-82, in: Harvard Business Review, 75, Sep.-Oct., 1997.

Farr, J. L. (1991), Leistungsfeedback und Arbeitsverhalten, S. 57-80, in: H. Schuler (Hrsg.), Beurteilung und Förderung beruflicher Leistung, Stuttgart, 1991.

Faust, M./Jauch, P./Brünnecke, K./Deutschmann, Ch. (1994), Dezentralisierung von Unternehmen. Bürokratie- und Hierarchieabbau und die Rolle betrieblicher Arbeitspolitik, München, Mering, 1994.

Fersch, J. M. (2002), Leistungsbeurteilung und Zielvereinbarungen in Unternehmen. Praxiserprobte Instrumente zur systemorientierten Mitarbeiterführung, Wiesbaden, 2002.

Fiedler, F. E. (1967), A theory of leadership effectiveness, New York et al., 1967.

Fischer, L. (1990), Kooperative Führung: Mythos, Fiktion oder Perspektive?, S. 131-156, in: G. Wiendieck/G. Wiswede (Hrsg.), Führung im Wandel, Neue Perspektiven für Führungsforschung und Führungspraxis, Stuttgart, 1990.

Franke, M. (2002), Unternehmensportale – gestalterische Chancen für das Personalwesen, S. 14-18, in: Personal, 3, 2003.

Friedl, B. (1993), Anforderungen des Profit Center-Konzepts an Führungssysteme und Führungsinstrumente, S. 830-842, in: WISU, 10, 1993.

Friedrich, C. (1998), Auswirkungen von Telearbeit auf kulturbewußte Führung. Ein empirisches Fallbeispiel gibt Hinweise auf ein Kultur-Paradoxon, S. 207-212, in: zfo, 4, 1998.

Fulk, J./DeSanctis, G. (1995), Electronic Communication and Changing Organizational Forms, S. 336-349, in: Organization Science, Vol. 6, 4, 1995.

Fulk, J./Schmitz, J./Steinfield, Ch. W. (1990), A Social Influence Model of Technology Use, S. 117-140, in: J. Fulk/Ch. W. Steinfield (Hrsg.), Organizations and communication technology, Newbury Park, London, New Delhi, 1990.

Fulk, J./Steinfield, Ch. W./Schmitz, J./Power, J. G. (1987), A Social Information Processing Model of Media Use in Organizations, S. 529-552, in: Communication Research, 14, 1987.

Gabele, E./Liebel, H.-J./Oechsler, W. A. (1992), Führungsgrundsätze und Mitarbeiterführung, Wiesbaden, 1992.

Garbe, M. (1998), Der Einfluß neuer Informations- und Kommunikationstechnik auf die Effizienz der Koordination, S. 101-119, in: A. Brill/M. Vries (Hrsg.), Virtuelle Wirtschaft, Wiesbaden, 1998.

Gaugler, E. (1982), Gegenstandsbereich und Erkenntnisstand des Personal-Managements, S. 285-301, in: Betriebswirtschaftliche Forschung und Praxis, 34, 1982.

Gebert, D. (1995), Führung im MbO-Prozeß, S. 426-436, in: A. Kieser (Hrsg.), Handwörterbuch der Führung, 2., neugest. Aufl., Stuttgart, 1995.

Gebert, D./Rosenstiel, L. v. (2002), Organisationspsychologie: Person und Organisation, 5., erw. Aufl., Stuttgart, Berlin, Köln, 2002.

Gibb, C. A. (1969), Leadership, S. 202-243, in: G. Lindzey/E. Aronson (Hrsg.), Handbook of Social Psychology, Addison-Wesley, 1969.

Glotz P. (2002), Digitale Kommunikation und Globalisierung, S. 63-74, in: S. Spoun/W. Wunderlich (Hrsg.), Medienkultur im digitalen Wandel; Prozesse, Potenziale, Perspektiven, Bern, Stuttgart, Wien, 2002.

Gluchowski, P./Gabriel, R./Chamoni, P. (1997), Management-Support-Systeme, Berlin, 1997.

Goertz, L. (1995), Wie interaktiv sind die Medien? Auf dem Weg zu einer Definition von Interaktivität, S. 477-493, in: Rundfunk und Fernsehen, 43, 1995.

Griese, J. (1992), Auswirkungen globaler Informations- und Kommunikationssysteme auf die Organisation weltweit tätiger Unternehmen, S. 164-179, in: W. H. Staehle/P. Conrad (Hrsg.), Managementforschung 2, Berlin, New York, 1992.

Grochla, E./Kränzl, O. (1974), Führung mit Zielen, Dortmund, 1974.

Groeben, N. (2002), Dimensionen der Medienkompetenz: Deskriptive und normative Aspekte, S. 160-197, in: N. Groeben/B. Hurrelmann (Hrsg.), Medienkompetenz, Voraussetzungen, Dimensionen, Funktionen, Weinheim, München, 2002.

Grossman, S. J. /Hart, O. D. (1986), The Costs and Benefits of Ownership: A Theory of Vertical and Lateral Integration, S. 691-719, in: Journal of Political Economy, 94, 4, 1986.

Grote, G. (1994), Auswirkungen elektronischer Kommunikation auf Führungsprozesse, S. 71-75, in: Zeitschrift für Arbeits- und Organisationspsychologie, 12, 1994.

Gutenberg, E. (1951), Grundlagen der Betriebswirtschaftslehre, Bd. 1, 1., Aufl., Berlin et al., 1951.

Haase, M./Huber, M./Krumeich, A./Rehm, G. (1997), Internetkommunikation und Sprachwandel, S. 51-85, in: R. Weingarten (Hrsg.), Sprachwandel durch Computer, Opladen, 1997.

Hahne, A. (1998), Kommunikation in der Organisation. Grundlagen und Analyse – ein kritischer Überblick, Wiesbaden, 1998.

Hart, O. D. (1995), Firms, Contracts and Financial Structure, Oxford et al., 1995.

Heckhausen, H. (1989), Motivation und Handeln, 2., Aufl., Berlin et al., 1989.

Heimburg, Y. v./Radisch, G. F. (2001), Virtuelle Teams erfolgreich führen. Ein Team, eine Aufgabe, verschiedene Standorte, Landsberg/Lech, 2001.

Heinen, E. (1984), Betriebswirtschaftliche Führungslehre, Wiesbaden, 1984.

Heisig, U./Littek, W. (1995), Trust as a Basis of Work Organisation, S. 18-56, in: W. Littek, T. Charles (Hrsg.), The New Division of Labour, Emerging Forms of Work Organisation in International Perspective, Berlin, New York, 1995.

Helmers, S./Hoffmann, U./Hofmann, J. (1995), Offene Datennetze als gesellschaftlicher Raum. Das Modell Internet, http://duplox.wz-berlin.de/texte/eu, aufgerufen am 25.04.2003.

Herrmann, D./Meier, Ch. (2001), Teamarbeit auf Distanz. Neue Herausforderungen für die Team- und Organisationsentwicklung durch den Einsatz von Telekooperationstechnologien, S. 12-23, in: Organisationsentwicklung, 2, 2001.

Herzberg, F./Mausner, B./Snyderman, B. (1959), The Motivation to Work, New York, 1959.

Hey, A. H./Pietruschka, S. (1998), Führung durch Ziele bei Gruppenarbeit, S. 13-29, in: Angewandte Arbeitswissenschaft, 1998.

Hilb, M. (1997), Management der Human-Ressourcen in virtuellen Organisationen, S. 83-95, in: G. Müller-Stewens (Hrsg.), Virtualisierung von Organisationen, Stuttgart, 1997.

Hill, W. /Fehlbaum, R./Ulrich, P. (1981), Ziele, Instrumente und Bedingungen der Organisation, Organisationslehre 2, 3., verb. Aufl., Bern, Stuttgart, Wien, 1981.

Hinds, P./Kiesler, S. (1995), Communication across Boundaries: Work, Structure, and Use of Communication Technologies in a Large Organization, S. 373-393, in: Organization Science, Vol. 6, No. 4, 1995.

Hoffmann, J. (2001), Virtuelle Unternehmen: Chancen und Risiken einer neuen Arbeitsform, Institut für autonome intelligente Systeme - GMD – Forschungszentrum Informationstechnik GmbH, Schloss Birlinghoven, 2001.

Holderegger, P./Schmidt, R. (2001), Internetgestütztes 360°-Feedback mit Coaching, S. 44-48, in: Führung, 11, 2001.

Hollander, E. P. (1972), Konformität, Status und Idiosynchrasiekredit, S. 163-178, in: M. Kunczik (Hrsg.), Führung – Theorie und Ergebnisse, Düsseldorf, Wien, 1972.

Hollenbeck, J. R./Klein, H. J. (1987), Goal Commitment and the Goal-Setting Process: Problems, Prospects and Proposals for Future Research, S. 212-220, in: Journal of Applied Psychology, Vol. 72, No. 2, 1987.

Hollenbeck, J. R./Williams, Ch. R./Klein, H. J. (1989), An Empirical Examination of the Antecedents of Commitment to Difficult Goals, S. 19-23, in: Journal of Applied Psychology, Vol. 74, No. 1, 1989.

Homans, G. C. (1960), Theorie der sozialen Gruppe, Köln, 1960.

Hornstein, E. v./Rosenstiel, L. v. (2000), Ziele vereinbaren – Leistung bewerten, München, 2000.

Höflich, J. R. (1998), Computerrahmen und die undifferenzierte Wirkungsfrage oder: Warum erst einmal geklärt werden muß, was die Menschen mit dem Computer machen, S. 47-64, in: P. Rössler (Hrsg.), Online-Kommunikation. Beiträge zu Nutzung und Wirkung, Opladen, Wiesbaden, 1998.

Höflich, J. R. (1996), Technisch vermittelte interpersonale Kommunikation. Grundlagen, organisatorische Medienverwendung, Konstitution „elektronischer Gemeinschaften", Opladen, 1996.

Huber, G. P./Daft, R. L. (1987), The Information Environments of Organizations, S. 130-136, in: F. M. Jablin/L. L. Putnam/K. H. Roberts/L.W. Porter (Hrsg.), Handbook of Organizational Communication. An interdisciplinary Perspective, Newbury Park, Beverly Hills, London, New Delhi, 1987.

Humble, J. (1972), Management by Objectives, Great Britain, 1972.

Ilgen, D. R./Fisher, C. D./Taylor, M. S. (1979), Consequences of individual feedback on behavior in organizations, S. 349-371, in: Journal of Applied Psychology, 64, 1979.

Ingenhoff, D./Eppler, M. (2001), e-Human Resource Management (e-HRM), S. 159-167, in: zfo, 3, 70. Jhrg., 2001.

Ising, A. (2001), E-Business im Personalwesen: Instrumente zu einer verbesserten Mitarbeiterorientierung?, Dissertation, 2001.

Iten, P. A. (2001), Virtuelle Auslandseinsätze von Mitarbeitern. Merkmale und Anforderungen einer neuen Entsendungsform, S. 168-174, in: zfo, 3, 70. Jhrg., 2001.

Jahnke, B. (1997), Neue IT-Potentiale zur Unterstützung der Unternehmensführung, S. 470-493, in: H.-U. Küpper (Hrsg.), Das Rechnungswesen im Spannungsfeld zwischen strategischem und operativen Management: Festschrift für Marcell Schweitzer zum 65. Geburtstag, Berlin, 1997.

Jochheim, S. (2002), Von der Unternehmenskultur zum Netzwerk von Subkulturen, Marburg, 2002.

Jochum, E. (1991), Gleichgestelltenbeurteilung – ein Instrument der Führung und Teamentwicklung, S. 107-134, in: H. Schuler (Hrsg.), Beurteilung und Förderung beruflicher Leistung, Stuttgart, 1991.

Jochum, E./Jochum, I. (2001), Führungskräfte als Coach?, S. 492-496, in: Personal, 9, 2001.

Jost, P-J. (2000a), Organisation und Koordination. Eine ökonomische Einführung, Wiesbaden, 2000.

Jost, P-J. (2000b), Ökonomische Organisationstheorie. Eine Einführung in die Grundlagen, Wiesbaden, 2000.

Jörges, K./Süß, S. (2000), Das idealtypische Menschenbild virtueller Unternehmen und seine Konsequenzen, Diskussionsbeiträge aus dem Fachbereich Wirtschaftswissenschaften Universität – Gesamthochschule – Essen, Nr. 112, Mai 2000.

Jumpertz, S. (2003), In turbulenten Zeiten führen, S. 36-42, in: managerSeminare, 71, Nov/Dez, 2003.

Kalkman, M. E./Monge, P./Fulk, J./Heino, R. (2002), Motivations to Resolve Communication Dilemmas in Database-Mediated Collaboration, S. 125-154, in: Communication Research, Vol. 29, No. 2, 2002.

Kaplan, R./Norton, D. (1997), Balanced Scorecard: Strategien erfolgreich umsetzen, Stuttgart, 1997.

Kellermann, K./Reynolds, R. (1990), When Ignorance Is Bliss, The Role of Motivation to Reduce Uncertainty in Uncertainty Reduction Theory, S. 5-75, in: Human Communication Research, Vol. 17, No. 1, 1990.

Kieser, A./Oechsler, W. A. (2004), Unternehmenspolitik, 2., überarb. u. aktual., Aufl., Stuttgart, 2004.

Kieser, A. (1999a), Organisationstheorie, 3., erw. Aufl., Stuttgart, Berlin, Köln, 1999.

Kieser, A. (1999b), Kommunikationsprobleme zwischen Wissenschaft, Unternehmensberatung und Praxis bei der Konzipierung und Anwendung

„praktikabler" Organisationskonzepte, S. 63-88, in: A. Egger/O. Grün/R. Moser (Hrsg.), Managementinstrumente und -konzepte, Stuttgart, 1999.

Kieser, A. (1998), Unternehmensberater – Händler in Problemen, Praktiken und Sinn, S. 191-223, in: H. Glaser (Hrsg.), Organisation im Wandel der Märkte: Erich Frese zum 60. Geburtstag, Wiesbaden, 1998.

Kieser, A. (1996), Moden & Mythen des Organisierens, S. 21-39, in: DBW 56, 1, 1996.

Kieser, A. (1977), Betriebswirtschaftliche Aspekte der Führungsorganisation, S. 208-229, in: K. Macharzina/W. A. Oechsler (Hrsg.), Personalmanagement, Mitarbeiterführung und Führungsorganisation, Band I, Wiesbaden, 1977.

Kieser, H./Hegele, C./Klimmer, M. (1998), Kommunikation im organisatorischen Wandel, Stuttgart, 1998.

Kiesler, S./Zubrow, D./Moses, A. M./Geller, V. (1985), Affect in Computer-Mediated Communication, S. 77-104, in: Human Computer Interaction, 1, 1985.

Kilian, W. (1997), Rechtliche Rahmenbedingungen für die Telekooperation von Unternehmen, S. 239-250, in: A. Picot (Hrsg.), Telekooperation und virtuelle Unternehmen. Auf dem Weg zu neuen Arbeitsformen, Heidelberg, 1996.

Kipnis, D. (1996), Trust and Technology, S. 39-50, in: R. M. Kramer/T. R. Tyler (Hrsg.), Trust in Organizations. Frontiers of Theory and Research, Stanford University, 1996.

Klein, S. (1997), Zur Rolle moderner Informations- und Kommunikationstechnologien, S. 43-59, in: G. Müller-Stewens (Hrsg.), Virtualisierung von Organisationen, Stuttgart, 1997.

Kleinbeck, U. (1991), Die Wirkung von Zielsetzungen auf die Leistung, S. 41-56, in: H. Schuler (Hrsg.), Beurteilung und Förderung beruflicher Leistung, Stuttgart, 1991.

Klimecki, R./Gmür, M. (2001), Personalmanagement: Strategien – Erfolgsbeiträge – Entwicklungspersepktiven, 2., neu bearb. u. erw. Aufl., Stuttgart, 2001.

Klöfer, F./Nies, U. (2001), Erfolgreich durch interne Kommunikation: Mitarbeiter besser informieren, motivieren und aktivieren, 2., überarb., und erw. Aufl., Neuwied, Kriftel, 2001.

Kluger, A. N./DeNisi, A. (1996), The Effects of Feedback Interventions on Performance: A historical Review, a Meta-Analysis, and a Preliminary Feedback Intervention Theory, S. 254-284, in: Psychological Bulletin, Vol. 119, No. 2, 1996.

Knicker, Th./Gremmers, U. (1990), Das Rüstzeug für zielorientiertes Führen, S. 62-71, in: HAVARD manager, 1, 1990.

Kohnke, O. (2000), Die Anwendung der Zielsetzungstheorie zur Mitarbeitermotivation und –steuerung, S. 35-65, in: W. Bungard/O. Kohnke (Hrsg.), Zielvereinbarungen erfolgreich umsetzen. Konzepte, Ideen und Praxisbeispiele auf Gruppen- und Organisationsebene, Wiesbaden, 2000.

Kohnke, O./Reinmann, C. (2000), Zielvereinbarung mit teilautonomen Gruppen – Rahmenbedingungen für die erfolgreiche Umsetzung, S. 113-146, in: W. Bungard/O. Kohnke (Hrsg.), Zielvereinbarungen erfolgreich umsetzen. Konzepte, Ideen und Praxisbeispiele auf Gruppen- und Organisationsebene, Wiesbaden, 2000.

Kraut, R. E./Rice, R. E./Cool, C./Fish, R. S. (1998), Varieties of Social Influence: The Role of Utility and Norms in the Success of New Communication Medium, S. 437-453, in: Organization Science, Vol. 9, 4, Jul.-Aug., 1998.

Kraut, R./Steinfield, Ch./Chan, A./Butler, B./Hoag, A. (1998), Coordination and Virtualization: The Role of Electronic Networks and Personal Relationships, http://www.ascusc.org/jcmc/vol13/issue4/kraut.html, aufgerufen am 10.04.2003.

Krieg, H.-J./Drebes. J, (1996), Führen durch Ziele. Besondere Umsetzungsaspekte der Leistungsvereinbarungen, S. 54-60, in: Führung, 1, 1996.

Kromrey, H. (2002), Empirische Sozialforschung, 10., vollst. überarb. Aufl., Berlin et al., 2002.

Krone, K. J./Jablin, F. M./Putnam, L. L. (1987), Communication Theory and Organizational Communication: Multiple Perspectives, S. 18-40, in: F. M. Jablin/L. L. Putnam/K. H. Roberts/L.W. Porter (Hrsg.), Handbook of Organizational Communication. An interdisciplinary Perspective, Newbury Park et al., 1987.

Krystek, U./Redel, W./Reppegarther, S. (1997), Grundzüge virtueller Organsationen. Elemente, Erfolgsfaktoren, Chancen und Risiken, Wiesbaden, 1997.

Kubicek, H. (1984), Die Totalität der neuen Informations- und Kommunikationstechnologien und die Problematik ihrer sozialen Beherrschung, S. 158-217, in: R. Crusius/J. Stebani (Hrsg.), Neue Technologien und menschliche Arbeit, Berlin, 1984.

Kubicek, H./Rolf, A. (1986), Mikropolis. Mit Computernetzen in die Informationsgesellschaft, 2., überarb. Aufl., Hamburg, 1986.

Lamnek, S. (1995), Qualitative Sozialforschung, Band 1 Methodologie, 3., Aufl., Weinheim, 1995.

Latham, G. P./Locke, E. A. (1995), Goal-Setting – a motivational technique that works, S. 38-48, in: B. M. Staw (Hrsg.), Psychological Dimension of Organizational Behavior, 2., Aufl., New Jersey, 1995.

Laux, H. (1990), Risiko, Anreiz und Kontrolle: Principal-Agent-Theorie; Einführung und Verbindung mit dem Delegationswert-Konzept, Berlin et al., 1990.

Lehner, M./Mayer, H. O./Wilms, F. E. P. (2000), Führung und Zusammenarbeit, Berlin, 2000.

Lehner, F./Dustdar, S. (1997), Telekooperation in Unternehmen, Wiesbaden, 1997.

LeMar, B. (2001), Menschliche Kommunikation im Medienzeitalter. Im Spannungsfeld technischer Möglichkeiten und sozialer Kompetenz, Berlin et al., 2001.

Leonhardt, W. (1991), Das „Mitarbeitergespräch" als Alternative zu formalisierten Beurteilungssystemen, S. 91-105, in: H. Schuler (Hrsg.), Beurteilung und Förderung beruflicher Leistung, Stuttgart, 1991.

Liebel, H. J. (1992), Psychologie der Mitarbeiterführung – Aspekte, Ergebnisse und Perspektiven sozialer Interaktion –, S. 109-164, in: E. Gabele/H. J. Liebel/W. A. Oechsler (Hrsg.), Führungsgrundsätze und Mitarbeiterführung: Führungsprobleme erkennen und lösen, Wiesbaden, 1992.

Liebel, H. J./Oechsler, W. A. (1994), Handbuch Human-Resource-Management, Wiesbaden 1994.

Liebel, H. J./Oechsler, W. A. (1992), Personalbeurteilung: neue Wege zur Bewertung von Leistung, Verhalten und Potential, Wiesbaden, 1992.

Liedtke, P. M./Trumpfheller, D. (2003), Rahmenbedingungen für eine zeitgemäße Personalarbeit, S. 1-24, in: P. Knauth/A. Wollert (Hrsg.), Human Resource Management, 40. Erg.-Lfg., München, Neuwied, Köln, 2003.

Locke, E. A./Frederick, E./Lee, C./Bobko, Ph. (1984), Effect of Self-Efficacy, Goals and Task Strategies on Task Performance, S. 241-251, in: Journal of Applied Psychology, Vol. 69, No. 2, 1984.

Locke, E. A./Latham, G. P. (1990), A theory of goal setting and task performance, Englewood Cliffs, 1990.

Locke, E. A./Shaw, K. N./Saari, L. M./Latham, G. P. (1981), Goal Setting and Task Performance: 1969-1980, S. 125-152, in: Psychological Bulletin, Vol. 90, No. 1, 1981.

Lombard, M./Ditton, Th. (1997), At the Heart of It All: The Concept of Presence, o.S., in: Journal of Computer Mediated Communication, http://www.ascusc.org/jcmc/vol3/issue2/lombard.html#Abstract, aufgerufen am 05.09.2003.

Lössl, E. (1983), Ergebnisse der Zielsetzungsverfahren (goal setting) – Literaturzusammenfassung, S. 126-135, in: Psychologie und Praxis, Zeitschrift für Arbeits- und Organisationspsychologie, 27 (1), 3, 1983.

Luhmann, N. (1995), Funktionen und Folgen formaler Organisation, Bd. 20, Schriftenreihe der Hochschule Speyer, 4., Aufl., Berlin, 1995.

Macharzina, K. (1977), Neuere Entwicklungen der Führungsforschung, S. 1-2, in: Zeitschrift für Organisation, 1977.

Markus, L. (1990), Toward a "Critical Mass" Theory of Interactive Media, S. 194-218, in: J. Fulk/Ch. W. Steinfield (Hrsg.), Organizations and communication technology, Newbury Park, London, New Delhi, 1990.

Marr, R. (1992), Kooperationsmanagement, Sp. 1154-1164, in: E. Gaugler/W. Weber (Hrsg.), Handwörterbuch des Personalwesens, 2., Aufl., Stuttgart, 1992.

Marr, R./Stitzel, M. (1979), Personalwirtschaft: ein konfliktorientierter Ansatz, München, 1979.

Martin, A. (1994), Personalforschung, 2., Aufl., München, 1994.

Maslow, A. H. (1954), Motivation and personality, New York, 1954.

McGregor, D. (1960), The Human Side of Enterprise, New York, 1960.

Meier, H. K.-F./Schmitt, L. (1995), Anwendungspotentiale und sozioökonomische Implikationen von Multimedia-Kommunikationssystemen am Arbeitsplatz, S. 49-81, in: D. Seibt (Hrsg.), Kommunikation, Organisation & Management, Ergebnisse der BIFOA-Forschung, Wiesbaden, 1995.

Mellerowicz, K. (1976), Unternehmenspolitik, Band I: Grundlagen, 3., Auflg., Freiburg i.B., 1976.

Merten, K. (1999), Einführung in die Kommunikationswissenschaft, Bd. 1/1: Grundlagen der Kommunikationswissenschaft, Münster, 1999.

Mettler-Meibom, B. (1994), Kommunikation in der Mediengesellschaft: Tendenzen, Gefährdungen, Orientierungen, Berlin, 1994.

Mettler-Meibom, B. (1984), Bildschirmtext – Technik, Einsatzschwerpunkte und soziale Folgen eines neuen Dienstes der Deutschen Bundespost, S. 128-158, in: R. Crusius/J. Stebani (Hrsg.), Neue Technologien und menschliche Arbeit, Berlin, 1984.

Meuser, N./Nagel, U. (1991), Experteninterviews, S. 441-471, in: D. Garz/K. Kraimer (Hrsg.), Qualitative-empirische Sozialforschung, Konzepte, Methoden, Analysen, Opladen, 1991.

Millarg, K. (1998), Virtuelle Fabrik: Gestaltungsansätze für eine neue Organisationsform in der produzierenden Industrie, Regensburg, 1998.

Minning, Ch. (1991), Einfluss der computergestützten Informations- und Kommunikationstechnologie auf das menschliche Informationsverhalten, Wirkungsanalyse und organisatorische Reaktionsmöglichkeiten, Bern et al., 1991.

Morieux, Y. V. H./Sutherland, E. (1988), The Interaction between the Use of Information Technology and Organizational Culture, S. 205-213, in: Behavior and Information Technology, 7, 1988.

Moser, R. T. (1997), Commitment in Organisationen, S. 160-170, in: Zeitschrift für Arbeits- und Organisationspsychologie, 41. Jhrg., 1997.

Mowshowitz, A. (1997), Virtual Organization, S. 30-37, in: Communications of the ACM, Vol. 40, No. 9, Sep. 1997.

Mowshowitz, A. (1986), Social Dimensions of Office Automation, S. 335-404, in: M. Yovitz (Hrsg.), Advances in Computers, Vol. 25, 1986.

Müller, G. F. (1985), Prozesse sozialer Interaktion, Göttingen et al., 1985.

Müller, M. (2002), Mitarbeiterintegration wird zum Kinderspiel, S. 24-26, in: Personalwirtschaft, 1, 2002.

Müller-Böling, D. (1992), Organisationsforschung, Sp. 1491-1506, in: E. Frese (Hrsg.), HWO, 3., Aufl., Stuttgart, 1992.

Müller-Stewens, G. (1993), Strategische Partnerschaften, Sp. 4063-4075, in: W. Wittmann et al. (Hrsg.), Handwörterbuch der Betriebswirtschaft, 5., Aufl., Stuttgart, 1993.

Mungenast, M. (1994), Leistungsbeurteilung und Ziele, S. 56-59, in: Personal, 2, 1994.

Mungenast, M. (1990), Grenzen merkmalsorientierter Einstufungsverfahren und ihre mögliche Überwindung durch zielorientierte Leistungsbeurteilungsverfahren, München, 1990.

Nerdinger, F. W. (2001), Motivierung, S. 349-371, in: H. Schuler (Hrsg.), Lehrbuch der Personalpsychologie, Göttingen et al., 2001.

Neubauer, W. (1999), Zur Entwicklung interpersonalen, interorganisationalen und interkulturellen Vertrauens durch Führung – Empirische Ergebnisse der sozialpsychologischen Vertrauensforschung, S. 89-116, in: G. Schreyögg/J. Sydow (Hrsg.), Managementforschung 9, Berlin, New York, 1999.

Neuberger, O. (2002), Führen und führen lassen: Ansätze, Ergebnisse und Kritik der Führungsforschung, 6., völlig neu bearb. und erw. Aufl., Stuttgart, 2002.

Neuberger, O. (1994), Personalentwicklung, 2., Aufl., Stuttgart, 1994.

Neuberger, O. (1990), Die Neue Rolle des Personalwesens? Der Mensch ist Mittelpunkt. Der Mensch ist Mittel. Punkt, S. 3-10, in: Führung, 1, 1990.

Neuberger, O. (1985), Führung, 2., Aufl., Stuttgart, 1985.

Neuberger, O. (1976), Führungsverhalten und Führungserfolg, Berlin, 1976.

Neuburger, R. (1997), Telearbeit und Trend zur Virtualisierung, S. 197-203, in: Zeitschrift für Arbeitswissenschaften, 4, 1997.

Nieschlag, R./Dichtl, E./Hörschgen, H. (2002), Marketing, 19., überarb. und erg. Aufl., Berlin, 2002.

o.V. (2003), Geschäftsbericht der BASF AG, http://www.basf.de/de/corporate/overview/jahresbericht/2002/?id=-T3elDo**bsf700, aufgerufen am 23.11.2003.

o.V. (2003), Geschäftsgrundsätze für Mitarbeiter bei der SAP AG, http://www.sap.com/germany/aboutSAP/cgovernance/cgcodeofbc.asp, aufgerufen am 15.1.2003.

o.V. (2003), Grundwerte der BASF AG, http://www.basf.de/de/corporate/overview/grundwerte/grundwerte/?id=-P3Q6*n**bsf200, aufgerufen am 01.12.2003.

o.V. (2003), Internet, http://www.ewetel.de/2003/netzwelt/ewetel_-gk_189_894.php?zeige=73&bst=I, aufgerufen am 11.11.2003.

o.V. (2004), Intranet, http://www.ewetel.de/2003/netzwelt/ewetel_gk_189_894.-php?zeige=74&bst=I, aufgerufen am 06.02.2004.

o.V. (2003), Jobs, http://www.sap.com/germany/aboutSAP/-jobs/berufser-fahrene/unternehmenskultur.asp, aufgerufen am 15.11.2003.

o.V. (2003), NetMeeting, http://www.st.fbe.fh-kempten.de/meile/tele-teaching/ sn/netmeeting.html#ToC2, aufgerufen am 30.10.2003.

o.V. (2003), Personalpolitik bei der BASF AG, http://www.basf.de/de/ corporate/verbund/mitarbeiter/?id=V00--S3Q6dA**bsf800, aufgerufen am 23.11.2003.

o.V. (2000), R/3 Authorization Made Easy 4.6A/B, 2000.

o.V. (2003), SAP-ESS, http://www.sap.com/solutions/hr/ess/, aufgerufen am 31.10.2003.

o.V. (2004), SAP Portale, http://www.sap.com/solutions/enterpriseportal/, aufgerufen am 06.02.2004.

o.V. (2003), SAP Portale – mySAP HR, http://www.sap.com/germany/search/ down-center.asp?page=1&first=-0&sstring=f%FChrung&mcid=0& dtype=1&dtype-=2&dtype=4&dtype=3&dtype=1&dtype=5, aufgerufen am 15.11.2003.

o.V. (2003), SAP Umsatz, http://www.sap.com/germany/aboutSAP/, aufgerufen am 15.11.2003.

o.V. (2003), Tele-Konferenz, http://www.ewetel.de/2003/netzwelt/-ewetel_ gk_189_894.php?zeige=154&bst=T, aufgerufen am 11.11.2003.

o.V. (2003), Umsatz der BASF AG, http://www.basf.de/de-/corporate/ overview/standorte/?id=-P3Q6*n**bsf200, aufgerufen am 15.11.2003.

o.V. (2003), Unternehmenskultur der SAP AG, http://www.sap.com/germany/-aboutSAP/jobs/berufserfahrene/unternehmenskultur.asp, aufgerufen am 15.11.2003.

o.V. (2004), Workflow, http://www.e-workflow.org/, aufgerufen am 13.12.2003.

Odiorne, G. S. (1971), Personnel administration by objectives, Homewood, 1971.

Oechsler, W. A. (2003a), Human Resource Management in strategischen Alli-anzen, S. 965–984, in: J. Zentes/B. Swoboda/D. Morschett (Hrsg.), Ko-operationen, Allianzen und Netzwerke – Grundlagen – Ansätze – Per-spektiven, Wiesbaden, 2003.

Oechsler, W. A. (2003b), Zielführend. Organisatorische und rechtliche Aspekte von Zielvereinbarungen, S. 36-40, in: Management + Mitarbeiter, 2003.

Oechsler, W. A. (2001a), Telearbeit: Organisatorische und rechtliche Probleme bei der Flexibilisierung des Arbeitsortes, S. 38–44, in: Zeitschrift für Betriebsverfassungsrecht, 2, 2001.

Oechsler, W. A. (2001b), Führen mit Zielvereinbarungen: Organisatorischer und rechtlicher Rahmen von Führungs-, Beurteilungs- und Entgeltsystemen, S. 293–312, in: H. J. Fischer (Hrsg.), Unternehmensführung im Spannungsfeld zwischen Finanz- und Kulturtechnik: Handlungsspielräume und Gestaltungszwänge, Gedenkschrift für Prof. Dr. D. Schwiering, Hamburg, 2001.

Oechsler, W. A. (2001c), Methodische Grundlagen der Leistungsbeurteilung unter Einbeziehung von interkommunalen Leistungsvergleichen, S. 29–41, in: B. Adamaschek/W. A. Oechsler (Hrsg.), Leistungsabhängige Bezahlung im öffentlichen Dienst, Gütersloh, 2001.

Oechsler, W. A. (2000a), Strategisches HRM in einer Zeit flexibler Beschäftigung, S. 42–49, in: Führung 12, 2000.

Oechsler, W. A. (2000b), Personal und Arbeit, - Grundlagen des Human Resource Management und der Arbeitgeber-Arbeitnehmer-Beziehungen, 7., grundl., überarb. und erweit. Aufl., München, Wien, 2000.

Oechsler, W. A. (1999), Neue Anreizsysteme im öffentlichen Dienst – Anforderungen an die Beurteilung, S. 11-14, in: Verwaltung & Management, 1-2, 1999.

Oechsler, W. A. (1996a), Leistungsorientiertes Personalmanagement in der Kommunalverwaltung, S. 125–144, in: R. Dumont du Voitel (Hrsg.), New Public Management, Heidelberg, 1996.

Oechsler, W. A. (1996b), Mitarbeiterbeurteilung als Führungsaufgabe, o.S., in: J. Berthel/H. Groenewald (Hrsg.), Personal-Management - Zukunftsorientierte Personalarbeit, 21. Nachlieferung, München, 2, 1996.

Oechsler, W. A. (1992), Systeme der Organisation und Führung, S. 59-106, in: E. Gabele/H. J. Liebel/W. A. Oechsler (Hrsg.), Führungsgrundsätze und Mitarbeiterführung. Führungsprobleme erkennen, lösen, Wiesbaden, 1992.

Oechsler, W. A. (1985), Personalmanagement im öffentlichen Dienst der USA. Analyse und Evaluation personalpolitischer Programme nach der Civil Service Reform, Bamberger Betriebswirtschaftliche Beiträge, Nr. 46, Bamberg, 1985.

Oechsler, W. A./Eichenberg, S. (2000), Konzeptionelle Grundlage eines Zielvereinbarungssystems im öffentlichen Dienst, S. 203-218, in: W. Bundard/O. Kohnke (Hrsg.), Zielvereinbarungen erfolgreich umsetzen. Konzepte, Ideen und Praxisbeispiele auf Gruppen- und Organisationsebene, Wiesbaden, 2000.

Ott, H. J. (1997), Interessenkonflikte und Selbstorganisation, S. 94-98, in: zfo, 2, 1997.

Ouchi, W. G. (1980), Markets, Bureaucracies and Clans, S. 129-141, in: Administrative Science Quarterly, Vol. 25, March 1980.

Picot, A. (1998), Auf dem Weg zur grenzenlosen Unternehmung?, S. 25-49, in: M. Becker (Hrsg.), Unternehmen im Wandel und Umbruch – Sammelband der Hochschullehrertagung in Halle, Stuttgart, 1997.

Picot, R./Dietl, H./Franck, E. (2002), Organisation: Eine ökonomische Perspektive, 3., Aufl., Stuttgart, 2002.

Picot, A./Franck, E. (1988), Die Planung der Unternehmensressource Information (I), S. 544-549, in: WISU, 10, 1988.

Picot, A./Hass, B. H. (2002), Digitale Organisation, S. 143-166, in: S. Spoun/W. Wunderlich (Hrsg.), Medienkultur im digitalen Wandel; Prozesse, Potenziale, Perspektiven, Bern, Stuttgart, Wien, 2002.

Picot, A./Reichwald, R./Wigand, R. T. (2003), Die grenzenlose Unternehmung: Information, Organisation und Management, Lehrbuch zur Unternehmensführung im Informationszeitalter, 5., aktual. Aufl., Wiesbaden, 2003.

Picot, A./Scheuble, S. (2000), Die Rolle des Wissensmanagements in erfolgreichen Unternehmen, S. 19-37 in: H. Mandl/G. Reinmann-Rothmeier (Hrsg.), Wissensmanagement: Informationszuwachs – Wissensschwund? Die strategische Bedeutung des Wissensmanagements, München, Wien, 2000.

Pieper, J. (1999), Der „Neue Moralische Kontrakt": Nadelöhr für das strategische Management der Humanressourcen in Netzwerkorganisationen, S. 59-95, in: Th. Sattelberger, Wissenskapitalisten oder Söldner, Wiesbaden, 1999.

Pribilla, P./Reichwald, R./Goecke, R. (1996), Telekommunikation im Management. Strategien für den globalen Wettbewerb, Stuttgart, 1996.

Prosth, M. (1989), Prognose „Personal" für das kommende Jahrzehnt, S. 134-142, in: Personal, Mensch und Arbeit, 4, 1989.

Quasthoff, U. M. (1997), Kommunikative Normen im Entstehen: Beobachtungen zu Kontextualisierungsprozessen in elektronischer Kommunikation,

S. 23-50, in: R. Weingarten (Hrsg.), Sprachwandel durch Computer, Opladen, 1997.

Raia, A. P. (1966), Second Look at Goals and Controls, S. 49-58, in: California Management Review, Summer, 1966.

Raia, A. P. (1965), Goal Setting and Self Control, S. 34-53, in: Journal Management Studies, II, No. 1, 1965.

Reichwald, R. (1999), Informationsmanagement, S. 222-288, in: M. Bitz/K. Dellmann/M. Domsch/F. W. Wagner (Hrsg.), Vahlens Kompendium der Betriebswirtschaftslehre, Bd. 2, 4., Aufl., München, 1999.

Reichwald, R. (1993), Kommunikation, S. 447-494, in: M. Bitz/K. Dellmann/M. Domsch, H. Egner (Hrsg.), Vahlens Kompendiums der Betriebswirtschaftslehre, Bd. 2, 3., Aufl., München, 1993.

Reichwald, R./Hermann, M. (2001), Neue Beschäftigungsformen im Informationssektor, S. 7-25, in: W. Dostal/P. Kupka (Hrsg.), Globalisierung, veränderte Arbeitsorganisation und Berufswandel, Nürnberg, 2001.

Reichwald, R./Hesch, G. (1993), Der Mensch als Produktionsfaktor oder Träger ganzheitlicher Produktion?, S. 429-460, in: K. Weis (Hrsg.), Bilder vom Menschen in Wissenschaft, Technik und Religion, München, 1993.

Reichwald, R./Möslein, K. (1999), Management und Technologie, S. 709-727, in: L. v. Rosenstiel/E. Regnet/M. E. Domsch (Hrsg.), Führung von Mitarbeitern. Handbuch für erfolgreiches Personalmanagement, 4., Aufl., Stuttgart, 1999.

Rice, R. E. (1992), Task analyzability, Use of new Media, and effectiveness: A multi-site exploration of media richness, S. 475-500, in: Organization Science, Vol. 3, 4, Nov. 1992.

Rice, R. E./Aydin, C. (1991), Attitudes toward New Organizational Technologies: Network Proximity as a Mechanism for Social Information Processing, S. 219-244, in: Administrative Science Quarterly, 36, 1991.

Rice, R. E./Everett, M. R. (1984) New Methods and Data for the Study of New Media, S. 81-99, in: R. E. Rice (Hrsg.), Communication, Research, and Technology, Beverly Hills, London, New Delhi, 1984.

Rice, R. E./Williams, F. (1984), Theories Old and New: The Study of New Media, S. 55-80, in: R. E. Rice (Hrsg.), Communication, Research, and Technology, Beverly Hills, London, New Delhi, 1984.

Richter, R./Furubotn, E. G. (2003), Neue Institutionenökonomie: eine Einführung und kritische Würdigung, 3., überarb. und erw. Aufl., Tübingen, 2003.

Ridder, H. G./Conrad, P./Schirmer, F./Bruns, H.-J. (2001), Strategisches Personalmanagement – Mitarbeiterführung, Integration und Wandel aus ressourcenorientierter Perspektive, Landsberg, Lech, 2001.

Rogers, E. (1986), Communication Technology. The New Media in Society, New York, 1986.

Rosenstiel, L. v. (2003), Grundlagen der Organisationspsychologie, 5., überarb. Aufl., Stuttgart, 2003.

Rosenstiel, L. v. (1988), Motivationsmanagement, S. 214-264, in: M. Hofmann/L. v. Rosenstiel (Hrsg.), Funktionale Managementlehre, Berlin et al., 1988.

Rosenstiel, L. v. (1977), Bedürfnisbefriedigung und Organisationsstruktur, S. 231-246, in: K. Macharzina/W. A. Oechsler (Hrsg.), Personalmanagement, Mitarbeiterführung und Führungsorganisation, Bd. I, Wiesbaden, 1977.

Rosse, J. G./Kraut, A. L. (1983), Reconsidering the Vertical Dyad Linkage Model of Leadership, S. 63-71, in: Journal of Occupational Psychology, 1993.

Rössl, D. (1996), Selbstverpflichtung als alternative Koordinationsform von komplexen Austauschbeziehungen, S. 311-334, in: ZfbF, 48, 4, 1996.

Rössler, P. (1998), Wirkungsmodelle: die digitale Herausforderung, S. 17-45, in: P. Rössler (Hrsg.), Online-Kommunikation. Beiträge zu Nutzung und Wirkung, Opladen, Wiesbaden, 1998.

Rühli, E./Wehrli, H. P. (1987), Strategisches Management und Personalmanagement, S. 33-46, in: C. Lattmann (Hrsg.), Personalmanagement und Strategische Unternehmensführung, Heidelberg, 1987.

Ryf, B. (1993), Die atomisierte Organisation, Wiesbaden, 1993.

Sackmann, S. A. (1992), Cultures and Subcultures: An Analysis of Organizational Knowledge, S. 140-161, in: Administrative Science Quarterly, 37, (1), 1992.

Sandbothe, M. (1997), Digitale Verflechtungen. Eine medienphilosophische Analyse von Bild, Sprache und Schrift im Internet, S. 145-157, in: K. Beck/G. Vowe (Hrsg.), Computernetze – ein Medium öffentlicher Kommunikation?, Berlin, 1997.

Sattelberger, Th. (1999), Personalarbeit am Scheideweg: Strategischer Champion für Humanressourcen oder Abstieg in die Regionalliga?, S. 15-43, in: Th. Sattelberger (Hrsg.), Wissenskapitalisten oder Söldner?: Personalarbeit in Unternehmensnetzwerken des 21. Jahrhunderts, Wiesbaden 1999.

Sattelberger, Th. (1998), Eine Architektur der Verständigung – Kommunikation als strategische Aufgabe, S. 25–34, in: Führung Plus, 1998.

Sattelberger, Th. (1996), Zehn Thesen zu Human Ressourcen in virtueller werdenden Organisationen, S. 974-984, in: Führung, 11, 1996.

Schein, E. H. (1991), Organisationskultur: Ein neues unternehmenstheoretisches Konzept, S. 23-37, in: E. Dülfer (Hrsg.), Organisationskultur: Phänomen – Philosophie – Technologie, Stuttgart, 1991.

Scherm, E./Süß, S. (2000), Führung in virtuellen Unternehmen, S. 79-102, in: ZfP, 1, 2000.

Schmidt, R. H. (1992), Organisationstheorie, transaktionskostenorientiert, Sp. 4194, in: E. Frese/E. Grochla (Hrsg.), HWO, 3., neu gest. Aufl., Stuttgart, 1992.

Schnell, R./Hill, P. B./Esser, E. (1999), Methoden der empirischen Sozialforschung, 6., völlig überarb. und erw. Aufl., München, Wien, 1999.

Scholl, R. (1981), Differentiating Organizational Commitment from Expectancy as a Motivating Force, S. 589-599, in: Academy of Management Review, Vol. 6, No. 4, 1981.

Scholz, Ch. (2002), Die Virtualisierung der Personalabteilung: Eine empirische Studie, S. 1-14, http://www.orga.uni-sb.de/bibliothek/Nr81.pdf, aufgerufen am 20.02.2004.

Scholz, Ch. (2000), Personalmanagement: informationsorientierte und verhaltenstheoretische Grundlagen, 5., neubearb. und erw. Aufl., München, 2000.

Scholz, Ch. (1999), Darwiportunismus: Das neue Szenario im Berufsleben, Sp. 1182-1184, in: WISU, 28, 1999.

Scholz, Ch. (1997), Personalarbeit in virtualisierenden Unternehmen, S. 418-434, in: R. G. Klimecki (Hrsg.), Personal als Strategie: mit flexiblen und lernbereiten Human-Ressourcen Kernkompetenzen aufbauen, Neuwied, Kriftel, Berlin, 1997.

Scholz, Ch. (1994), Die virtuelle Organisation als Strukturkonzept der Zukunft?, Saarbrücken, 1994.

Schreyögg, G. (2000), Funktionswandel im Management: Problemaufriß und Thesen, S. 15-30, in: G. Schreyögg (Hrsg.), Funktionswandel im Management: Wege jenseits der Ordnung, Berlin, 2000.

Schröder, E. F. (2000), Modernes Unternehmens-Controlling: Handbuch für die Unternehmenspraxis, 7., überarb. u. wesentlich erw. Aufl., Ludwigshafen, Kiehl, 2000.

Schuler, H. (1995), Organisationspsychologie, 2., Aufl., Bern et al., 1995.

Schuler, H. (1991), Leistungsbeurteilung – Funktionen, Formen und Wirkungen, S. 11-39, in: H. Schuler (Hrsg.), Beurteilung und Förderung beruflicher Leistung, Stuttgart, 1991.

Seebacher, U. W./Ecker, T. (2003), Virtuelle Rekrutierung von Top-Management Nachwuchs, S. 22-27, in: Personal, 3, 2003.

Seiffert, H. (1997), Einführung in die Wissenschaftstheorie, München 1997.

Selz, A. (1996), Die Rolle der Informations- und Kommunikationstechnologie in Virtuellen Unternehmen, S. 309-311, in: WiSt-Inforum, 6, 1996.

Sieber, P. (1998), Virtuelle Unternehmen in der IT-Branche. Die Wechselwirkungen zwischen Internet-Nutzung, Strategie und Organisation, Bern, Stuttgart, Wien, 1998.

Sieber, P. (1997), Die Internet-Unterstützung Virtueller Unternehmen, S. 199-234, in: G. Schreyögg/J. Sydow (Hrsg.), Gestaltung von Organisationsgrenzen, Managementforschung 7, Berlin, New York, 1997.

Siedenbiedel, G. (1999), Virtuelle Organisationen und Führungsverhalten, S. 271-306, in: W. Elsik/W. Mayrhofer (Hrsg.), Strategische Personalpolitik, München, Mering, 1999.

Spears, R./Lea, M. (1994), Panacea or Panopticon? The Hidden Power in Computer-Mediated Communication, S. 427-459, in: Communication Research, 21 (4), 1994.

Spears, R./Lea, M./Lee, S. (1990), De-individuation and group polarization in computer-mediated communication, S. 121-134, in: British Journal of Social Psychology, 29, 1990.

Spremann, K. (1988), Reputation, Garantie, Information, S. 613-629, in: ZfB, 58. Jhrg, 5/6, 1988.

Staehle, W. H. (1999), Management, Eine verhaltenswissenschaftliche Perspektive, 8., überarb. Aufl., München, 1999.

Staehle, W. H. (1992), Funktionen des Managements: eine Einführung in einzelwirtschaftliche und gesamtgesellschaftliche Probleme der Unternehmensführung, 3., neubearb. und erw. Aufl., Bern, Stuttgart, 1992.

Staehle, W. H. (1991), Handbuch Management: die 24 Rollen der exzellenten Führungskraft, Wiesbaden, 1991.

Staehle, W. H. (1980), Menschenbilder in Organisationstheorien, Sp. 1301-1313, in: E. Grochla, (Hrsg.), HWO, 2., Aufl., Stuttgart, 1980.

Stein, Ch. W. (1998), Transaktionskostenorientiertes Controlling der Organisation und Führung, Wiesbaden, 1998.

Steinle, C./Ahlers, F./Riechmann, C. (1999), Management by Commitment: Möglichkeiten und Grenzen einer ‚selbstverpflichtenden' Führung von Mitarbeitern, S. 221-245, in: ZfP, 49. Jhrg., 3, 1999.

Steinmann, H./Schreyögg, G. (2000), Management. Grundlagen der Unternehmensführung, 5., überarb. Aufl., Wiesbaden, 2000.

Stier, W. (1999), Empirische Forschungsmethoden, 2., verb. Aufl., Berlin et al., 1999.

Straub, D./Karahanna, E. (1998), Knowledge Worker Communications and Recipient Availability: Toward a Task Closure Explanation of Media Choice, S. 160-175, in: Organization Science, Vol. 9, 2, 1998.

Strohmeier, S. (1999), Software-Kompendium Personal: Anbieter, Produkte, Marktübersicht, Frechen, 1999.

Süssmuth Dyckerhoff, C. (1995), Intrapreneuring. Ein Ansatz zur Virtualisierung reifer Gross-Unternehmen, Bern, Stuttgart, Wien, 1995.

Svenning, L./Ruchinskas, J. E. (1984), Organizational TeleKonferenz, S. 217-248, in: R. E. Rice (Hrsg.), Communication, Research, and Technology, Beverly Hills, London, New Delhi, 1984.

Sydow, J./ Windeler, A. (1994), Über Netzwerke, virtuelle Integration und Interorganisationsbeziehungen, S. 1-21, in: J. Sydow/A. Windeler (Hrsg.), Management interorganisationaler Beziehungen: Vertrauen, Kontrolle und Informationstechnik, Wiesbaden, 1994.

Taylor, F. W. (1977), Die Grundsätze der wissenschaftlichen Betriebsführung. (The Principles of Scientific Management), deutsche autorisierte Übersetzung von Roesler, R.; neu herausg. und eingeleitet von Volpert, W. und Vahrenkamp, R., Weinheim, Basel, 1977.

Taylor, F. W. (1964), Scientific management: Comprising Shop management, the principles of scientific management, testimony before the special house committee, London, 1964.

Terberger, E. (1994), Neo-institutionalistische Ansätze: Entstehung und Wandel, Anspruch und Wirklichkeit, Wiesbaden, 1994.

Tichy, N.M./Fombrun, C.J./Devanna, M.A. (1982), Strategic Human Resource Management, S. 47-60, in: Sloan Management Review, 1982.

Tietzel, M. (1981), Die Ökonomie der Property Rights: Ein Überblick, S. 207-243, in: Zeitschrift für Wirtschaftspolitik, 3, 1981.

Tonnesen, Ch. T. (2002), Die Balanced Scorecard als Konzept für das ganzheitliche Personalcontrolling, Wiesbaden, 2002.

Trevino, L. K./Daft, R. L./Lengel, R. H. (1990), Understanding Managers' Media Choices: A Symbolic Interactionist Perspective, S. 71-94, in: J. Fulk/Ch. W. Steinfield (Hrsg.), Organizations and communication technology, Newbury Park, London, New Delhi, 1990.

Ulich, E. (2001), Arbeitspsychologie, 5., vollst. überarb. u. erw. Aufl., Stuttgart, 2001.

Utz, S. (2000), Identifikation mit virtuellen Arbeitsgruppen und Organisationen, S. 41-55, in: M. Boos/ K. J. Jonas/K. Sassenberg (Hrsg.), Computervermittelte Kommunikation in Organisationen, Göttingen et al., 2000.

Verba, S. (1961), Small Groups and Political Behavior: A study of Leadership, Princeton, 1961.

Volpert, W. (1988), Zauberlehrlinge. Die gefährliche Liebe zum Computer, München, 1988.

Vroom, V. H. (1964), Work and Motivation, New York, London, Sydney, 1964.

Vroom, H. V./Jago, A. G. (1988), The New Leadership: Managing Participation in Organizations, Englewood Cliffs, New Jersey, 1988.

Wächter, H. (1979), Einführung in das Personalwesen, Herne, Berlin, 1979.

Wagner, K. L. (2001), Flexible Unternehmensstrukturen. Wettbewerbsvorteile für den Mittelstand durch fraktale Organisation, München, 2001.

Wagner III, J. A./Gooding, R. Z. (1987), Shared influence and organizational behavior: A meta-analysis of situational variables expected to moderate participation-outcome relationships, S. 524-541, in: Academy of Management Journal, Vol. 30, No. 3, 1987.

Walther, J. B. (1995), Relational Aspects of Computer-Mediated Communication: Experimental Observations over Time, S. 186-203, in: Organization Science, Vol. 6, 2, 1995.

Warr, P. (1976), Theories of Motivation, S. 141-161, in: P. Warr (Hrsg.), Personal Goals and Work Design, London et al., 1976.

Watzlawick, P./Beavin, J. B./Jackson, D. D. (2000), Menschliche Kommunikation: Formen, Störungen, Paradoxien, 10., unveränd. Aufl., Bern, Göttingen, 2000.

Webers, T. (1999), Motivierendes Führen mit Zielvereinbarungen, Qualitätsmanagement, Symposion Publishing, http://www.qm-trends.de/, aufgerufen am 04.12.2003.

Weedman, J. (1991), Task and non-task functions of a computer conference used in professional education: a measure of flexibility, S. 303-318, in: International Journal of Man-Machine Studies, Vol. 34, 1991.

Weibler, J. (2001), Führung, München, 2001.

Weibler, J. (1997), Vertrauen und Führung, S. 185-214, in: R. Klimecki/A. Remer (Hrsg.), Personal als Strategie, Neuwied et al., 1997.

Weingarten, R. (1988), Typisierung der technischen Kommunikation, S. 57-74, in: R. Weingarten/R. Fiehler (Hrsg.), Technisierte Kommunikation, Opladen, 1988.

Weisheit, J. (2001), Veränderung der innerbetrieblichen Kommunikation bei der Einführung alternierender Telearbeit: zwei Felduntersuchungen in der Großindustrie, Frankfurt/Main et al., 2001.

Wenger, E./Terberger, E. (1988), Die Beziehungen zwischen Agent und Prinzipal als Baustein einer ökonomischen Theorie der Organisation, S. 506-514, in: WiSt, 10, 1988.

Wersig, G. (2000), Informations- und Kommunikationstechnologien: eine Einführung in die Geschichte, Grundlagen und Zusammenhänge, Konstanz, 2000.

Wickenhäuser, F. (1989), Rechnerunterstützte Führungssysteme in mittelständischen Unternehmen, S. 173-195, in: R. Bühner (Hrsg.), Führungsorganisation und Technologiemanagement, Berlin, 1989.

Wieland, J. (2000), Dezentralisierung und weltweite Kooperationen: die moralische Herausforderung der Unternehmen, Marburg, 2000.

Wiener, Y. (1982), Commitment in Organizations: A Normative View, S. 418-428, in: Academy of Management Journal, Vol. 7, No. 3, 1982.

Wild, J. (1973), MbO als Führungsmodell für die öffentliche Verwaltung, S. 283-316, in: Die Verwaltung, Bd. 6, 3, 1973.

Williamson, O. E. (1985), The Economic Institution of Capitalism, New York, 1985.

Winand, U./Nathusius, K. (1998), Unternehmensnetzwerke und virtuelle Organisationen, Stuttgart, 1998.

Winograd, T./Flores, F. (1989), Erkenntnis Maschinen Verstehen. Zur Neugestaltung von Computersystemen, Berlin, 1989.

Wiskemann, G. (2000), Strategisches Human Resource Management und Arbeitsmarkt. Personalplanung als Grundlage eines systematischen Beschäftigungsmanagement, Baden-Baden, 2000.

Wiswede, G. (1990), Führungsforschung im Wandel, S. 1-38, in G. Wiendieck/G. Wiswede (Hrsg.), Führung im Wandel, Neue Perspektiven für Führungsforschung und Führungspraxis, Stuttgart, 1990.

Witt, J. (1999), Interaktive Führung: das Netzwerk-Konzept zur Mitarbeiterführung und Kundenbetreuung, Heidelberg, 1999.

Witzer, B. (1992), Kommunikation in Konzernen. Konstruktives Menschenbild als Basis neuer Kommunikationsstrukturen, Opladen, 1992.

Wood, R. E./Mento, A. J./Locke, E. A. (1987), Task Complexity as a Moderator of Goal Effects: A Meta-Analysis, S. 416-425, in: Journal of Applied Psychology, Vol. 72, No. 3, 1987.

Worpitz, H. (1991), Wissenschaftliche Unternehmensführung?: Führungsmethoden, Führungsmodelle, Führungspraxis, 1991.

Wunderer, R. (2003), Führung und Zusammenarbeit, Eine unternehmerische Führungslehre, 5., überarb. Aufl., München, Neuwied, 2003.

Wunderer, R. (1995), Führung von unten, Sp. 501-512, in: A. Kieser (Hrsg.), HWP, 2., Aufl., Stuttgart, 1992.

Wunderer, R. (1994), Das Personalwesen auf dem Weg zum Wertschöpfungs-Center, S. 148-154, in: Personal, 4, 1994.

Wunderer, R. (1992), Führungsgrundsätze, Sp. 923-937, in: E. Gaugler/W. Weber (Hrsg.), HWP, 2., Aufl., Stuttgart, 1992.

Wunderer, R./Arx, S. v. (2002), Personalmanagement als Wertschöpfungs-Center, 3., aktual. Aufl., Wiesbaden, 2002.

Wunderer, R./Grunwald, W. (1980a), Führungslehre, Band I, Grundlagen der Führung, Berlin, New York, 1980.

Wunderer, R./Grunwald, W. (1980b), Führungslehre, Band II, kooperative Führung, Berlin, New York, 1980.

Wunderer, R./Schlagenhaufer, P. (1994), Personal-Controlling: Funktionen – Instrumente – Praxisbeispiele, Stuttgart, 1994.

Yates, J./Orlikowski, W. J./Okamura, K. (1999), Explicit and Implicit Structuring of Genres in Electronic Communication: Reinforcement and Change of Social Interaction, S. 83-103, in: Organization Science, Vol. 10, 1, 1999.

Yukl, G. A. (1981), Leadership in Organizations, Englewood Cliffs, 1981.

Zander, E. (2003), Führung in unruhigen Zeiten, S. 12-14, in: Personal, Jhrg. 55, 4, 2003.

Zander, E./Grabner, G./Knebel, H./Pillat, R. (1972), Führungssysteme in der Praxis, Heidelberg, 1972.

Zielke, Ch. (2002), Instrumente der Führung im interkulturellen Umfeld, S. 48-54, in: Führung, 11, 2002.

Zipfel, Th. (1998), Online-Medien und politische Kommunikation im demokratischen System, S. 20-53, in: L. Hagen (Hrsg.), Online-Medien als Quelle politischer Information, Opladen, 1998.

Zmud, R. W. (1990), Opportunities for Strategic Information Manipulation Through New Information Technology, S. 95-116, in: J. Fulk/Ch. W. Steinfield (Hrsg.), Organizations and communication technology, Newbury Park, London, New Delhi, 1990.

Zucker, L. G. (1986), Production of Trust: Institutional Sources of Economic Structure, S. 53-111, in: Research in Organizational Behavior, Vol. 8, 1986.